中学
レベル
完結編

英文法のトリセツ

英語勝ち組を生む　納得の取扱説明書

アルク

ホントの英語勝ち組って？

家庭教師、塾講師、英会話学校……、ありがたいことに、これまでにいろいろなところで、さまざまな生徒に英語を教える経験を積ませてもらってきたボクですが、英語の得意・苦手に関わらず、ボクが受けもった生徒が**共通して口にする**のが次のようなコメント。

「**自分より英語でいい点をとってる人**でも、みんな**英作文はサッパリ**。だけど、自分は**英作文はバッチリ♪**」

そうなんです。
今も昔もボクの教え方と言えば、「**間違い探し**」と「**英作文**」中心。穴埋め問題や選択問題なんかは、「**何となく**」できてしまうこともあります。でも、あやふやな知識で、間違い探しや英作文に答えるのはムリ。そんなわけで、ボクはいつも間違い探しや英作文がきちんと解けるような英語力を身につけてもらうことを目標に教えているんだけど、その甲斐あって、**ボクが教える生徒はみんな英作文の成績はバッチリ**なんです。

英語は結局、**コミュニケーションの道具**なんだから、**実際に自分で使えてナンボ**。いくら難しい問題が解けても、難しい英文が読めても、それだけじゃ不十分！ ……とか言っても、中にはやっぱり、ボクたち日本人にしてみれば、自分で積極的に使うというよりは、**読んで理解できればそれで十分**という難しい英語の知識もあるわけです。それが困ったことに**試験ではよく出てきたり**。

生徒には、ちゃんと英語を使えるようになってほしいんだけど、**中学生**や**高校生**、特に**受験生**にとっては、**試験の点数こそが最も切実な問題**でもあるわけで……。そういう意味では穴埋め問題や選択問題、あるいは和訳問題などを効率的にこなすテクニック的な部分もやっぱり必要。

果たして、**ホントの「英語勝ち組」**って何？
そんなことを思いながらも時は流れて……、この度、『**英文法のトリセツ**』シリーズの最新刊を刊行できることになりました。**おかげさまで、ついに第3弾！**

本書の中心は、比較、間接疑問、関係詞といった主に**中3レベル**の内容です。
で、まさにこの辺からが、試験用に**知っていれば十分、読んで理解できれば十分**という難しい知識も増えてくるところ。……でも、やっぱり、
「**自分で使いこなせるくらいに、英語がわかるようになる本**」
という「**トリセツの魂**」は本書でも貫くようにしました！

★特長１：（できるだけ）**日本語と英語との比較をベースに解説**！
　「普段、日本語を使っている日本人だからこそ納得できる」解説です。
★特長２：**だれにでもわかるような言葉にかみ砕いて解説**！
　実際の授業と同じ感覚（口語調・対話調）で読んでもらうことを心掛け、難しい文法用語や言い回しはなるべく使っていません！

さらに！　今回はいつになく**穴埋めや書き換え問題の対策、読解や和訳のテクニック**といった試験対策の部分にも力を入れました。そういう切羽詰まった事情がある人が大勢いることも、こっちは百も承知ですから。

内容面では、**中学レベルからスタートして**、自然な流れで**大学受験レベルの高度な知識までばっちりフォロー**。その分、**文法用語も今までよりちょっぴり奮発**しちゃったんだけど……、でも無意味に使いまくらず、**徐々になじんでいけるように**と配慮したつもりです。つまり、

★特長３：**現役の学生は試験でしっかり点数がとれる**！
★特長４：**かつて英語で苦労した人は、「？」だったところがついにわかる**！
★特長５：**しかも必要な部分は自分できちんと使いこなせる**！

という特長もあるってこと。本書を読み終えたみなさんが、**本当の英語勝ち組の笑顔**を見せてくれる日をボクは心待ちにしています。

2006年春：阿川イチロヲ

ホントの「英語勝ち組」って？……2

STEP 0 トリセツを読むその前に （いわゆる「課外授業」）……9

- ★ 新しい内容に入る前に ……… *10*
- ★ 課外授業その1 —— 品詞とは何ぞや？ ……… *12*
- ★ 課外授業その2 —— 英語と日本語の根本的な違い ……… *13*
- ★ 課外授業その3 —— 動詞と英語の文のカタチの関係（基本編）…… *14*
- ★ 課外授業その4 —— 動詞と英語の文のカタチの関係（発展編）…… *17*
- ★ 課外授業その5 —— 名詞 ……… *21*
- ★ 課外授業その6 —— 形容詞 ……… *22*
- ★ 課外授業その7 —— 副詞 ……… *23*
- ★ 課外授業その8 —— 接続詞 ……… *26*

> ここでは「課外授業」と称して、本書を気持ちよく読み進む上では欠かせない英文のつくりと、基本的な品詞の知識を総おさらい。特に接続詞の知識はここから先の内容を理解する上でとても重要です。

STEP 1 比べてみよう「比較表現」……37

- ★ 「もっと強い」とか言ってみる ……… *38*
- ★ 「最も強い」とか言ってみる ……… *43*
- ★ 比べる表現の注意事項　その1（不規則変化）……… *48*
- ★ 比べる表現の注意事項　その2（more と most）……… *51*
- ★ 「同じくらい強い」とか言ってみる ……… *54*
- ★ いわゆる「ラテン比較級」……… *59*
- 「ふくしゅう」舞踏会 —— 1曲目 ……… *62*

> 「比較級」に「最上級」、そして「原級比較」、英語には何やら難しい呼び名のいろいろな比較表現がありますが、その根底にある深層心理みたいなものは実は似たり寄ったり？

STEP 2　疑問詞の使い方……その1　いわゆる普通の疑問文 …………… 69

- ★ 疑問詞のおさらい ……… *70*
- ★ 疑問詞の真実　その1（名詞？）……… *74*
- ★ 疑問詞の真実　その2（形容詞？？）……… *79*
- ★ 疑問詞の真実　その3（副詞？？？）……… *82*
- 「ふくしゅう」舞踏会 ── 2曲目 ……… *88*

> トリセツ読者にはすでにおなじみ（？）の「疑問詞」ですが、その正体は英文法の世界の中でも最強クラスの大ボスだったりします。ここでは疑問詞のおさらいをしつつ、その驚くべき秘密を大公開。

STEP 3　疑問詞の使い方……その2　いわゆる「間接疑問文」 …………… 95

- ★ いわゆる「間接疑問文」 ……… *96*
- ★ 名詞1個分の働きをする〈疑問詞 S+V〉……… *102*
- ★ 「間接疑問文」をつくってみる。……… *106*
- ★ when に要注意！ ……… *110*
- ★ 〈疑問詞 S+V〉を使うときの注意点 ……… *114*
- ★ 〈疑問詞＋to 不定詞〉というカタチ ……… *118*
- ★ 〈疑問詞 S+V〉のカタチと、対応する日本語 ……… *121*
- 「ふくしゅう」舞踏会 ── 3曲目 ……… *124*

> 恐怖の疑問詞シリーズの第2弾は、いわゆる「間接疑問文」。名前は「？」な感じかもしれないけど、前ステップの「疑問詞のおさらい」からの流れであれば、「意外と簡単！」に攻略できるはず。

STEP 4 疑問詞の使い方……その3
　　　　　いわゆる「関係詞」(お手軽変換編)… *131*

★ いきなり「関係(代名)詞」を使ってみる！……… *132*
★ 先行詞にご用心！……… *136*
★ 関係詞を使う感覚 ……… *139*
★ 関係詞を使う「文」……… *143*
「ふくしゅう」舞踏会 ── 4曲目 ……… *149*

恐怖の疑問詞シリーズ第3弾は、あの「関係詞」。でも、ココでは難しい理屈は一切抜きにして、関係詞をお手軽に使いこなすための感覚をまずは徹底的に身につけてもらいます。あまりの簡単さにビックリ？

STEP 5 疑問詞の使い方……その3
　　　　　いわゆる「関係詞」(使い分け編)…… *157*

★ which それとも where？ ……… *158*
★ 日本語と英語のズレと関係詞の本質 ……… *160*
★ 前置詞と関係詞 ……… *167*
★ 関係副詞　その1 (where) ……… *173*
★ 関係副詞　その2 (when) ……… *178*
★ 関係代名詞(？)の whose ……… *181*
★ 「言い換え可能」な関係詞と「省略可能」な関係詞 ……… *186*
「ふくしゅう」舞踏会 ── 5曲目 ……… *192*

ココからは「関係詞の本質」にガンガン踏み込んでいってもらいます。苦手な人が多い〈前置詞＋ whom/which〉や whose の使い分けなんかも、「関係詞の本質」さえつかんでしまえば、きっと楽勝。

STEP 6 疑問詞の使い方……その3
いわゆる「関係詞」(発展編)………… 203

- ★ いわゆる「制限用法」と「非制限用法」……… 204
- ★ 関係詞の効率的な読み方・訳し方(基本編)……… 208
- ★ 関係詞の効率的な読み方・訳し方(発展編)……… 215
- ★ すべては関係詞表現である？……… 221
- ★ 「何だコレ？」な関係詞表現(those who/which)……… 226
- ★ 「何だコレ？」な関係詞表現(先行詞とはなればなれ)……… 229
- ★ 「何だコレ？」な関係詞表現(補語タイプ)……… 230
- ★ ホントに関係詞？(why)……… 232
- ★ ホントに関係詞？(what と how)……… 236
- 「ふくしゅう」舞踏会──6曲目……… 241

> 実に3つもの STEP にわたる関係詞シリーズのクライマックス。ココでは日本語の発想からはかけ離れたハイレベルな関係詞表現を一気に攻略してもらいます。関係詞にばっちり開眼しちゃってください。

STEP 7 副詞で名詞で形容詞。
〈従属接続詞 S＋V〉……その1……… 249

- ★ まだまだ従属接続詞。……… 250
- ★ いわゆる「副詞節」をつくる従属接続詞……… 255
- ★ いわゆる「名詞節」をつくる whether/if ……… 262
- ★ 未来だけど未来じゃない！……… 267
- ★ 気づけば従属接続詞？(〈every time S＋V〉ほか)……… 272
- 「ふくしゅう」舞踏会──7曲目……… 277

> 本書の裏テーマは「従属接続詞」。なんて言われても「？」な人もいるかもしれないけど、試験などではとってもよく出るところなので、ぜひご一読を。

STEP 8 副詞で名詞で形容詞。〈従属接続詞 S＋V〉……その2 …… 285

★ おまけ付き副詞節 ……… 286
★ that の試練　その1（so ... that S＋V）……… 290
★ that の試練　その2（so that S＋V）……… 294
★ that の試練　その3（同格の that）……… 298
★ 疑問詞に ever がくっついたカタチ ……… 305
★ 接続副詞（however ほか）……… 311
「ふくしゅう」舞踏会 ── 8曲目 ……… 314

> 従属接続詞にはいろいろあるけど、その中でも最も多様な使い方をするのが that。というわけで「that の試練」さえ乗り越えれば、従属接続詞は極めたも当然？

STEP 9 as のいろいろ …… 323

★ as は何でもアリ？ ……… 324
★ 前置詞的な as ……… 326
★ 比べて「同じくらい」と言う場合の as ……… 330
★ 関係詞の as？ ……… 331
★ 接続詞としての as ……… 335
★ 従属接続詞の as の発展表現 ……… 337
★ as と it のハーモニー ……… 340
★ 直前の名詞を詳しく説明する〈as S＋V〉のカタチ ……… 344
「ふくしゅう」舞踏会 ── ラストソング ……… 347

> 「比較」に「関係詞」、「従属接続詞」など、本書に登場したさまざまな知識とリンクする as こそ、このトリセツのトリにふさわしい！　……と、読めばきっと納得してもらえるはず。

文法事項の索引 ……… 355
要注意英語表現の索引 ……… 356

あとがき ……… 358

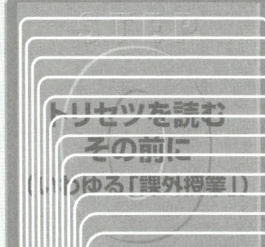
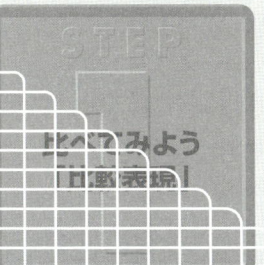

STEP 0

トリセツを読む その前に
（いわゆる「課外授業」）

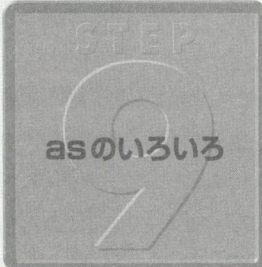

新しい内容に入る前に

本書を手にとっていただいたみなさま、まずは**ありがとうございます！**

『**英文法のトリセツ**』**シリーズ第 3 弾**となる本書では、「**苦手！**」という人が多く、一般的に「**難しい！**」と言われる**比較、間接疑問、関係詞**といった**中 3 レベル**の項目を中心に、これらと関連した**従属接続詞（名詞節や副詞節）**や **as** の使い方など、さまざまな発展知識を紹介していきたいと思います。

そんな文法項目の名前を出されても、「？」という人がいるかもしれないけれど、大学受験や TOEIC、英検といった割とレベルが高めの各種試験でも即点数に結びつくような、**はっきり言って、オイシイところ！**

でも、最初に言っておきますが、こうした部分が「**苦手！**」だったり、「**難しい！**」と感じたりするのは、ココに至るまでの**基礎の基礎の部分がしっかり理解できていない**のが隠れた原因だったりすることも多いんです。逆に言うと、土台となる基礎知識さえカンペキなら、こうした部分も、意外と「**楽勝！**」で片づけられたり。

だから、この **STEP 0** では、本編の内容をきちんと理解する上で避けては通れない基礎知識をみなさんにまずざっとおさらいしてもらおうと思います。名づけて、「**トリセツ第 3 弾を快適に楽しむための課外授業**」！

あくまでも、ココでやるのは今までのおさらいなんで、本シリーズの前 2 作、つまり、『**じっくり基礎編**』も『**とことん攻略編**』もきちんと読んでいて、

「今までの内容はもうバッチリ！」

という人は**遠慮なくp.37へ飛んで、ガンガン本編を読み進んでいただいて結構**。『攻略編』の出だしの部分と同じような話も多いんで。あっ、でも**p.23**の『**課外授業　その 7**』以降には、新しい知識もあるので、その辺だけは

トリセツを読むその前に（課外授業） **STEP 0**

一応、目を通してもらう方がいいかも。

「一応、前2作は読んだんだけど、あんまりよく覚えてないかも……」

という人は、流す程度でもかまわないんで、この「**課外授業**」のページに**ざっと目を通す**ようにしてください。きっと読むにつれて前2作を読んだときの記憶が鮮明によみがえるはず。必要に応じて、前2作をパラパラ開くようにすると、さらに効果大。

「いや、前2作はまったく読まずに、とりあえずこの第3弾だけ買ったんだけど」

という人は……、この「**課外授業**」は、まさにそういう人のために実施しているようなものですから、**イヤでもしっかり読む**ようにしてください。読んでるうちに、万が一、自分の基礎知識に自信がなくなったりしたら……、本屋さんに走って、前2作を手にとってもらえれば、きっといい感じ。急がば回れってヤツです。

なお、仮にこの **STEP 0** を読み飛ばしたり、その理解が不十分だったりしたらどうなるかというと……、

「●●って言われて、ピンとこない人はp.00を参照」

って感じで、**強制的にこのSTEP 0に戻される**仕組みになっているんです、実は。言ってみれば、この **STEP 0** って、「**英文法の流刑地**」みたいな役割も果たしているってわけ。あとで島流しになったりしないように、この課外授業の内容をしっかり頭に入れた上で、本書を気持ちぉ〜くスイスイ読み進んでください。

トリセツ第3弾を快適に楽しむための課外授業　その1
品詞とは何ぞや？

言葉というものは、その特徴によってグループ分けされます。そして、特徴ごとに分けられた言葉のグループをまとめて「品詞」と呼びます。代表例は次の通り。

● 動詞……主に動きや動作を表す品詞（＝言葉のグループ）
  → walk（歩く）、eat（食べる）、listen（聴く）など
● 名詞……ものの名前などを表す品詞
  → teacher（先生）、mountain（山）、tennis（テニス）など
● 形容詞……もの（名詞）の様子や状態を表す品詞
  → big（大きい）、beautiful（きれいな）、nice（ステキな）など
● 冠詞……日本語にはない品詞（だから、日本語に訳さないことも多い）
  → the（一応、「その…」という意味）、a（「ひとつの…」という意味）

「品詞」にはほかにも「副詞」とか「前置詞」とかいろいろあるんだけど、それについては必要に応じて、説明していくのでご心配なく。

なお、品詞のことを英語では **parts of speech**（言葉の部品）と呼びます。つまり、言葉をその特徴によって分けていくと、「品詞」という小さな部品に突き当たるイメージ。で、そういう小さな部品を組み合わせながら、大きな文をつくっていくわけだけど、**好き勝手に部品を並べるだけじゃダメ**。

きちんと自分の意図が相手に伝わる文をつくろうと思ったら、「この位置に入れていいのは、こういう品詞」とか、「この品詞はここに入れちゃダメ」とか、そういう**言葉ごとの働きを考えながら、正しい組み立て方をしないといけない**のです。そのための設計図に当たるのが「文法」だって思ってください。

トリセツ第3弾を快適に楽しむための課外授業　その2
英語と日本語の根本的な違い

英語の文には、必ず『主語』に当たる名詞と、『文の結論』を示すための動詞がひとつずつ入ります。ちなみに、「文の結論」とは「…する。」、「…(だ)。」のような、日本語だと、文の終わり（文末の「。」の前）に入る内容のこと。「**英語では、文の結論を示すのに必ず動詞が必要**」というのが日本語との大きな違い。

例えば、「**日本人は米を食べる**」みたいに、日本語の文の結論が、「食べる」のような動詞の場合には、英語の文も、

⇒ The Japanese eat rice.

のように、そのまま「食べる」って意味の一般動詞（eat）というものを使えばOK。でも、「**その山々は美しい**」みたいに、日本語の文の結論が、「美しい」のような動詞以外の言葉の場合には、英語の文には、

⇒ The mountains are beautiful.

のように、**必ず be 動詞**（ここでは are）というものを入れて、「**英語では、文の結論を示すのに必ず動詞が必要**」というルールを守らないとダメ。

また、上の例文からもわかるように、英語では必ず**〈主語＋動詞（＋その他の要素）〉**という単語の順番（＝語順）になるのも、英文法の大切なお約束。

トリセツ第3弾を快適に楽しむための課外授業　その3
動詞と英語の文のカタチの関係（基本編）

英語では、**動詞から後ろにどんな言葉やカタチが続くかは、どんな動詞を使ったかによって決まります。**

① 一般動詞
eat（食べる）、speak（話す） のように、動作を表す言葉だけど、中でも、

The Japanese eat rice.（日本人は米を食べる。）

の eat（食べる）のように、後ろに「…をする」の「…を」に当たる名詞がひとつ続くタイプ（「他動詞」と呼ぶ）の動詞が最も標準的。
なお、**動詞の後ろに前置詞ナシ**で入り、日本語にすると「…を」とか「…に」とかに当たる名詞（動作の対象に当たる言葉）のことを「目的語」と呼びます（例文では rice が目的語）。

ただし！　中には、**後ろに名詞を続けるには、必ず「前置詞」という接着剤に当たる語が必要な一般動詞**（「自動詞」と呼ぶ）もあります。例えば、

Takako listens to rock music.（タカコはロックを聞く。）

の **listen（聞く）** など。こういう一般動詞の後ろには、前置詞ナシで名詞を続けちゃダメ。また、たとえ「…を」とか「…に」とかいう意味になっても、**前置詞の後ろに入る名詞は「目的語」とは呼ばない**のが決まり（上の例の rock music は目的語と呼ばない）。

なお、eat のように、前置詞ナシで後ろに名詞を続けられる他動詞タイプ、listen のように後ろに名詞を続けるのに前置詞が必要な自動詞タイプのどちらも、**さらに名詞を続けようと思ったら、接着剤に当たる前置詞という品**

詞が必要になります。次の通り。

⇒ Japanese eat rice with chopsticks.（日本人ははしで米を食べる。）
⇒ Takako listens to rock music in the house.
　（タカコは家でロックを聞く。）

② be 動詞
be 動詞は、「彼の姉さんは先生だ」とか「その山々は美しい」みたいに、文の結論が「先生」とか「美しい」とか、とにかく動詞じゃないときに使います。

1. His sister is a teacher.（彼の姉さんは先生だ。）
2. The mountains are beautiful.（その山々は美しい。）

のように、be 動詞を使った文では、文の結論に当たる語が be 動詞の後ろ（右側）に入るカタチになるのが特徴。

ちなみに、be 動詞の後ろに文の結論として入る言葉のことを「補語」と呼びます。補語の役割ができる品詞は、名詞や形容詞、〈前置詞＋名詞〉、副詞など、かなり豊富。「補語」は、前にある名詞を詳しく説明する（補って説明する）働きの言葉のことですが、be 動詞を使う文の場合、補語は「主語の様子を説明する役割」だと考えればOK。また、

1. His sister（彼の姉さん）＝ a teacher（先生）
2. The mountains（その山々）＝ beautiful（美しい）

のように、be 動詞を挟んだ左側（主語）と右側（補語）がイコールの関係になるのも補語の特徴のひとつです。

なお、be 動詞を使う文についても、

⇒ **The mountains are beautiful in winter.**（その山々は冬に美しい。）

のように、補語に当たる語よりも後ろに、**さらに名詞を続けようと思ったら、接着剤に当たる前置詞が必要**になります。

③ be 動詞タイプの一般動詞

中には、be 動詞と同様、後ろに補語を続けられる特殊な一般動詞もあります。例えば、

1. They got angry.（彼らは怒った（状態になった）。）
2. He looks young.（彼は若く見える。）

の get や look など。どちらも **be 動詞ではない**（つまり、**一般動詞**）であるにもかかわらず、

1. They（彼ら）＝ **angry**（怒った状態）
2. He（彼）＝ **young**（若い）

のように、主語とイコールの関係になる言葉（＝補語）が後ろに続いていますよね。後ろに補語を続けられる一般動詞は、「…になる」あるいは「…と感じる」のような意味を表すものが大半だけど、これらの場合、後ろに補語として続けられるのは「**形容詞だけ**」なのが普通。ただし、become、turn などは例外的に、

3. She became a dentist.（彼女は歯医者になった。）

のように後ろに名詞を補語として続けることもできます。

トリセツ第3弾を快適に楽しむための課外授業　その4
動詞と英語の文のカタチの関係（発展編）

さて、文法世界では、ここまでに登場した用語のうち、

「主語」を S
「一般動詞、または be 動詞」を V
「目的語」を O
「補語」を C

という具合に、**日本語の代わりにアルファベットで簡略化して言い換える**ことがよくあります。例えば、

A. The Japanese eat rice.
　　　 S　　　 V O
B. Takako listens to rock music.
　　　 S　　　 V
C. His sister is a teacher.
　　　 S　　 V　 C
D. They got angry.
　　　 S　 V　 C

という感じ。そして、このように、S（主語）、V（動詞）、O（目的語）、C（補語）を使って英語の文の最小単位の骨組みを表したものを、一般的に「**文型**」と呼ぶことになっています。どんな動詞を使うかで、

SVO⇒「S は O を…する」
SV⇒「S は…する」
SVC⇒「S は C だ／S は C になる／S は C と感じる」

といった具合に、基本の骨組み（「文型」）が決まり、それに応じて、文の基

本の意味も決まる感じです。

また、「文型」という枠組みで英語の文を考えるときには、**主語（S）、動詞（V）、目的語（O）、補語（C）以外の要素は、すべて「オマケ」として無視してしまう**っていうのもポイント（**B**の to rock music という〈前置詞＋名詞〉が無視されているのはそのため）。

さらに、ここまでに示した**SV**、**SVO**、**SVC**といった基本パターンが発展した「より高度なカタチ」があと2つあります。

① SVOOタイプの一般動詞
一般動詞の中には、

1. I gave him（人）my book（もの）.（ボクは彼に本をあげた。）
2. He teaches the girls（人）English（もの）.
　（彼はその女の子たちに英語を教えた。）

のように、**直後に「人」を指す名詞をもってくる場合、前置詞ナシでさらにもうひとつ（「もの」を指す）名詞を続けられる**特殊な動詞もあります。代表例は、

give（与える）、teach（教える）、tell（伝える）、show（見せる）、send（送る）

など。基本的に意味は「『人』に『もの』を…する」という感じ。このタイプの一般動詞は、数はそれほど多くないので、1個ずつ覚えていっても、十分に対応できるはず。

なお、たとえこのタイプの動詞を使うとしても、前置詞ナシで名詞を後ろに2つ続けることができるのは、あくまで、直後に「人」を指す名詞をもってきて、〈**動詞＋「人」を指す名詞＋「もの」を指す名詞**〉という語順にする

場合のみ。直後に「もの」を指す名詞をもってくる場合には、

⇒ I gave my book（もの） to him（人）.
⇒ He teaches English（もの） to the girls（人）.

のように、前置詞を挟んで「人」を指す名詞を続けないとダメ。

ちなみに、〈動詞＋「人」を指す名詞＋「もの」を指す名詞〉というカタチで「『人』に『もの』を…する」という意味を表す英文は、文型で言うと、

I gave him my book.

つまり、**SVOO**ということになります。一方、意味は同じでも、直後に「もの」を指す名詞をもってきたカタチは**SVO**ということになるので注意。

I gave my book（もの） to him（人）.

② SVOCタイプの一般動詞
一般動詞の中には、

He made the room clean.（彼は部屋をキレイにした。）

のように、**目的語（O）の後ろに、目的語（O）の説明に当たる語（補語（C））を続けることができる**特殊な動詞もあります。文型で言うと、**SVOC**というカタチですが、このカタチ（文型）がアリな動詞の代表例は、

make、keep、call、drive、name、paint、leave

など。**SVOC**というカタチの文は、日本語にすると、だいたい「**OをCにする**」という感じになります。例えば、

- 〈make O C〉⇒「**OをCにする**」
  例：**He made the room clean.**（彼は部屋をキレイにした。）
- 〈keep O C〉⇒「**OをCに保つ、しておく**」
  例：**I kept my project secret.**（ボクは自分の計画を秘密にしておいた。）
- 〈call O C〉⇒「**OをCと呼ぶ**」
  例：**We call that book the Bible.**（私たちはその本を聖書と呼ぶ。）

といった具合。なお、このカタチの英文の補語（C）は「**前の名詞（目的語）の様子・状態についての補足説明に当たる役割**」で、目的語と補語の間では必ず「O＝C」の関係が成り立つのが目印。先の例でも、

「その部屋＝きれい（な状態）」
「ボクの計画＝秘密（の状態）」
「その本＝聖書」

であることがわかるはず。日本人には少しわかりにくいカタチだけど、このカタチがアリな動詞はSVOOタイプより輪をかけて数が少ないのでご安心を。

また、後ろに「OC」という1セットを続けることができる動詞は、**call、make、name** など一握りの例外を除いて、**Cの位置に形容詞（だけ）しか入れることができない**ものが大半ですので、こちらも目印としてどうぞ。

トリセツを読むその前に（課外授業）　**STEP 0**

トリセツ第3弾を快適に楽しむための課外授業　その5
名詞

ここまでの内容からわかるように、英語の文の中で「名詞」は、以下のいずれかとして使うのが基本です。

① 主語（「…は」に当たる要素）として
　例：**Joe is nice.**（ジョーはいいヤツだ。）
② 目的語（「…を」に当たる要素）として
　例：**I saw Joe.**（ボクはジョーを見た。）
③ 補語（主語の様子を説明し、主語とイコールに近い関係の要素）として
　例：**He is Joe.**（彼がジョーだ。）

さらに、「主語でも目的語でも補語でもないけど、もっと文に名詞を入れたい！」という場合は、名詞の前に前置詞という接着剤に当たる品詞を置いて、〈前置詞＋名詞〉というカタチにすれば、名詞を文にくっつけることが可能。

④ 前置詞（**at、in、on、to、with** など）の後ろに続く要素として
例：**She played tennis with Joe.**（彼女はジョーとテニスをした。）

以上より、英文の中で「名詞が入る位置」というのは、動詞の前（主語の位置）か動詞の後ろ（目的語、または補語の位置）、または前置詞の後ろということになります（ホントはもうひとつ裏技があるんだけど、それについてはp.26で）。

なお、前置詞はあくまで、文に名詞をくっつけるための品詞なので、名詞以外の品詞をくっつけることはできないし、前置詞だけを文に入れることもない（前置詞を使うのなら、後ろに名詞が続くのが前提）という点に注意。

21

トリセツ第 3 弾を快適に楽しむための課外授業　その 6
形容詞

「形容詞」は名詞を説明する役割の品詞です。形容詞の仕事はただそれだけ。ただし、形容詞の使い方には大きく分けて、次の 2 通りがあります。

① 主に名詞の前に置いて、その後ろに続く名詞を説明する使い方
　例：long hair（長い髪）、beautiful long hair（キレイな長い髪）
　＊複数の形容詞でひとつの名詞を説明することも可能。

② 補語として、その前にある名詞を説明する使い方
　例1：Her hair is beautiful.（彼女の髪は美しい。）
　　　　 S　　　V　　C
　＊補語となる形容詞（beautiful）が be 動詞を挟んで前にある名詞＝主語を説明している。
　例2：She kept the room warm.（彼女は部屋を暖かくしておいた。）
　　　　 S　　 V　　　O　　　C
　＊補語となる形容詞（warm）が前にある名詞＝目的語（the room）を説明している。

なお、〈形容詞＋名詞〉という 1 セットは、名詞 1 個分の扱いになるので、

The cute girl is Miyu.（そのかわいい女の子はミユだ。）
He loves the cute girl.（彼はそのかわいい女の子を愛している。）
He was looking at the cute girl.
（彼はそのかわいい女の子をじっと見ていた。）

という感じで、主語、目的語、補語、前置詞の後ろなど、名詞を入れられるところならどこへでも、この 1 セットをそのままスッポリ入れることができるという点にも注意してください。

トリセツ第3弾を快適に楽しむための課外授業　その7
 副詞

英語の「**副詞**」に苦手意識をもっている読者のみなさんは、決して少なくないと思います。というのも、

「英語における『副詞』という品詞のジャンルそのものが、何だか分類に困る少数派グループの寄せ集めで、一言では定義が難しい」

という問題点があるからです。でも、次のようなポイントから副詞を考えるようにすれば、少しは副詞のイメージがとらえやすくなるはず。

 「副詞」とは、主語や動詞、目的語など、文の要素がそろったカタチに、それだけでおまけ的につけ足せる語（句）の総称。

⇒「おまけ要素」なので、文の中にあってもいいし、なくてもいい

Megumi (always) plays tennis (hard).
（メグミは（いつも）（熱心に）テニスをする。）

という英文の **always**（いつも）は「頻度を表す副詞」、**hard**（熱心に）は「どんなふうに…するのかを表す副詞」ですが、この2つがなくても **Megumi plays tennis.** という感じでぜんぜん文として成立しますよね。「**おまけ要素**」とはそういうことです。ただし、副詞が補語の役割をする場合だけは、副詞が「おまけ要素」ではなくなる例外パターンになります。

⇒ 意味的に「名詞」っぽい感じがするものであっても、基本的に副詞は文の主語や目的語としては使えない。また、文につけ足す際に前置詞の助けも必要ない。

- × **Abroad** is waiting for you.（海外が君を待っている）
  * abroad は「海外（に、で）」という意味の「副詞」だから文の主語にはなれない
- × He likes abroad.（彼は海外が好きだ）
  *「副詞」だから文の目的語にはなれない
- × I want to go to abroad.（私は海外に行きたい）
  *「副詞」だから前置詞の後ろに入れることはできない
- ◯ I want to go abroad.（私は海外に行きたい）
  *「副詞」だから前置詞ナシで文につけ足せる！

⇒ 普通の「名詞」も、前に前置詞をつけて〈前置詞＋名詞〉というカタチにすることで、「副詞」と同じような働きをさせられる（文におまけ的につけ足せる）。

- ◯ I want to go **to foreign countries**.（私は外国に行きたい）
  *「外国」という意味の **foreign countries** という名詞に、前置詞の to をつけることで、副詞の **abroad** と同じような意味を表せる
- × I want to go foreign countries.（私は外国に行きたい）
  * 前置詞がないので文につけ足せない（主語、目的語、補語以外の位置に名詞を置くなら、必ず前置詞が必要）

POINT 2　「副詞」の主な役割は「動詞」または「文全体」の説明、「形容詞またはほかの副詞」の説明のいずれか。

⇒ 副詞が「動詞」または「文全体」を説明する場合、文頭か文末、もしくは動詞の前後などに、単独で（独立した感じで）つけ足すのが普通。

その作家は（ときどき）大阪を訪れる。
　⇒ **(Sometimes)** the writer visits Osaka.
　⇒ The writer **(sometimes)** visits Osaka.
　⇒ The writer visits Osaka **(sometimes)**.

副詞が、動詞を説明しているか、それとも文全体を説明しているかは、あいまいなことも多い（どちらとも言えることも多い）ので、どちらの役割なのかはそんなに気にする必要はありません。
とにかくこの2つの役割の場合には、「**文頭**に入れても、**文中**に入れても、**文末**に入れてもOK！」って感じで、位置がかなり自由なのがポイントです。
ただし、副詞を「**文全体**」を説明する役割で使う場合には、**文頭**に入れることが多いので、その辺は参考までに。

⇒ 副詞が「**形容詞またはほかの副詞**」を説明する場合、基本的に説明対象となる形容詞や副詞の前に置くだけで**OK**。

She wrote (surprisingly) moving lyrics.
（彼女は（驚くほど）感動的な歌詞を書いた。）
　＊surprisingly（驚くほど）という副詞が直後の moving（感動的な）という形容詞を説明している。

They copied the song (surprisingly) precisely.
（彼らはその曲を、（驚くほど）カンペキにコピーした。）
　＊同じく副詞の surprisingly（驚くほど）が直後の precisely（正確に）という副詞を説明している。

まあ、ココは一気に覚えようとしなくても大丈夫です。すぐにはなかなか覚えられるものじゃないし。本書を読んでいて「**あれっ、副詞って何だっけ？**」と気になったら、何度でもこのページに戻って、基本ポイントを確認する。そうするうちに、自然と感覚が身につくはずです。

トリセツ第3弾を快適に楽しむための課外授業　その8
接続詞

英語は基本的に「ひとつの文の中に主語（S）と動詞（V）が一組だけ」が原則の言語です。でも、「どうしてもひとつの文に複数の主語や動詞を入れたい！」と思ったら、「接続詞」と呼ばれる品詞を使うことで、それが可能になります。言ってみれば、「接続詞」ってやつは「ひとつの文の中に主語と動詞は一組だけ」というお約束を破るための免罪符みたいなものなんですね。逆に言えば、

「接続詞という免罪符がなければ、複数の主語と動詞をひとつの文に入れることは基本的に許されない！」

ってことになります。

考えようによっては、「**表現の幅が広がるからベンリ！**」なんだけど、考えようによっては、「**文のカタチがややこしくなるからウザイ！**」それがすべての接続詞に共通する特徴と言えるでしょう。

接続詞は大きく分けて「等位接続詞」と「従属接続詞」という2つのグループに分かれます。それぞれの特徴と注意点を紹介していきましょう。

●等位接続詞

代表例は、**and**（そして）、**but**（しかし）、**or**（あるいは）など。「等位接続詞」は、

She prepared dinner and I did the dishes.
　S　　 V　　　　　　　　S V
（彼女が晩ご飯を用意して、私が皿を洗いました。）

のように、「主語（S）と動詞（V）」と「主語（S）と動詞（V）」をつなぐこともできます。また、

simple but powerful（単純だけど力強い）

のように、「形容詞と形容詞」を結ぶことも可能。さらに、

with you or without you（キミと一緒でも、あるいは一緒じゃなくても）

のように、「〈前置詞＋名詞〉と〈前置詞＋名詞〉」を結ぶこともできます。早い話、等位接続詞というのは、単語と単語だろうと、単語同士の組み合わせだろうと、あるいは主語と動詞と主語と動詞の組み合わせだろうと、とにかく同じレベルの要素でさえあれば何でもつなぐことができるのです。

言ってみれば、**対等な関係の要素同士をつなぐ接続詞**。だから、「等位接続詞」なんて呼び名がついているわけです。

●従属接続詞その１：「従属接続詞」ってどんな接続詞？

「従属接続詞」は、主語（S）と動詞（V）を含む、ちゃんとした文のカタチを、ひとつのまとまった意味を表す１セットとして、**より大きな文の中に組み込める状態にする接続詞**です。代表例は、**because**（…（な）ので）、**if**（（もし）…なら）、**that**（…と（いうこと））など。具体的には、

because I saw the artist（私はそのアーティストを見たので）
      Ⓢ Ⓥ
if you are busy every day（あなたが毎日忙しいなら）
  Ⓢ Ⓥ
that she bought the book（彼女がその本を買ったと（いうこと））
    Ⓢ   Ⓥ

のように、〈S+V〉の頭に従属接続詞を入れて、〈従属接続詞 S+V〉というカタチにすると、「SがV（する）ので」とか、「（もし）SがV（する）なら」とか、「SがV（する）と（いうこと）」という具合に、〈S+V〉が表す意味に、それぞれの従属接続詞がもつ意味が添えられる感じになって、**より大きな文に組み込める状態になった1セット**ができあがるイメージ。

1セットで「より大きな文の中に組み込める」というのは、言い換えると1セットで**名詞**あるいは**副詞**など何らかの**品詞1個分の働き**をするものとして、より大きな文の中で使うことができるということです。

同じ〈従属接続詞 S+V〉というカタチでも、**使う接続詞によって、1セットで名詞1個分として使えるタイプと、副詞1個分として使えるタイプに分かれるところに注意**（接続詞によっては、どちらとしても使える1セットをつくれるものもあります）。

従属接続詞の中でも、because（…（な）ので）、if（（もし）…なら）などは、1セットで**副詞1個分**として使える〈because/if S+V〉というカタチをつくることができます。
言い換えると、because、if は〈S+V〉のカタチを**副詞1個分**として、**より大きな文の中に組み込むための接続詞**と言えます。

p.23でも説明した通り、「副詞」とは、主語や動詞、目的語など、**文の要素がそろった（欠けている要素がない）カタチ**に、それだけで**おまけ的につけ足せる語（句）**のことでしたね。〈because S+V〉や〈if S+V〉というカタチが副詞1個分ということは……これらも、**文の要素がちゃんとそろったカタチに、おまけ的にくっつけることが可能**ってこと。具体的には、

1. 〈Because it's raining〉, we can't play baseball.
　（〈雨が降っているので〉、私たちは野球ができません。）
2. I will help you 〈if you are busy every day〉.
　（〈あなたが毎日忙しいなら〉、私が助けてあげましょう）

という具合。どちらも、**We can't play baseball** とか **I will help you** のような、文の要素がそろった、それだけでも文としてちゃんと成り立つカタチに、意味の上でまとまりをもつ〈従属接続詞 **S＋V**〉という1セットが、おまけ的にくっついてる感じでしょ？

また、**1** の場合は、〈**Because it's raining**〉が**文頭**に、**2** の場合は、〈**if you are busy every day**〉が**文末**に入っている点にも注目。おまけ要素らしく、**文頭や文末につけ足す感じで使うのが、副詞1個分の働きをする〈従属接続詞 S＋V〉の特徴。**

まあ、でも、実際問題として、〈従属接続詞 **S＋V**〉が1セットで副詞1個分の働きとかそういう話は、現時点ではそれほど気にしてもらわなくてもOK。あくまで「**現時点では**」ですけど。

従属接続詞の中でも、**that**（…と（いうこと））は1セットで**名詞1個分の働きをする〈that S＋V〉というカタチをつくることができます。**
言い換えると、**that** は〈**S＋V**〉のカタチを**名詞1個分**として、**より大きな文の中に組み込むための接続詞**と言えます。

〈**that S＋V**〉のカタチが名詞1個分の働きというのは、つまり、この1セットをより大きな文の**主語**として使ったり、**目的語**として使ったり、**補語**として使ったり、とにかく名詞を入れることができる位置にスッポリ入れて使うことができるってことだと思ってください。

1. 目的語（**O**）の位置にスッポリ！（1セットで目的語として使える）
　　He doesn't know 〈that she bought the book〉.
　　Ⓢ　　　　**Ⓥ**　　　　　　**Ⓞ**
　　（彼は〈彼女がその本を買ったということ〉を知らない。）

2. 補語（**C**）の位置にもスッポリ！（1セットで補語として使える）
　　The fact is 〈that she bought the book〉.
　　　Ⓢ　**Ⓥ**　　　　**Ⓒ**

（事実は、〈彼女がその本を買ったということ〉だ。）

3. 主語（S）の位置にだってスッポリ！（1セットで主語として使える）
〈That she bought the book〉is a secret.
　　　　　Ⓢ　　　　　　　Ⓥ　Ⓒ
（〈彼女がその本を買ったということ〉は秘密だ。）

ただし、〈that S+V〉という1セットを主語として使う場合、形式主語の it（主語の位置に入り、「実際の主語は後ろにありますよ」というのを示す目印の役割をする it）を使って、本当の主語の〈that S+V〉は後ろに回して、次のように表す方が普通です。

〈That she bought the book〉is secret.
　⇒ It is secret〈that she bought the book〉.

まとめると、「従属接続詞」とは、

「ボクの後ろには〈S+V〉ってカタチが続くんだけど、ボクも含めて、〈従属接続詞 S+V〉という1セットで、名詞や副詞1個分の役割を果たすカタチだからね」

と合図する接続詞だと言えるでしょう。

●従属接続詞その2：「文」と「節」という考え方

さて、ココでものすごーく基本的な話をしますが、

「英語の『文』というのは、主語と動詞を含むカタチのこと」

です。例えば、

トリセツを読むその前に（課外授業） **STEP 0**

I know.（オレ、知ってるよ。）

のような2語しかないシンプルなカタチだって、I という主語と know という動詞があるからには、立派な「**文**」として成り立っているということになります。では、

She prepared dinner and **I did** the dishes.
  S   **V**   **S V**
（彼女が晩ご飯を用意して、私が皿を洗いました）

みたいな、〈**主語（S）＋動詞（V）**〉が2つ以上組み合わさったカタチは何と呼ぶでしょうか？　……って、これももちろん「文」でいいのです。
でも、このように、〈**S＋V**〉が2つ以上組み合わさった文においては、〈**S＋V**〉のひとつ分を指して「**節！**」と呼ぶことがあります。

「……ふし！」
と読んだ人もいるかもしれないけど、「**せつ**」と読みます、念のため。上の例では、**She prepared** dinner も「節」、**I did** the dishes も「節」ということですね。ってところで質問です。
次のカタチは「文」？　それとも「節」？

because I saw the artist（私はそのアーティストを見た**ので**）
if you are busy every day（あなたが毎日忙しい**なら**）
that she bought the book（彼女がその本を買った**と（いうこと）**）

「……えっ？ (-_-;)　これだけだと、〈**S＋V**〉のカタチが1個しかないんだから、やっぱり『文』って言うんじゃない？」

と思ったかもしれないけど、**答えは「節」**。なぜかと言うと、こうしたカタチの頭には、**because、if、that** といった**従属接続詞**がくっついているから。

「**従属接続詞**というのは、〈**S＋V**〉のカタチを、1セットで**名詞**や**副詞**1

個分の働きをするものとして、より大きな文に組み込める状態にする語」

でしたよね。要するに、〈従属接続詞 S＋V〉というカタチは、

1. 〈Because it's raining〉, we can't play baseball.
   　　　　Ⓢ Ⓥ　　　　　 Ⓢ　　　 Ⓥ
2. I will help you 〈if you are busy every day〉.
   Ⓢ　　 Ⓥ　　　　 Ⓢ Ⓥ

のように、もうひとつのより大きな文（＝〈S＋V〉）に組み込む感じで使う（つまり、〈S＋V〉のカタチが２組になる）ことを前提としたカタチとも言えるんです。そんな事情もあって、〈従属接続詞 S＋V〉のカタチについては、もう常に「節」と呼ぶのが決まりになっているというわけ。とりあえず「節」という言葉は、「文」の中でも特に、

★〈S＋V〉が２つ以上組み合わさった文の中の、〈S＋V〉の１個分
★ より大きな文の中で、名詞や副詞１個分として使う前提になっている〈従属接続詞 S＋V〉のカタチ

に対して使われる言葉だと考えておけば間違いナシ。

なお、文法用語では、節の中でも、〈従属接続詞 S＋V〉のように「従属接続詞が頭にある節」を特に「従（属）節」と呼びます。

さらに、〈従属接続詞 S＋V〉というカタチ（いわゆる「従節」）の中でも、because という従属接続詞を使っていれば「because 節」、that という従属接続詞を使っていれば「that 節」と呼ぶこともあります。
また、「従節」の中でも、１セットで副詞１個分の働きをするものは「副詞節」、名詞１個分の働きをするものは「名詞節」と呼ぶこともあります。

……〈従属接続詞 S＋V〉というカタチにはいろいろな呼び方があるってことですね。

●従属接続詞その３：「主節」と「従節」という考え方

先ほど確認したように、〈従属接続詞 S+V〉という１セット（＝従（属）節）を使う場合、普通、ほかにもう１組〈S+V〉が出てきて、

1. 〈Because it's raining〉, we can't play baseball.
　　　　　　Ⓢ Ⓥ　　　　　　Ⓢ　　　Ⓥ

2. He doesn't know 〈that she bought the book〉.
　　 Ⓢ　　　Ⓥ　　　　　Ⓢ　　　　Ⓥ

のように、ひとつの文の中に〈S+V〉が２組あるカタチになるのが前提です。
そして、このような〈従属接続詞 S+V〉という１セット（＝従節）を使う文では、「従節」に対して、頭に従属接続詞がないもうひとつの〈S+V〉を「主節」と呼んだりします。**1**の例だと、〈Because it's raining〉が「従節」、残りの we can't play baseball が「主節」ということですね。

「じゃあ、**2**の例だと、〈that she bought the book〉が『従節』で、残りの He doesn't know が『主節』ってこと？」

と思った人は残念賞。これは**そうとも言えるし、そうでないとも言える、微妙なところ**なのです。ポイントになるのは、

1の〈Because it's raining〉は、１セットで副詞扱い（＝副詞節）
2の〈that she bought the book〉は、１セットで名詞扱い（＝名詞節）

というところ。

p.28でも述べた通り、〈従属接続詞 S+V〉という１セット（＝従節）の中でも、副詞１個分の働きをする（いわゆる「副詞節」になる）タイプは、「**SVOなど、文の要素がちゃんとそろった（欠けている要素がない）カタチに、おまけ的にくっつけるもの**」です。だから、仮に

〈彼はいいヤツなので〉、みんなに好かれている。
　　⇒〈Because he's nice〉, everyone likes him.
　　　　　従節（＝副詞節）　　　　　主節

のような文から、従節（＝副詞節）を取り除いても、主節はひとつの文として問題なく成立します。要するに、従節（＝副詞節）は、より大きな文に組み込まれているといっても、**主節と従節のそれぞれが、ある程度独立した関係**と言えなくもないのです。

でも、〈従属接続詞 S＋V〉という１セット（＝従節）の中でも名詞１個分の働きをする（いわゆる「名詞節」になる）タイプは、事情がちょっとややこしい。例えば、仮に

唯一のいい知らせは、〈彼がいいヤツだということ〉だ。
　　⇒ The only good news is〈that he's nice〉.
　　　　　　　　　　　　　　　　従節（＝名詞節）

という英文から〈that he's nice〉という従節（＝名詞節）を取り除くと？ ……残るのは The only good news is という中途半端なカタチ。つまり、**主節が文として成立しない**カタチになってしまうのです。
もっとわかりやすい例としては、

〈彼女がその本を買ったということ〉は秘密だ。
〈That she bought the book〉is secret.
　　　従節（＝名詞節）

のように、従節（＝名詞節）が主節の主語になるような場合。この文から「従節（＝名詞節）を取り除くと、主節から主語がなくなっちゃう！（明らかに文として成立しない）」ことになりますよね。このように、従節の中でも１セットで名詞の働きをするもの（＝名詞節）を使う文では、

「従節（＝名詞節）が主節の中の、主語、目的語、補語など、名詞を入れることができる位置にスッポリ入り込むカタチ」

になるため、「主節と従節」というふうにきれいに1対1で分けられるような関係にはならないのです。言ってみれば、名詞節は主節と従節が一体化する感じ。

副詞節と名詞節はどちらも同じ従節とはいえ、「主節との関係」という観点から考えると、大きな違いがあるってことですね。

……いろいろと注意点を述べましたが、すべての従属接続詞に共通する重要ポイントとして、

① 従属接続詞は〈S＋V〉のような主語や動詞を含むカタチを、1セットで名詞や副詞など何らかの品詞1個分として使えるようにする語である。

② 〈S＋V〉のカタチを、1セットで名詞や副詞など何らかの品詞1個分として使おうと思ったら、原則として必ず従属接続詞を使わないといけない（従属接続詞を頭につけ〈従属接続詞 S＋V〉のカタチにする）。

という2点だけは覚えておいてください。それ以外のところは、「ふーん」っていうくらいでも、とりあえずは大丈夫です。「that 節」とか「名詞節」とか「副詞節」とか「主節」とかそういう用語に出合って、「そう言えば、コレってどういうことだっけ？」と気になったり、わからなくなったりしたときに、このページに戻って確認してもらえばそれで十分です。

STEP 1
比べてみよう「比較表現」

「もっと強い」とか言ってみる

みなさん、次の場面をイメージしてください。

A：ミツハルは強いよ。
B：ジュンの方が強いよ。

どうやら2人で討論らしきものをしているようです。**A**は三沢……じゃなくてミツハルという人の強さを主張していますが、それに対して**B**は秋山……じゃなくてジュンという人の方が強いと言って譲りません。

さて、このセリフをそれぞれ英語にするとどうなるでしょうか？ **A**の方は余裕ですよね。

⇒ **A**：**Mitsuharu is strong.**

これだけでOK。でも、**B**の方はどうでしょうか？ **A**のセリフとほとんど同じだけど、「…の方が」という部分をどう表すかが悩みどころですよね。英語ではこのように、
「2つのものの『程度』を比べて、どちらかが上、あるいは下と伝える」
ときには、次のような言い方をします。

⇒ **B**：**Jun is strong**er**.**（ジュンの方が強いよ。）

strong（強い）という形容詞の後ろに **-er** がくっついていますね。このように「程度」を表す言葉の語尾に **-er** か **-r** をつけると「より…の方が」という感じを出すことができるのです。

英語で「『程度』を表す言葉」って言ったら？

答えは、「形容詞」または「副詞」。だから、「より…の方が」という意味で後ろに **-(e)r** をつけられるのは形容詞や副詞だけ（ちなみに、動詞に **-(e)r**

比べてみよう「比較表現」 STEP 1

をくっつけると、「その動作をする人」って意味の**名詞**になります。sing**er** で「**歌手**」とか）。

なお、**strong**er のような、形容詞や副詞に -(e)r がくっついたカタチのことを、文法用語では「**比較級**」と呼びます。そして、それに対して後ろに -(e)r のくっついていない形容詞、つまり **strong** のような形容詞や副詞本来のカタチのことを「**原級**」と呼びます。

後ろに -(e)s や -(e)d のついていない動詞本来のカタチは「**原形**」というんでしたよね？　**動詞**の本来の姿は「**原形**」で、**形容詞**の本来の姿は「**原級**」ってことです。整理して覚えておくこと。

さて、**B**の「ジュンの方が強いよ」というセリフには、話の流れから比べている相手（＝ミツハル）が明らかなこともあって、「だれと比べているか」という情報が入っていませんね。

もし「ジュンはミツハルより強い」とか「ジュンの方がミツハルより強い」という感じで比べる対象まではっきりと示そうと思ったら……、

⇒ **B：Jun is strong**er **than Mitsuharu.**

こんな感じで、「**比べる対象**」の前に **than** という語を置けばいいのです。

> **Q** 「ミツハルはマコトより強い」
> を英語で言うとどうなるでしょう？

主語が「ミツハル」、「**比べる対象**」が「マコト」に変わっただけだから、

⇒ ◎ **Mitsuharu is strong**er **than Makoto.**

これだけでOK。それにしても橋……じゃなくてマコトにはもっと強くなってほしいものです。応援してるのに……と、話が脱線したところで、ここまでのポイントをまとめると次の通り。

> ⚠️ 〈比較級（＝形容詞／副詞 -(e)r）（＋ than X）〉で、
> 「(Xと比べて，)より…だ」という意味！

なお、今の文はそれぞれ、以下のようなカタチにすることもあります。

Jun is stronger 〈than Mitsuharu is〉.
Mitsuharu is stronger 〈than Makoto is〉.

「何で一番後ろに be 動詞が入ってるの？」

って感じかもしれませんが、ポイントは「**比べる対象の前に入れる than は、品詞で言うと元は従属接続詞**」というところ。p.27でも述べた通り、従属接続詞を使うときには、〈従属接続詞 S＋V〉というカタチになるのが基本です。この例文の場合も、

Jun is stronger 〈than Mitsuharu is (strong)〉.
（ミツハル（が強いの）と比べて、ジュンはより強い。）
Mitsuharu is stronger 〈than Makoto is (strong)〉.
（マコト（が強いの）と比べて、ミツハルはより強い。）

というのが省略のない本当の姿なんですが、than の前後を比べてみると、主語が違うだけで、その後ろの be 動詞と strong(er) はまったく同じですよね。同じことを繰り返すのもアレなので、**than より前の内容と重複する部分は省略してしまうのが普通**。be 動詞とかは別に残してもいいけど、特に than の前で -er がついている形容詞や副詞については、**than の後ろにはゼッタイに入れないのが決まり**です。

比べてみよう「比較表現」 **STEP 1**

× **Jun is stronger ⟨than Mitsuharu is strong⟩.**

なんて、英文を書いたら×（バツ）されますのでご注意を！

また、例えば、「ミヨはボク／彼／彼ら（と比べて）より速く走ることができる」のように、比べる対象が「ボク／彼／彼ら」といった代名詞になる場合は要注意。ココまでの話から考えれば、

Miyo can run faster than I/he/they (can).

となるはずですね。確かにこう表しても間違いではないけど、共通要素である can を省いた場合、本来なら主語の役割で使うはずの I/he/they が、後ろに（助）動詞などがないのに、ポツンと残るのも変な感じ。ということで、後ろの（助）動詞などを省略する場合には、

Miyo can run faster than me/him/them.

のように、I/he/they ではなく me/him/them のような目的語や前置詞の後ろの位置に入れるときのカタチを使うのが、今では普通だったりします。この場合の than は前置詞の役割と考えてもいいけど、まあ、than については、何でもアリ的な特殊なやつって覚えておくのが一番かも。

> **Q** 「どちらが小さいですか？」
> を英語で言うとどうなるでしょう？

「『どちら』は which っていう疑問詞で、『小さい』は small でしょ？ だから、**Which is small?** でいいんじゃないの？」

と、考えた人もいると思うけど、**これではダメ**。日本語の表現から考えると、これでよさそうな気がするかもしれないけど、正しくは、

⇒ ◎ **Which is small**er**?**

と、「**比較級**」を使わなければならないのです。「何で？」って気になる人は、次の２つの日本語表現を文字通り、「**比較**」してみること。

1. どちらが小さいですか？
2. どちらの方がより小さいですか？

これって言い方は違っても、結局、どちらも言おうとしていることは同じだと思いません？

「……いや、別に（°_°）」
と言われてしまえばそれまでですが、このように「**どちら・どっち**」のような表現を使って、「大きい／小さい」のような「**程度**」を聞く場合には、必ず**何かと何かの程度を比べる意図が含まれている**ものなのです。そして、英語では、「程度」について「どちら・どっち」と聞くときには、**必ず smaller のような比較級を使って表さないとダメ**ってそういう話。

ちなみに「ボクの家と、彼の家ではどちらが小さいですか？」という感じで、何と何を比べているのかをはっきりと示す場合には、

Which is smaller, my house or his house**?**

というふうに、（比較級の後ろで一度、コンマで区切ってから）比べるものを or でつないだカタチを、文の後ろにくっつけます。

比べてみよう「比較表現」 STEP 1

「最も強い」とか言ってみる

今度は「**最も…、一番…**」という表現について考えましょう。

英語では、ただ「強い (strong)」とか「新しい (new)」とか「一生懸命に (hard)」というのではなく、「**最も強い**」「**最も新しい**」「**一番一生懸命に**」という感じで「**最も…、一番…**」と言いたいときには、**「程度」を表す言葉**（＝形容詞・副詞）の語尾に **-est** か **-st** をくっつけます。例えば、**strong** なら **strongest**、**new** なら **newest**、**hard** なら **hardest** という具合。

で、このような形容詞や副詞の語尾に -(e)st がくっついたカタチが、人呼んで「**最上級**」。と、ここで問題。

> **Q** 「彼は最も背が高い」
> を英語で言うとどうなるでしょう？

「『程度』を表す形容詞・副詞の後ろに -(e)st をつければ、『最も…、一番…』って意味の『最上級』になるんだよね。この場合、『背が高い (= tall)』って形容詞が『程度』を表す言葉っぽいから……
He is tallest.
これでOKでしょ？」

と思った人もいるかもしれないけど、これだけでは残念ながら不十分。ちょっと考えてほしいのですが、「**世界で最も背が高い人**」は、当たり前だけど「**世界にひとりだけ**」ですよね。「**クラスで最も背が高い人**」は「**そのクラスにひとりだけ**」だし、「**家族の中で最も背が高い人**」も「**その家族にひとりだけ**」。

つまり裏を返せば、「**最も…、一番…**」と言うときには、「**唯一無二の特定のだれか・何かを特定している**」ということになるんです。で、英語ではこう

いうふうに「**特定のだれか、何か**」を指す意思があるときには、**定冠詞の the を使わないといけない**んです。というわけで、正解は、

⇒ ◎ He is the tallest.

となるんだけど、話を聞いていて、

「ちょっと待って、『冠詞』ってそもそも名詞につけるものでしょ？ tall って『程度』を表す形容詞じゃない？ 何で定冠詞の the が必要とかそういう話になるわけ？」

と不思議に思った人もきっといるはず。次の2つの英文を見比べてください。

He is the tallest.（彼は最も背が高い。）
He is the tallest man.（彼は最も背が高い男性だ。）

tallest の後ろに man があるかないかっていう違いはあるけど、意味は同じですよね。早い話、**He is the tallest.** は、**He is the tallest man.** の省略だって考えられるから、定冠詞の the が必要って話になるわけ。

「名詞の省略とか考えるのメンドクセー」
って思った人も、ご安心を。厳密に考えると、...est という言葉の後ろに名詞が続かないような場合には、the はつけられないはずなんだけど、

「『最も…、一番…』を意味する『最上級』は、いつだって the をつけて特別扱い」

って考えて、常に the ...est というカタチで表しても、別に間違いではありませんので。

比べてみよう「比較表現」 STEP 1

> **Q** 次の英文を「最上級」を使って、「最も…、一番…」という意味を表す英文に変えてみましょう。
>
> **1.** My car is new. （私の車は新しい。）
> **2.** Kazu is going to buy a nice PC.
>   （カズはいいパソコンを買うつもりだ。）
> **3.** He always studies English hard.
>   （彼はいつも英語を一生懸命勉強する。）

答えを順に見ていきます。

⇒ ◎ **1. My car is the newest.**（私の車が一番新しい。）

new に -est をつけて newest とするところは問題ないですね？ で、その newest という最上級の前に the。この場合、**the newest (car)** という省略があると考えられるんだけど、そんなの気にせずに最上級を見かけたら、**その前に反射的に the を入れる**という意識があれば、それでOK。

⇒ ◎ **2. Kazu is going to buy the nicest PC.**
（カズは一番いいパソコンを買うつもりだ。）

元の文が **a nice PC** という〈a ＋形容詞＋名詞〉のカタチなので、最上級を使う場合も〈**the** ＋形容詞-(e)st ＋名詞〉のように、後ろに名詞が続くカタチになります。最上級の後ろの名詞が省略されていないパターンだって考えてもOK。nice という「程度」を表す形容詞が、nicest という「最上級」に出世することで、**元の文の a も the へとバージョンアップする**ことに注意。

なお、nice のように語尾が **-e** で終わる単語の場合には、**-est** ではなく **-st** を後ろにつけるだけでOKです。

⇒ ◎ **3.** He always studies English (the) hardest.
（彼はいつも英語を一生懸命勉強する。）

ここでは、最上級になるのが形容詞でなくて副詞（hard）である点に注意。副詞は基本的に名詞を説明することができない品詞です（副詞が説明できるのは、主に形容詞もしくはほかの副詞。p.24も参照）。この場合も、hard の後ろに何らかの名詞の省略があるとは考えられないですよね。だから、the を入れなくてもOK。

「副詞の最上級に関しては絶対に the が必要というわけではない」

と覚えておいてもいいと思います。ただし、こういう場合、別にムリして the を入れる必要はないのですが、いわゆる「最上級特権」で the をつけても間違いではないのも事実。そういう意味では、やっぱり「最上級には必ず the をつける」と覚えておく方がラクはラクかも。

……さて、「最も…、一番…」と言う場合、「クラスの中で（は）一番」とか、「ボクの友達の中で（は）一番」といった感じで、「比べている範囲や集団」なども一緒に示すのが普通です。その際には、

1. My car is the newest of the four.
（ボクの車はその4台の中で一番新しい。）
2. Ronnie is going to buy the cheapest PC at the store.
（ロニーはその店で一番安いパソコンを買うつもりだ。）
3. Hide always studies English (the) hardest in the class.
（ヒデはそのクラスの中でいつも一番一生懸命英語を勉強する。）

という感じで、〈前置詞＋名詞〉のカタチを使います。
1 の four のように、「複数であることを示す語句」が続く場合は of という前置詞を使って「範囲」を示すことが多く、**3** の class のように、「通常ひとかたまりでとらえるもの」を使う場合は in を使う場合が多いです。

> ⟨the ＋最上級（＝形容詞・副詞-(e)st）（＋前置詞＋X)⟩
> いうカタチで、「(Xの中で) 一番…だ」という意味！

また、

Of all (of) the students, Naoko was the smartest.
(すべての生徒の中で、ナオコが一番賢かった。)

という文のように、「範囲」を示す〈**前置詞＋名詞**〉という部分が文頭（主語よりも前）に入るカタチもよく使われます。特に、文頭が〈**of ＋複数名詞**〉というカタチの場合には、かなりの確率で「**範囲を示す of**」と**最上級表現**の組み合わせと考えてもらってもOKです。

比べる表現の注意事項　その１（不規則変化）

「比較級」や「最上級」というカタチは、基本的には形容詞や副詞の「原級」に -(e)r か -(e)st をくっつければつくることができるというのは、ココまでに見てきた通りです。

でも、中にはこういう「規則」に当てはまらない連中もいます。次の通り。

1. He had a good idea.（彼はいいアイデアをもっていた。）
　⇒ 比較級：He had a better idea.
　（彼はもっといいアイデアをもっていた。）
　⇒ 最上級：He had the best idea.
　（彼は一番いいアイデアを持っていた。）

このように good の比較級は better、最上級は best というカタチになります。くれぐれも gooder とか goodest みたいなカタチにしないこと。さらに、

2. Makoto draws pictures well.（マコトは絵を描くのがうまい。）
　⇒ 比較級：Makoto draws pictures better than Jun.
　（マコトはジュン（と比べて）より絵を描くのがうまい。）
　⇒ 最上級：Of all the wrestlers, Makoto draws pictures (the) best.
　（すべてのレスラーの中でマコトは一番絵を書くのがうまい。）

というふうに、well も good と同じく、比較級が better、最上級が best というカタチになります。いわゆる「原級」の場合には、「上手な」という形容詞なら good、「上手に」という副詞だったら well という具合に使い分けが必要なんだけど、比較級や最上級に関しては、どちらも同じカタチになるってこと。ややこしいんだか、ラクなんだか……。

3. It's a bad joke.（それは悪い冗談だ。）

比べてみよう「比較表現」 STEP 1

⇒ 比較級：It's a worse joke than mine.
（それはボクの冗談と比べて、もっと悪い冗談だ。）
⇒ 最上級：It's the worst joke.（それは最悪な冗談だ。）

bad の比較級は worse、最上級は worst となります。good や well の場合と同じく、badly（悪く、ひどく）という bad の副詞バージョンも、やっぱり比較級は worse で、最上級は worst という同じカタチ。なお、badと似たような意味を表す ill という語の比較級と最上級も同じカタチです。

4. Why do you earn so much money?
（君は何でそんなに多くのお金を稼ぐの？）
⇒ 比較級：Why do you earn more money than me?
（君は何でボク（と比べて）より多くのお金を稼ぐの？）
⇒ 最上級：Why do you earn the most money in the town?
（君は何で町で一番多くお金を稼ぐの？）

「（数えられないものの）量が多い」という意味を表す much の比較級は more、最上級は most というカタチになります。なお、

Why do you earn more money than I (earn)?

みたいな表し方もアリなんだけど、「何で？」なんて思った人は、p.40を再確認すること。

5. Chris has many CDs.（クリスはたくさんのCDをもっている。）
⇒ 比較級：Chris has more CDs than his boss.
（クリスはボス（と比べて）より多くのCDをもっている。）
⇒ 最上級：Chris has the most CDs of the three.
（クリスは3人の中で一番たくさんCDをもっている。）

「（数えられるものの）数が多い」という意味を表す many も much と同じく、比較級が more、最上級が most というカタチになります。

49

6. Hiroshi has little time.（ヒロシには時間がほとんどない。）
　⇒ 比較級：Hiroshi has less time than Masamichi.
　（ヒロシにはマサミチ（と比べて）より時間がない。）
　⇒ 最上級：Hiroshi has the least time of his friends.
　（ヒロシは友人たちの中で一番時間がない。）

little は、「ほんの少しの」という感じで、「(数えられないものの) 量が少ない」という意味を表す形容詞です。little を使う英文を直訳すると、「ほんの少しの…（をもっている）」という感じですが、日本語らしい表現にすると「ほとんど…ない」という否定文のニュアンスになります。little の比較級は less、最上級は least で、これも日本語らしい表現にすると「より…ない」、「最も…ない」のような否定の意味を表す感じ。

ちなみに、「(数えられるものの) 数が少ない」という意味の few の比較級も less、最上級は least というカタチ……でも間違いではないのですが、few に関しては、fewer、fewest というカタチを使う方が普通だったり。

ついでにちょっとおまけ知識。better は good（よい、上手な）、well（よく、上手に）の比較級、best はその最上級ですが、

1. We like tennis better (than baseball).
　⇒私たちは（野球と比べて）テニスの方が好きです。
2. She loves him (the) best (of all the guys).
　⇒彼女は（すべての男性の中で）彼が一番好きだ。

というふうに、better や best を like や love と組み合わせて使うと、「…の方が好き」とか「…が一番好き」という意味を表せます。一種の決まり文句として覚えておくこと。

比べてみよう「比較表現」 STEP 1

比べる表現の注意事項　その2（moreとmost）

> **Q** 「テニスは野球（と比べて）より人気がある」
> を英語で言うとどうなるでしょう？

「『より…』って意味は、『程度』を表す形容詞・副詞の後ろに、**-(e)r** をつけた『**比較級**』というカタチで表せるんだよね。で、『**比べる対象**』の前に **than** という語を置く……」

おっしゃる通りです。

「この問題の場合、『**人気がある**』を意味する **popular** が『程度』を表す言葉。これって動詞っぽい気もするけど、こういう『程度』を表す言葉は英語では形容詞扱いになることが多いんだよね」

その通りでございます。

「つまり、『程度』を表す popular って形容詞の後ろに -(e)r をつけて、『比べる対象』である baseball（野球）の前に than を置くってことだから、
テニスは野球より人気がある。⇒ Tennis is popularer than baseball.
ってすればOKでしょ？　楽勝！」

と思った人が多いかもしれないけど、実は、**これではマズイ**んです。正解は、

⇒ ◎ **Tennis is more popular than baseball.**

つまり、popularer じゃなくて、**more popular** と表さないとダメ！

「**話が違うじゃん！**」
とズッコケた人もいるかもしれないけど、その怒りは **popular** という単語に

51

ぶつけてください。**popular** は語尾に **-er** や **-est** をつけるにはちょっと長すぎるんです。それに語尾に **-er** や **-est** をつけると何か響きも間延びする感じ。それだったら、いっそのこと、「より…」とか「最も…」みたいな比較級もしくは最上級の意味を表すことを最初にズバッと示してしまおう！

……で、**more** もしくは **most** の出番になるってわけ。要するに、**形容詞や副詞の中でも比較的つづりの長いものは、語尾に -(e)r/-(e)st をつけるのではなく、前に more/most を置いて表す**ってそういう話。

実際、どれくらいの長さの単語なら、前に more/most を置くかというと、だいたい目安として、アルファベット 7 つ以上、母音が 3 つ以上みたいな感じですね。あくまでも目安ですけど。

なお、そんなに長くない単語なのに、例外的に前に more/most を置く単語も中にはあって、その代表例は、**afraid（恐れて）**、**tired（疲れた）** など。また、前に more や most を置いてもいいし、後ろに -er や -est をくっつけてもいいという「**どっちもアリ**」な単語も多いので、むしろ、

「比較級や最上級は前に **more** や **most** をつけて表すことが多いけど、そんなに長くない単語なら後ろに **-er** や **-est** をくっつけてもいい」

くらいに考えた方がいいかも。あまり神経質になる必要はありません。とりあえず、押さえてほしいポイントは次の通り。

> **more と most の使い方は大きく分けて次の 2 通り。**
> 1. **「数・量が多い」を意味する many/much の比較級、最上級！**
> 2. **比較級、最上級を作る -er や -est の代わりの記号！**
>   （主につづりの長い形容詞や副詞の場合に、前に置くカタチで使われる）

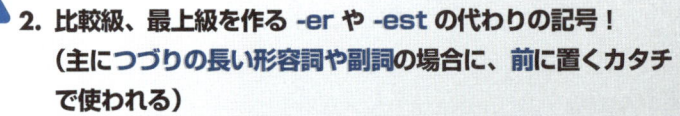

比べてみよう「比較表現」 STEP 1

要は、**more/most** という同じ単語を、**異なる２つの役割で使うことができる**ってことです。意外とあやふやな人が多いところだから要注意。

> **Q** 次の日本語を英語にすると、どうなるでしょう？
>
> **1.** ボクは、彼女たちの間では（among them）テニスが一番人気があると思う。
> **2.** あなたはもっと大事なことを学ぶべきです。
> **3.** 最も大事なことは、君がそれを自分自身で（by yourself）やるということだ。

1 の「人気がある」を意味する **popular** という形容詞は、**つづりが長いから比較級の場合は前に more を、最上級は most を置いて表す**んでしたよね。この場合、「一番人気がある」という最上級だから、

⇒ ◎ **1. I think (that) tennis is the most popular among them.**

と表せば正解。なお、〈**most ＋形／副**〉という最上級のカタチの場合も、-est の場合と同様、その前には **the** が入るので気をつけてください。

2 は「もっと大事な」という部分を**比較級**のカタチで表しそうですが、「大事な」を意味する **important** という形容詞は見るからにつづりが長いですよね。というわけで、この比較級は、次の通り。

⇒ ◎ **2. You should learn more important things.**

3 は「最も大事な」という感じで、今度は「大事な」を意味する **important** が最上級。「**S が V ということ**」は、従属接続詞の that を使って、〈**that S＋V**〉というカタチで表すことにも注意。

⇒ ◎ **3. The most important thing is that you do it by yourself.**

「同じくらい強い」とか言ってみる

「2つのものの『程度』を比べて、どちらかが上、あるいは下と伝える」場合には、いわゆる「**比較級**」というカタチを使いますが、何かを比べるときに必ずしもどちらかが上とか下とは限りませんよね。
「2つのものの程度が同じくらい」
というときにはこのカタチ（↓）。

1. カズオは賢い。　　　→　Kazuo is smart.
2. コウも同じくらい賢い。→　Kou is as smart.

つまり、as という語を「程度」を表す形容詞や副詞の「原級」の前に入れればOK。もし「コウは〈カズオと（比べて）〉同じくらい賢い」のように、何と比べて「同じくらい」なのか、比べる対象まではっきり示したければ、こんな感じ（↓）。

Kou is as smart 〈as Kazuo (is)〉.
（コウは、〈カズオと比べて〉同じくらい賢い。）

要するに、「比べる対象」の前にも as を入れて、〈as ＋比べる対象〉という1セットにして後ろにつけ足すってことですね。

このカタチを〈as A as B〉＝「Bと同じくらいA」みたいな公式のように覚えている人も多いと思うのですが……**ここで注意！**　前の as と後ろの as をひとまとめにして覚えるのではなく、

> ⚠️ 〈as ＋形容詞／副詞（＋ as X）〉で、
> 「(Xと比べて、) 同じくらい…だ」という意味！

のように、前後で切り離して考えるのが、このカタチをしっかりと理解し、

比べてみよう「比較表現」 STEP 1

使えるようになる上でのポイント。というのも、**前の as と後ろの as** では、見た目が同じで「まぎらわしいことこの上ない」けど、**働きが違う**のです。

★ 前の **as** ⇒ 形容詞や副詞の前に入り、「同じくらい…」という意味を表す。意味的にはこの〈**as ＋形／副**〉でひと区切り入る感じ。
★ 後ろの **as** ⇒ 「比べているもの」を示すための記号。〈**as ＋比べる対象**〉という部分は「比べる対象」をはっきり示す場合にくっつけるおまけ要素みたいなもので、別になくても**OK**。

なお、**比べる対象の前に入れる as** は、品詞で言うと元は**従属接続詞**なので、後ろには〈**S＋V**〉を含むカタチを続けるのが基本。この例文の場合も、

Kou is as smart 〈as Kazuo is (smart)〉.
（カズオ（が賢いの）と比べて、コウは同じくらい賢い。）

というのが省略のない本当の姿なんですが、色字の **as** の前後を比べてみると、主語が違うだけで、その後ろの be 動詞と (as) smart はまったく同じですよね。同じことを繰り返すのもアレなので、**重複する部分は省略してしまうのが普通**。be 動詞とかは別に残してもいいけど、前の **as** がついている形容詞や副詞については、後ろの **as** のその後ろにはゼッタイに入れないのが決まりです。

× **Kou is as smart 〈as Kazuo is smart〉.**

なんて、英文を書いたら×（バツ）されますのでご注意を！

……なーんてところで、気づいた人もいるのでは？ コレって、p.40の**比較級**と **than** の話とそっくりですよね。並べてみるとわかりやすいはず。

★ 比較級の文：
Toshiaki is more dangerous 〈than Akira (is)〉.
（トシアキは〈アキラと比べて〉より危険だ。）
★ 「同じくらい」という文：
Kou is as smart 〈as Kazuo (is)〉.
（コウは〈カズオと比べて〉同じくらい賢い。）

どちらも「程度」を表す形容詞や副詞の前に more ...（より…）や as ...（同じくらい…）いった比較の意味合いを表す単語があって、その後ろに「〜と比べて」を意味する表現が続く似たようなカタチ。

Mitsuharu is stronger 〈than Makoto (is)〉.
（ミツハルは〈マコトと比べて〉より強い。）

のように、「程度」を表す形容詞や副詞の後ろに「より…」という比較の意味合いを表す -(e)r がくっつく比較級の文は、ちょっと違って見えるかもしれないけど、それでも「程度」を表す形容詞や副詞と結びついて比較の意味合いを表す表現がまずあって、その後ろに「〜と比べて」を意味する表現が続くという意味では、やっぱり同じようなカタチ。

特に「〜と比べて」という同じ意味を than 〜 と as 〜 という異なる単語が表すことに注意してください。使われている単語こそ違えど、どちらも「比べる対象」を示すというまったく同じ役割をしているんです。役割は同じなんだけど、比較級の後ろでは than、「同じくらい」という話なら as という具合に、相性の問題で使う単語が異なるというだけの話。

ここで、こんな例文をどうぞ。

1. Turkey is twice as large 〈as Japan〉.
   （トルコは〈日本と比べて〉2倍大きい。）
2. Hiroshi is five times as old 〈as Naoki〉.
   （ヒロシは〈ナオキと比べて〉5倍の年齢だ。）

1 の **twice** は「2倍」、**2** の **five times** は「5倍」という意味です。「同じくらい…」という比較の意味合いを表す〈**as** ＋形容詞／副詞〉の前に、こうした「～倍」という意味の表現を割り込ませると、「～倍（の）…（＝形容詞／副詞）」という意味を表せます。なお、「～倍」は ～ **times** と表すのが普通だけど、「2倍」の場合は two times ではなく **twice**、「半分（＝2分の1倍）」の場合は **half** だけでOK。

今の例文の構造を意識しつつ、今度はこんな例文をどうぞ。

3. Mitsuharu is much stronger 〈than Makoto（is）〉.
（ミツハルは〈マコトと比べて〉ずっと強い。）
4. Toshiaki is a little more dangerous 〈than Akira（is）〉.
（トシアキは〈アキラと比べて〉ちょっと危険だ）

このように、「より…」という比較の意味合いを表す〈**more** ＋形容詞／副詞〉や〈形容詞／副詞**-er**〉の前に、**much/still/even/by far**（ずっと、もっと）や、**a little**（少し）などを割り込ませると、程度を強調したり弱めたりすることができるのですが……気づきました？

1～**4**の例文は、いずれも比較の意味合いを表す表現の前に、**twice**、**five times**、**much**、**a little** などが割り込んだカタチですよね。比較表現が表す意味を広げたり、あるいは強調したりしようと思ったら、このように比較の意味合いを表す表現の前に言葉を割り込ませればいいのです。

要するに、as を使うカタチと比較級を使うカタチは、**一見ぜんぜん別物に見えても、基本構造を理解していれば、まったく同じ感覚で使える**ってこと。このことを理解していると、より複雑な比較表現を考えるときに役立つので、ぜひ覚えておいてください。

> **Q** 次の英文の意味を日本語で表すとどうなるでしょう？
>
> 1. He isn't as nice as you.
> 2. Norio can't play tennis as well as Kenji.

それぞれ「あなたと（比べて）同じくらいに優しい」という内容と「ケンジと（比べて）同じくらいテニスが上手だ」という内容を否定しているわけだから、正解は次の通り。

1. 彼はあなたと同じくらいには優しくない。
   ⇒ ◎ 彼はあなたほど優しくはない。
2. ノリオはケンジと同じくらいうまくはテニスができない。
   ⇒ ◎ ノリオはケンジほどテニスがうまくない。

> ⚠️ 〈as ＋形／副＋ as X〉(＝「Xと比べて、同じくらい…だ」) を「否定」のカタチにすると、「Xほど…でない」という意味！

なお、否定のニュアンスのときには、

He isn't so nice as you.（彼はあなたほど優しくはない。）

のように、最初の as の代わりに so を使って、後ろに〈as X〉というカタチを続けても同じ意味を表せます。

いわゆる「ラテン比較級」

「2つのものの『程度』を比べて、どちらかが上、あるいは下と伝える」場合には、「程度」を表す形容詞や副詞の語尾に **-(e)r** をつけるか、あるいはその前に **more** を置き、「**比べる対象**」の前に **than** を置くと、ここまで説明してきました。でも、中にはこういうルールに当てはまらない比較表現もあります。それがいわゆる「**ラテン比較級**」です。

「何か怪しげな名前だなー」

と思う人もいるかもしれませんが、「ラテン比較級」というのは呼んで字のごとく「ラテン語」という言語からそのまま拝借された比較級なんです。要はそもそも英語とは生まれが異なる言語の表現だから、普通の英語表現とはちょっと表し方も異なるって、ただそれだけの話。

どういう表現かと言えば、例を見てもらえば一目瞭然だと思います。

Roy is junior/senior to me in this band.
(このバンドでは、ロイがボク**より後輩／先輩**です。)

わかりました？
普通の英語の比較級は語尾に -er をつけるけど、「**ラテン比較級」の場合は語尾が -or**。普通の英語の比較級は「比べる対象」の前に than を置くんだけど、「**ラテン比較級」の場合は than じゃなくて to**。ただそれだけ。

ラテン比較級の表現はそんなに数が多くないので、細かい理屈は抜きにして、丸暗記しても十分対応できると思います。よく見かけるは次の4つ。

be junior to ...（…より年下だ、後輩だ）
be senior to ...（…より年上だ、先輩だ）
be superior to ...（…より優れている）
be inferior to ...（…より劣っている）

でも、この4つより使用頻度が高く、重要かつ特殊な表現が「ラテン比較級」にはあります。それが **prefer** です。

「あれっ、『ラテン比較級』って語尾が **-or** じゃなかった？」

と思った人がいるかもしれないけど、それには理由があって、この prefer ってやつは今までの表現とは品詞が違うんですね。形容詞や副詞じゃなくて、**prefer は動詞**なんです。

prefer A to B（AをBより好む）

という感じ。英語っていうのは「程度」を表す言葉は形容詞や副詞で表すものなんだけど、ラテン生まれの「ラテン比較級」に限っては比較の意味を動詞でも表せるんです。

意味としては、p.50でも紹介した **like A better than B（BよりAが好き）** に近い感じなんだけど、このように「BよりAが好き」というときには、**prefer A to B** を使う方が普通です。動詞が比較の意味を表すという意味では、例外表現みたいなものなんだけど、ぜひひとつの決まり文句として覚えておいてください。

ちなみに、「ラテン比較級では比べる対象の前に **to** を置く」っていう知識がないと、

I prefer tea to coffee.

みたいな英文に出合ったときに、「あれっ、これって『紅茶の方が好き』なんだっけ、それとも『コーヒーの方が好き』なんだっけ」と混乱しがち（正解はもちろん「紅茶の方がコーヒーより好き」）。

ところで、以前なら、

比べてみよう「比較表現」 STEP 1

> **Q** 次の英文から間違いを見つけ出しなさい。
>
> I prefer heavy metal than classical music.
> （ボクはクラシックよりメタルが好きだ。）

みたいな問題を出して、
「**prefer だったら、than じゃなくて to でしょ**」
と言うこともできたんだけど、最近は **prefer A than B（BよりAが好き）** という言い方をする本家本元の英語人（本シリーズでは英語を母語とする人々をそう呼びます）も割と増えてきたので、こういう問題も次第に出題しにくくなってきたり。

要は英語人もラテン生まれの表現かそうじゃないかで、to とか than とかをいちいち使い分けるのが次第に面倒になってきたってことなんだろうけど、**一応 prefer A to B の方が正式**なので、万が一、みなさんが試験とかで prefer を使う機会があったら、than ではなくて to を使うように。

現代英語は使い分けの基準がどんどん甘くなる傾向にあるので、
「**問題を出す方も結構大変さぁ**」
とグチッてみたり。

61

「ふくしゅう」舞踏会……1曲目

さて、トリセツ読者にはおなじみの**「ふくしゅう」シリーズの時間**です。えっ、休憩（宿屋）なんてもういらない？ お酒（酒場）だってもう結構？ なんだかんだで地味な勉強をさせられるのはもうウンザリって？ そうですか、じゃあ、今回は派手に踊ってもらいましょう。この**「ふくしゅう舞踏会」**で！ この「STEP 1」で覚えた知識を思い出しながら、文字通り華麗に**ステップを踏んでくださいね**。それでは音楽スタート！（指パッチン）

> **Q** 以下の英文を、指示に従って書き換えましょう。
>
> 1. Writing a book is a tough job.（本を書くのはキツイ作業だ。）
>   →「休みなく働くこと（working without rest）と同じくらいキツイ」という文に。
> 2. Most of my friends like rock.
>   （オレの友達のほとんどはロックが好きだね。）
>   →「ポップス（pop music）よりも rock が好き」という文に。
> 3. He made this curry hot.（あいつはこのカレーを辛くした。）
>   →「あんたのカレーの15倍辛くした」という文に。

それではこのステップで学んだ「**比較表現**」の基礎をおさらい。ポイントをアタマに叩き込んだ上で、満足のいく解答ができあがったら、p.65の「**解答と解説**」へ。

🎵 いろいろな比較表現

その1：形容詞や副詞の後ろに **-(e)r** をつけると「**より（大きい／小さい）**」のような意味を表せる。こうしたカタチを「**比較級**」と呼ぶ。「〜と比べて」のように比べる対象も示したければ、その後ろに **than 〜** を続ければ

よい。

例：**Giant was strong*er* 〈*than* Antonio (was)〉.**
（ジャイアントは〈アントニオ（と比べて）〉より強かった。）
→ than は従属接続詞であり、本来なら後ろには主語と動詞を含むカタチが続くはずだが、比較級の場合には、than の前の内容と重複する要素は省略してしまう方が普通。

その2：形容詞や副詞の後ろに **-(e)st** をつけると「最も、一番（大きい／小さい）」のような意味を表せる。こうしたカタチを「最上級」と呼ぶ。最上級表現の前には **the** を入れるのが普通。また、最上級表現を使うときには、〈**in/of** ＋名詞〉のカタチで「比べている範囲や集団」を一緒に示すことも多い。

例：**Mitsuharu is *the* strong*est* *of* all.**
（ミツハルが全員の中で最も強い。）

その3：中には、比較級や最上級のカタチが元の語とはかけ離れた特殊なカタチへと変化する形容詞や副詞もある。次の通り。

● **good**（いい、上手な）、**well**（上手に）⇒ **better** ⇒ **best**
● **bad**（悪い）、**badly**（悪く、ひどく）、**ill**（悪く）⇒ **worse** ⇒ **worst**
● **much**（量が多い）、**many**（数が多い）⇒ **more** ⇒ **most**
● **little**（量が少ない）⇒ **less** ⇒ **least**
● **few**（数が少ない）⇒ **fewer/less** ⇒ **fewest/least**

その4：比較的つづりの長い形容詞や副詞の場合、語尾に **-(e)r** や **-(e)st** をつける代わりに、比較級なら前に **more** を、最上級なら前に **most** を置くのが普通。ただし、つづりは短くても前に **more** や **most** を置く例外的な語もある。

例1：**Dom is more dangerous 〈than Zaku (is)〉.**
（ドムは〈ザクと比べて〉より危険だ。）
例2：**Kubo is the most dangerous player in the team.**
（クボはそのチームの中で最も危険な選手だ。）

● つづりは短くても前に more や most を置く語：
afraid（恐れて）、like（似た）、bored（退屈した）、tired（疲れた）など。後ろに -ing や -ed がつく形容詞はこのパターンが多い。
● 前に more/most を置いても、語尾に -(e)r/-(e)st をつけてもいい語：
right（正しい）、true（本当の）、common（普通の、一般的な）など。こうしたタイプの場合、前に more/most を置く方が普通。

その5：形容詞や副詞の前に as を置くと「同じくらい（大きい／小さい）」という意味を表せる。こうした表現を「原級比較」と呼ぶ。「〜と比べて」のように比べる対象も示したければ、その後ろに as 〜 を続ければよい。

例：**Antonio was as strong 〈as Ali (was)〉.**
（アントニオは〈アリ（と比べて）〉同じくらい強かった。）
→ 2番目の as は従属接続詞であり、本来なら後ろには主語と動詞を含むカタチが続くはずだが、比較級の場合と同じく、前の内容と重複する要素は省略してしまう方が普通。

その6：形容詞や副詞の語尾が -or となり、比べる対象の前に than ではなく to を置く特殊な比較表現もある。これを「ラテン比較級」と呼ぶ。動詞を使って比較の意味を表す例外表現である prefer A to B （AをBよりも好む）もそのバリエーションのひとつ。

● ラテン比較級の代表例：
be junior to ...（…より年下だ）、be senior to ...（…より年上だ）、be superior to ...（…より優れている）、be inferior to ...（…より劣っている）

比べてみよう「比較表現」 STEP 1

解答と解説

1. Writing a book is a tough job.
　→「休みなく働くことと同じくらいキツイ」という文に：
　　Writing a book is as tough a job as working without rest.

「同じくらい…（＝形容詞・副詞）」と言うときには、形容詞・副詞の前に **as** を置けばいいのでしたよね。さらに「〜と比べて」という感じで「比べる対象」も示したければ、また as を使って **as 〜**（＝比べる対象）というカタチをその後ろに続ければOK。ただし！　書き換えの指示は「同じくらいキツイ」となっているので、「キツイ」を意味する **tough** という形容詞の前に「同じくらい」を意味する **as** を置きたいところですが、元の英文では **a tough job** という感じで、tough の前に冠詞の a があることに注意。こういう場合、「『同じくらい』を意味する **as** の後ろは形容詞か副詞でなければならない」というルールが優先されて、**as tough a job** という語順の変更が起こります。このように、〈**a(n)** ＋形容詞＋名詞〉というカタチの形容詞を「同じくらい」という意味の **as** が説明するときには、**a(n)** と形容詞が入れ替わるので要注意。

2. Most of my friends like rock.
　→「ポップスよりも rock が好き」という文に：
　　Most of my friends like rock better than pop music.

「(Xよりも) …の方が好き」と言うときは、〈**like ... better (than X)**〉とするのでしたね。**better** は good（よい、上手な）、well（よく、上手に）の比較級、**best** はその最上級だけど、**better** や **best** を **like** や **love** と組み合わせて使うと、「…の方が好き」とか「…が一番好き」という意味を表せるという点に注意。なお、同じ意味を **Most of my friends prefer rock to pop music.** といういわゆる「ラテン比較級」を用いたカタチでも表せます。

3. He made this curry hot.
→「あんたのカレーの15倍辛くした」という文に。
He made this curry fifteen times as hot as yours.

文全体では〈**make O＋C**〉で「**OをC（の状態）にする**」という意味を表す、いわゆる**SVOC**のカタチ。そのCに当たる **hot**（辛い）という形容詞を「15倍辛く」という意味に書き換えるちょっと難しめの問題です。「**〜倍（の）…（＝形容詞／副詞）**」みたいないわゆる倍数表現は、「**同じくらい…**」という比較の意味合いを表す〈**as ＋形容詞／副詞**〉の前に、「**〜倍**」という意味を表す表現を割り込ませれば表せるのでしたよね。「**15倍**」は **fifteen times** なので、これを **as hot**（同じくらい辛い）の前に割り込ませればOK。
さらに書き換えの文には「**あんたのカレーの**」という感じで「**比べる対象**」も入っているので、こちらもまた **as** を使ってその後ろに入れる必要アリ。「あんたのカレー」は直訳すると your curry ですが、curry という単語の繰り返しを避けて、**yours（あんたのもの）**と表した方がスッキリします。「**15倍って……**」と思った人がいるかもしれないけど、ボクの勤め先の向かいにあったインド料理のお店（悲しいことに先日移転）は0倍〜50倍まで辛さを選べたので、15倍なんて序の口？

> **Q** 次の日本語の文の内容と、それに対する英語の文について、英文が正しければ○をつけ、間違っていれば正しい文に訂正しましょう。
>
> **1.** ボクは彼が一番若いと思う。
>   I think he youngest.
> **2.** これよりもっと安いやつを見せてもらえませんか？
>   Would you show me a cheaper one than this?
> **3.** 私は彼にもう少しココにとどまるように頼んだ。
>   I asked him stay here longer.

比べてみよう「比較表現」 STEP 1

解答と解説

1. ボクは彼が一番若いと思う。
　　✗ I think he youngest.
　　　→ ○ I think he **is the** young**est**.

「一番…、最も…」と言うときには、程度を表す**形容詞や副詞の語尾に -est** をくっつけた「最上級」というカタチを使うのでしたね（つづりが長い形容詞や副詞の場合は -est をくっつける代わりに **most** という語を前に置く）。そして、「最上級を使うときには前に **the** をつけるのが普通！」なんだけど、元の文では young が **youngest** というカタチにはなっていても、その前に the が入っていません。「…と思う」と言うときには、**think** の後ろに 〈**(that) S＋V**〉という名詞1個分の働きをする1セットを続けます。この that はよく省略されるんだけど、従属接続詞なので、後ろを必ず主語と動詞を含むカタチにしないとダメ。元の文では、この 〈**(that) S＋V**〉というカタチの中の動詞が足りないので、be 動詞の is もつけ足すこと。

2. これよりもっと安いやつを見せてもらえませんか？
　　○ Would you show me a cheaper one than this?

この文は正解。**a cheap one**（安いもの）のような 〈形容詞＋名詞〉のカタチの形容詞も比較級のカタチに変化させることができます。ちなみに、この文は、丸暗記しておくと海外のお店で買い物をするときに役立つかも。

3. 私は彼にもう少しココにとどまるように頼んだ。
　　✗ I asked him stay here longer
　　　→ ○ I asked him **to** stay here longer.

「もう少し…する」という日本語表現を「もう少し長く…する」のように言い換えられる場合には、long（長く）という副詞を比較級のカタチに変えた

longer（もっと長く）という表現を使えます。この問題もそのパターン。ただし、「～に…するように頼む」は〈**ask ～ to 不定詞**〉というカタチで表すということに注意。ここでは him と stay の間の to が抜けていますよね（このカタチについて詳しく知りたい人は、『攻略編』のp.178～をどうぞ）。

STEP 2

疑問詞の使い方 その1
いわゆる普通の疑問文

疑問詞のおさらい

まずは簡単なおさらいからいきましょうか。

英語で『疑問詞』という品詞に分類される単語にはどんなものがあるでしょう？

あっ、『じっくり基礎編』をもってる人は疑問詞の章（p.203～）を見ながら答えてもらってもいいですよ。残念ながらもっていない人は、とりあえず自分の知識だけでチャレンジ。とにかく軽～い気分でどうぞ。

「who(se)、when、where、what、why、which、how みたいなヤツ！」

という元気のいい声が確かに聞こえた気がしたので、次の質問。

では、「疑問詞」という品詞はどういう文で使うでしょう？

「『疑問詞』って名前の通り、だれが（の）？（who(se)）、いつ？（when）、どこで？（where）、何を？（what）、なぜ？（why）、どのように？（how）って感じで、相手に具体的に詳しく答えてもらうための疑問文で！」

バッチリです。なお、こうした疑問詞の頭文字をとって、**5W1H**って呼ぶことがよくあります（疑問詞の中でも **which（どれ？）** は、この中には入らない）。**5W1Hは相手に論理的に考えを伝える**ための大切な要素ってことで、「**5W1Hに注意して文を書け／読め！**」なんてこともよく言われますね。長い文章とか難しい文章なんて、5W1Hを考えずに漫然と書いたり読んだりしてると、ちっとも内容が要領を得なかったり。

ちなみにこれって**英語のリスニング問題でも有効**なテクニックですよ。英語の長文の聞き取りに慣れていないと、「**右から左へ～**」って感じでサッパリ内容が頭に残らなかったりしますから。

疑問詞の使い方……その1（普通の疑問文）　STEP 2

「**5W1H**は何だ？」
って感じで意識的に内容を追いかける姿勢がときに大切。

「へ～」と思った人も、そうじゃない人も次の質問。

では、「疑問詞」を使う疑問文で、疑問詞の位置は？

「文頭！」
って即答できてほしいところですね、これは。**5W1H**という相手に論理的に考えを伝えるための大切な要素だからこそ、相手にそれを聞くときには、**文頭に出してとりわけ強調する**って見方もできるかな。で、また質問。

「疑問詞」を使う疑問文で、疑問詞の後ろはどういうカタチになる？

「疑問文だから、当然、疑問文のカタチ！」

と、これも即答できてほしいところ。例を出すと、

What did you do yesterday?（昨日、何をしてたの？）

という感じですね。疑問詞が文頭で、その後ろが疑問文のカタチになっているところがポイント。

でも、疑問詞を使う疑問文なのに、その後ろが疑問文のカタチにならない例外もあるんだけど、それもわかるかな？

「『何が…するの？』とか、『だれが…するの？』みたいな感じで、疑問詞が主語になる場合！」

では、ついでにその理由まで言うならば？

「普通、疑問文のカタチは、**be**動詞や助動詞、**do/does/did** なんかが主語

の前に出ることになるんだけど、疑問詞＝主語の場合、『疑問詞は文頭へ』っていう決まりが優先されるせいで、うまく疑問文のカタチがつくれなくなるから！」

ムタ！　……じゃなくて、**グレート！**　ここまで答えられた人は立派です。要するに**疑問詞＝主語**の場合、

Who went there yesterday?（だれが昨日、そこへ行ったの？）

って感じで、疑問詞も含めて文全体で見ると、**肯定文（普通の文）の場合と同じカタチ**（〈疑問詞（＝主語）＋動詞（＋その他）〉のカタチ）になるってこと。カタチの上では肯定文だけど、意味の上では疑問文ってとこがポイント。ココって、意外と苦手な人が多いところだから気をつけて。

最後は質問代わりに英作文に挑戦してもらいましょう。

> **Q**　「あんたはどんな（＝何の）本を買ったの？」
> を英語で言うとどうなるでしょう？

「どんな（＝何の)」って部分が疑問詞で、これが文頭。疑問詞が主語ではないからその後ろは疑問文のカタチですよね。ということは……、

「正解は、What did you buy book? でしょ？」

と思った人は残念でした。ここまでに言ってなかったけど、

whose CD（だれのCD）、**how many**（どれくらいたくさん）

って感じで疑問詞とセットになりそうな単語があれば、それらをひとまとめにして文頭に出すのが決まりなんです。「**どんな本**」という場合も、what と

book を〈**what book**〉という感じで1セットにしないとダメ。ということで、正解は、

あんたはどんな本を買ったの？
　⇒ ◎ **What book did you buy？**

となるってわけ。

以上で疑問詞のおさらい終わり。すべて正解できた人はここまでの疑問詞の知識はカンペキです。といっても、あくまでも「**ここまでの**」ですけどね。**フフッ**（と、不敵に笑ってみる）。

疑問詞の真実　その１（名詞？）

> **Q**　「何を聴いてるの？」
> を英語で言うとどうなるでしょう？

えっ、「今さら何をやらせんだよ」って？　ホントに疑問詞のおさらいも終わったばかりだっていうのに、思わずぼやきたくなるくらい簡単な英作文ですよね。注意点はと言えば……、

「『**何を（what）**』って**疑問詞**を使う疑問文。また、日本語では、「何を聴いてるの？」って感じで、主語が見当たらないけど、英語の文にするなら『**あなた**』とか『**あんた**』に当たる **you** という主語を補わないとダメ！　で、『**今、聴いているところ**』って感じだから、〈**be ...ing**〉っていわゆる現在進行形！　さらに**疑問詞の後ろは疑問文のカタチ**！」

なるほど。ってことは……、
「正解は **What are you listening?** でしょ？　これくらい余裕！」
と、思った人も多いと思うけど、これが何と × （バツ）！　何がダメって、この場合、listen の後ろのカタチがダメ。listen って、

Are you listening to his song?（あんた、あいつの歌を聴いてるの？）

って感じで、**後ろに名詞を続けようと思ったら、接着剤代わりの前置詞が必要**なタイプの動詞（いわゆる**自動詞**）ですから！　だから、この問題についても、同じように、

◎　**What are you listening to?**（何を聴いてるの？）

と表さないとダメ！　……なんて言うと、

疑問詞の使い方……その１（普通の疑問文） **STEP 2**

「ちょっと待ったァ！　What are you listening to? って、listen(ing) の後ろに名詞なんてひとつもないじゃん！　それなのに何で『後ろに名詞を続けようと思ったら、接着剤代わりの前置詞が必要』とか、『自動詞』とかそういう話が出てくるわけ？？」

って不思議に思う人がきっといるはず。でも、ここでちょっと考えてみてください。もし、仮に「疑問詞は文頭に」なんて決まりがないとしたら、

あんた、あいつの歌を聴いてるの？
　⇒ Are you listening to his song?

と同じように、「(あんた、) 何を聴いてるの？」だって、

(あんた、) 何を聴いてるの？
　⇒ Are you listening to what?

となるべきだと思いませんか？　だって、「何を」に当たる what は、「あいつの歌を」に当たる his song という名詞と文中ではまったく同じような役割をしているわけだし。

「そりゃそうかもしれないけど、『疑問詞は文頭に出る』って決まりだし……」

と思ったあなた、そこがポイントなんです！　これまではあえて、

「『だれが (の)、いつ、どこで、何を、なぜ、どのように』という大切な情報を相手に具体的に答えてもらうための単語 (＝5W1H) は、その重要性ゆえに優先的に文頭に出すのが決まり。これらを全部まとめて、『疑問詞』と呼ぶ」

というシンプルなとらえ方をしてきました。でも、こうした「疑問詞」って、文中での役割というところまで細かく考えると、実は、

① 「名詞」の役割をするタイプ
② 「形容詞」の役割をするタイプ
③ 「副詞」の役割をするタイプ

という3つのタイプがあったりするんです。要するに、

「『疑問詞』とか呼ばれてるけど、実際には文中で『名詞』の役割をしてたりする」
「『疑問詞』とか呼ばれてるけど、実際には文中で『形容詞』の役割をしてたりする」
「『疑問詞』とか呼ばれてるけど、実際には文中で『副詞』の役割をしてたりする」

んだけど、

「たとえ、文中で『名詞』や『形容詞』や『副詞』の役割をしていたとしても、『疑問詞』って肩書きをもってるんだったら、とにかく文頭に出さないとダメ」

それが疑問詞の真実。
で、今回の問題の「何を（what）」のように、「疑問詞が『名詞』の役割をする」タイプって場合、「名詞」としての役割を考えるなら、

(あんた、) 何を聴いてるの？
　　⇒ **Are you listening to what ?**

というふうに表すのが本来の姿のはずなんだけど、「疑問詞は文頭へ出さなければならない」という特別ルールがあるから、

⇒ ○ **What are you listening to　　 ?** （何を聴いてるの？）
　　　　　　　　　↓
　　　　　名詞なんだけど、「疑問詞」としての肩書きを優先して文頭へ

疑問詞の使い方……その１（普通の疑問文） **STEP 2**

というカタチになってしまうんです。
見方を変えると、**to** という前置詞の後ろに、本来なら入るべき名詞が入っていない、いわば、to の後ろに「名詞の穴」が開いたようなカタチです。

「何か急に疑問詞がイヤ〜なものに見えてきた」
という人も多かったりするかもしれないけど、容赦なく次の例へ。

1-A. Did you eat pasta at the restaurant？
　　（レストランでパスタを食べたの？）
1-B. What did you eat 　　　 at the restaurant？
　　（レストランで何を食べたの？）

2-A. Did you play tennis with Megumi？
　　（あなたはメグミとテニスをしましたか？）
2-B. Who did you play tennis with 　　　 ？
　　（あなたはだれとテニスをしましたか？）

Bはどちらも疑問詞を使う疑問文ですが、**疑問詞から後ろの部分**を見ると、**何かが抜け落ちたような「穴」**がありますよね。**A**の例と比較すればわかると思いますが、どちらも**疑問詞が名詞**の役割をしているんです。だから、仮に「疑問詞は常に文頭」というルールがないのなら、普通の名詞と同じように、

1-B. Did you eat what at the restaurant？
　　（レストランで何を食べたの？）
2-B. Did you play tennis with who？
　　（あなたはだれとテニスをしましたか？）

って感じで、**この「穴」の部分に入るはず**。でも、現実には、「疑問詞は文頭へ」という特別ルールにより、**疑問詞は文頭に移動するため**、結果的に疑問詞から後ろの部分に「名詞の穴」ができてしまうってわけ。ただし、

What is making her so mad?（何が彼女をそんなに怒らせているの？）

のように、疑問詞（what）が名詞の役割でも、主語に当たる名詞の役割をしている場合はちょっと特殊。この場合は、疑問詞が主語の位置、つまり文頭に最初からあるわけだから「名詞の穴」のことは考えなくてもOK。

なお、ここまでの例に登場した what、who 以外に、which も名詞の役割が可能な疑問詞です。だから、これらを使う場合には、

「what、which、who が文中の主語、目的語、補語、前置詞の後ろのどの位置に入る要素なのか（疑問詞より後ろの部分に『名詞の穴』が開くのではないか）？」

という点を必ず意識すること！　そうじゃないと、〈前置詞＋名詞〉の名詞が疑問詞になる場合に、うっかり、

何を聴いてるの？
　　× **What** are you listening? ← **to** が必要！
あなたはだれとテニスをしましたか？
　　× **Who** did you play tennis? ← **with** が必要！

という感じで、前置詞を忘れがちです。この手の「前置詞忘れてますよ〜」ってひっかけ問題は本当に多いので、ぜひ注意してください！

疑問詞の使い方……その1（普通の疑問文） STEP 2

疑問詞の真実　その2（形容詞？？）

ここからは「『形容詞』の役割をする疑問詞」を見ていきましょう。

「疑問詞なのに名詞とか形容詞とか考えんのメンドクセ〜」

って人もいるかもしれないけど、案外そうでもないですよ。「疑問詞が『形容詞』の役割をする」ケースって、〈疑問詞＋ほかの単語〉ってセットになって文頭に出るカタチのうち、特に〈疑問詞＋名詞〉って組み合わせになる場合のことですから。例えば、

what book（どんな本）、which color（どっちの色）、whose bag（だれのバッグ）

みたいな感じですね。こうした〈疑問詞＋名詞〉というカタチでは、「疑問詞が名詞を説明する品詞＝形容詞の役割」ってことになるんです。

で、ここから問題になってくるのが、「疑問詞は文頭へ」って例の特別ルール。what book（どんな本）みたいなカタチの場合、

「〈疑問詞（＝形容詞）＋名詞〉って感じで疑問詞が後ろの名詞を説明しているのに、疑問詞だけを切り離して前にもっていくのはマズイだろう」

ってわけで、〈疑問詞（＝形容詞）＋名詞〉の1セットをそのまま文頭にもっていくことになります。これがここまでに出てきた、

「疑問詞とセットになる単語（＝名詞）があれば、〈疑問詞＋ほかの単語（＝名詞）〉という組み合わせをひとまとめにして文頭に出さないといけない」

って決まりの真実。で、〈形容詞＋名詞〉みたいな組み合わせについては、「1セットでひとつの大きな名詞としてみなす」ってことになっているから

(p.22も参照)、

What book did you read 名詞の穴 yesterday?
（あんたは昨日どんな本を読んだの？）
　　⇒ **what book** は本来なら、**目的語の位置**（read の後ろ）に入るはずだが、〈疑問詞（＝形容詞）＋名詞〉の組み合わせだから文頭へ。

What book did you talk about 名詞の穴 ?
（あなたたちはどんな本について話したの？）
　　⇒ **what book** は本来なら、**前置詞**（ここでは about）の後ろに入るはずだが、〈疑問詞（＝形容詞）＋名詞〉の組み合わせだから文頭へ。

という感じで、〈疑問詞（＝形容詞）＋名詞〉の組み合わせがセットで文頭に出てしまう結果、**やっぱりその後ろに「名詞の穴」ができる**ってわけ。

ただし、〈疑問詞（＝形容詞）＋名詞〉の組み合わせが1セットで文の**主語**に当たる場合は、

What book was chosen as a textbook?
（どんな本が教科書として選ばれたのですか？）

という感じで、〈疑問詞（＝形容詞）＋名詞〉が主語の位置、つまり**文頭**に最初からあるわけだから「名詞の穴」のことは考えなくても**OK**。

まあ、「『形容詞』の役割をする疑問詞」は、「『名詞』の役割をする疑問詞」とほぼ同じ感覚で考えればいいってことです。

ちなみに「『形容詞』の役割をする疑問詞」は、**what、which、whose** の3種類なんだけど、

「あれっ、**what** と **which** って、疑問詞＝名詞の使い方もできたような」

疑問詞の使い方……その1（普通の疑問文） STEP 2

と気づいた人は鋭い人。
要は **what、which** に関しては**名詞**の役割の場合と**形容詞**の役割の場合の**2通りの可能性を考える必要がある**ってこと。こういうことが頭になかったら、例えば、

> **Q** 次の単語を並べ替えて、意味の通る英語をつくりなさい。
>
> [better / do / book / like / you / which]?

みたいな問題が出たときに、

「え〜っと、Which do you like better? かな？　余裕！
……って、book 余ってるじゃん…… orz」

みたいなことになってしまいがち。

そうじゃないですよね。
which は「**どちら**」という**名詞**の役割だけではなく、「**どちらの**」という**形容詞**の役割でも使えるのだから、

Which book do you like better?（**どちらの本**の方がより好きですか？）

としないと、この場合、すべての単語を使い切れません。

疑問詞の真実 その3（副詞？？？）

残るは「『副詞』の役割をする疑問詞」です。
これはわかりやすいと言えばわかりやすい。なぜなら、ここまでに登場した **what** とか **which** とかは、「『名詞』の役割をすることもあれば、『形容詞』の役割をすることもある疑問詞」だったけど、疑問詞の中でも、「副詞」の役割をするのは **when、where、why、how** で、これらに関しては、普通、副詞の役割しかしないと決まっているから。

「そもそも副詞って何だっけ？」という人は、できればp.23でしっかり復習しておいてほしいんだけど、ここでも「副詞の代表的な使い方」について、簡単にまとめておくと次の通り。

① 文頭や文末、動詞の前後などに、単独で（独立した感じで）つけ足す使い方（主に動詞や文全体を説明する使い方）
② 形容詞、あるいはほかの副詞の前に置いて、それらを説明する使い方。

「『副詞』の役割をする疑問詞」である **when、where、why、how** の場合はどうかというと、基本的に①の使い方、つまり、単独で（独立した感じで）つけ足す使い方のみ。ただし、**how** だけは①と②の両方の使い方が可能。いずれにしても、疑問詞の特性上、入る位置は必ず文頭という点に注意！

まずは、①の「単独で（独立した感じで）つけ足す使い方」から、具体的に確認していくと……

When did she read this book？（彼女はいつこの本を読んだの？）
Where is Taka playing the drums？
（タカはどこでドラムを叩いてるの？）
Why do you like SOLT？（あんたはどうしてSOLTが好きなの？）
How did you get this wonderful ring？
（どうやってこのステキなリングを手に入れたの？）

疑問詞の使い方……その1（普通の疑問文） **STEP 2**

って感じですね。当たり前の話だけど、「『副詞』の役割をする疑問詞」を使う場合には、基本的に疑問詞の後ろに「名詞の穴」なんて一切できないという点に一応注意。

「名詞の穴」というのは、「『名詞』の役割をする疑問詞が文頭に出る」、もしくは「『形容詞』の役割をする疑問詞が、ほかの名詞とセットになって文頭に出る」からこそ開くんです。「『副詞』の役割をする疑問詞」がいくら文頭に出たところで、「名詞の穴」なんて開きません。だから、when、where、why、how のような「『副詞』の役割をする疑問詞」を使う場合には、

「あんたの両親はどこに住んでるの？」
　⇒ × Where do your parents live in 名詞の穴 ?

みたいに、うっかり気を利かせて前置詞を入れたりしないこと。間違いなく×（バツ）されます。p.23でも述べた通り、「副詞」っていうのは、「**前置詞ナシでも文につけ足せる要素**」です。よって、

　⇒ ◎ Where do your parents live?

という感じで、後先考えずに文頭に入れておくだけでOK。「『副詞』の役割をする疑問詞」はとてもラクチンなのです。ただし、例外的に、

「あんた、どこ出身？／どこから来たの？」
　⇒ Where are you from? / Where do you come from?

みたいな組み合わせはあり得ます。最初の例なんて、from がなかったら「**あんた、今どこ？**」って意味になっちゃいますから。「『**出身地、出どころ**』**を聞いてるんだよ**」って、こっちの意図をはっきりさせるためにも、前置詞の from が必要って特別パターン。

次に、②の「**形容詞、あるいはほかの副詞の前に置いて、それらを説明す**

る使い方」について。この使い方がアリなのは、how だけでしたね？

これは考え方としては、疑問詞が『形容詞』の役割をする場合に近い感じ。what、which、whose といった疑問詞が、

what book（どんな本）、which color（どっちの色）、whose bag（だれのバッグ）

みたいな〈疑問詞（=形容詞）+名詞〉というカタチをつくるのと同じように、how は「程度」を表す形容詞や副詞の前にくっついて、〈how +形容詞/副詞〉のようなカタチをつくることができるのです。

how beautiful（どれくらい美しい）、how soon（どれくらいすぐ）

など、意味的には「どれくらい/どの程度…か」という内容になるときにこのカタチを使う感じですね。

そして、例によって気にしないといけないのが「疑問詞は文頭へ」って特別ルール。how beautiful（どれくらい美しい）のようなカタチを使う場合も、

「how が後ろの形容詞/副詞を説明しているのに、how だけを切り離して前にもっていくのはマズイだろう」

ってわけで、やっぱり〈how +形容詞/副詞〉という1セットがそのまま文頭へ出ることになります。

A. How cute is she　　　？（彼女はどれくらいかわいいの？）
B. How hard does he study English　　　？
　（彼はどれくらい一生懸命、英語を勉強しているの？）

という感じですね。あっ、念のため言っておきますが、この場合の後ろの穴

疑問詞の使い方……その1（普通の疑問文）　STEP 2

は「名詞の穴」じゃありませんよ。

〈副詞＋形容詞〉＝1セットでひとつの大きな形容詞扱い
〈副詞＋副詞〉＝1セットでひとつの大きな副詞扱い

ってわけで、〈how＋形容詞／副詞〉の1セットの後ろに、「名詞ではなく、副詞や形容詞の穴が開く」イメージ。

詳しく説明すると、**A**は「補語」に当る**形容詞**（**cute**）が **how** にくっついて文頭に出て、「形容詞の穴」が開いたカタチ。見た目的には、主語の後ろに穴が開いたように見えるかもしれないけど、この文は、be 動詞を使う疑問文なので、be 動詞が主語（she）より前に出ているという点に注意。これは、ホントは is の後ろに開くはずの「補語の穴」。

Bは本来なら English の後ろに入る**副詞**（**hard**）が **how** にくっついて文頭に出て、「副詞の穴」が開いたカタチ……なんだけど、特に気にしなくてもOKです。

最も注意が必要なのは次のようなパターン。

How many books does he have 名詞の穴 ?

このように、〈**how** ＋形容詞＋名詞〉って感じで、**how** が説明する形容詞がさらにまた別の名詞を説明するカタチをつくることもあるんです！　こういうときには、例外的に how を使うにもかかわらず「名詞の穴」が開くカタチもアリ。

まぁ、〈**how** ＋形容詞＋名詞〉のカタチって、「数がどれくらいか」をたずねるときの〈how many ＋名詞（の複数形）〉と、「量がどれくらいか」をたずねるときの〈how much ＋数えられない名詞〉のふたつくらいなので、それさえ覚えておけば、十分に対応可能なんですけどね。

それでは、今までの知識のまとめの問題です。

> **Q** 「あんたは どこを 訪れたの？」を英語で言うとしたら、正しいのは次のどっち？
>
> **1.** Where did you go?
> **2.** Where did you visit?

「『訪れる』って英語で言うと visit だから **2 が正解**」
「どっちも似たようなもんだから、**両方正解**」

と思った人が多いかもしれないけど、実は**そのどちらも×（バツ）**。正しくは、**1 だけが正解**。この場合、問題なのは**動詞の種類**なのです。

go は後ろに**前置詞**を入れてから名詞を続けるのが普通な動詞（自動詞として使うのが普通な動詞）。それに対して、**visit** は後ろに前置詞ナシで名詞（＝目的語）を続ける使い方しかできない動詞（他動詞としてしか使えない、つまり**後ろに必ず名詞を続けないといけない**動詞）。

where って「『副詞』の役割をする疑問詞」でしたよね。早い話、後ろに「名詞の穴」が開かない疑問詞。でも、**2** は visit という後ろに必ず名詞を続けないといけない動詞を使っているのに、後ろに名詞がない！　つまり、「visit の後ろに『名詞の穴』が開いているので、where という疑問詞は使えない」ということになるってわけ。

ちなみに「どうしても visit じゃなきゃヤだ！」ってダダをこねるのなら、

◎ **What (kind of) place did you visit 名詞の穴 ?**

みたいなカタチにしないとダメ。この場合、**形容詞**の役割をする **what** が、〈**what ＋（名詞＋前置詞＋）名詞**〉というカタチをつくって、visit の後ろ

を離れて文頭に出ている、つまり、visit の後ろに「**名詞の穴**」が開いていることになるので、問題ナシ。ついでに、

× **What (kind of) place did you go 名詞の穴 ?**
◎ **What (kind of) place did you go to 名詞の穴 ?**

ってのももう大丈夫かな。**what** みたいな、「『**名詞**または**形容詞**』の役割をする**疑問詞**」を使うときには、疑問詞（＋名詞）が主語になる場合を除いて、必ず**後ろに**「**名詞の穴**」が開かないとダメ。

でも、**go** は後ろに**名詞を続けるには前置詞が必要な動詞（自動詞）**だから、後ろに前置詞（to）を補って、名詞を続けられるカタチ、つまり、「**名詞の穴**」が開いたカタチにしてやらない限り、**what** という疑問詞は使えないのです。

ねっ、「疑問詞が名詞／形容詞／副詞の役割を兼ねる」なんてメンドクサイ話をわざわざ勉強した甲斐があったでしょ？（と、恩着せがましく）

「ふくしゅう」舞踏会……2曲目

このステップでは、「疑問詞のおさらい」ついでに、「**名詞の穴**」という新しい考え方を紹介。「**疑問詞**」って肩書きをもつ語は、同時に**名詞**だったり、**形容詞**だったり、**副詞**だったりするんだけど、「**たとえどんな役割だろうと、持ち場を離れて前へ出たがる**」目立ちたがり屋さん。特に名詞の役割をする疑問詞なんかが、意味的に前置詞の後ろにつながる要素である場合には、**前置詞を置き去りにして、疑問詞だけが前へ飛び出す**という困った現象が起こります。要注意！

> **Q** 日本語の内容に合う英文を書きましょう。
>
> **1.** キミはどっちの授業をとるつもり？
> **2.** オーストリアでは何語が話されているの？
> **3.** 彼女はいつもだれのためにクッキーを焼くの？
> **4.** ヤスオはどれくらい上手に英語を話せるの？
> **5.** 彼女はどうして昨日の夜、彼氏と一緒にいなかったの？
> **6.** あいつは学校でキミの妹に何を見せたの？

それではこのステップで学んだ「疑問詞」の基礎をおさらい。ポイントをアタマに叩き込んだ上で、満足のいく解答ができあがったら、p.90の「解答と解説」へ。

疑問詞ってこういうこと

そのゼロ（大前提）：who(se)、when、where、what、why、how などは、文中で名詞／形容詞／副詞の役割をする単語だが、同時に情報伝達の上で重要な「だれが（の）・いつ・どこで・何を・なぜ・どのように」を相手に具体的に答えてもらう役割ももつため、特別に常に文頭に出される。

疑問詞の使い方……その1（普通の疑問文） STEP 2

こうした単語を「疑問詞」と呼ぶ。

その1：what、which、who といった疑問詞は文中で名詞の役割をする。本来なら、文中の主語、目的語、補語、前置詞の後ろに入るはずだが、「疑問詞は常に文頭」という決まりがあるため文頭に出ることになり、疑問詞より後ろに「名詞の穴」が開くイメージになる。

● 「『名詞』の役割をする疑問詞」が主語の場合の例：
  Who played the guitar?（だれがギターを弾いたの？）
→主語に当たる場合、そもそも位置が文頭なので、「名詞の穴」を気にする必要はない。
● 「『名詞』の役割をする疑問詞」が目的語の場合の例：
  What did you find 名詞の穴 ?（何を見つけたの？）
→本来なら目的語の位置（動詞の後ろ）に入るはずの what が文頭に出た結果、その後ろの目的語の位置に「名詞の穴」が開くイメージ。
● 「『名詞』の役割をする疑問詞」が前置詞の後ろに入る場合の例：
  What are you looking at 名詞の穴 ?（何を見ているの？）
→本来なら前置詞の後ろに入るはずの what が文頭に出た結果、その後ろの前置詞の後ろに「名詞の穴」が開くイメージ。「名詞の穴」を意識しないとついついこの前置詞を忘れてしまいがち。

その2：what、which、whose といった疑問詞は文中で形容詞の役割をし、名詞を説明することができる。その場合、疑問詞が説明対象となる名詞とセットで文頭に出ることになり、やはり疑問詞より後ろに「名詞の穴」ができる。

● 「形容詞」の役割をする疑問詞の例：
  Which song do you like 名詞の穴 ?（どの曲が好きなの？）
→形容詞の役割をする which が song という名詞とセットで文頭に出るため、本来入るはずの目的語の位置に「名詞の穴」が開くイメージ。

その3：when、where、why、how といった疑問詞は文中で副詞の役

割をする。この中で how だけは形容詞／副詞を説明することも可能で、その場合、how は説明対象となる形容詞／副詞とセットで文頭に出る。副詞の役割をする疑問詞を使う場合、基本的に「名詞の穴」は開かない。

● 「副詞」の役割をする疑問詞の例１：
　When did you read the book?（いつその本を読んだの？）
→副詞の役割をする疑問詞を使う場合、「名詞の穴」を気にする必要がない。
● 「副詞」の役割をする疑問詞の例２：
　How long did you stay there?
　（キミはどれくらいそこに滞在してたの？）
→副詞の役割をする疑問詞の how が副詞／形容詞を説明する場合、〈how ＋形容詞／副詞〉がセットで文頭へ出る。
● 「副詞」の役割をする疑問詞の例３：
　How much money does he have 名詞の穴 ?
　（アイツはいったいどれくらいお金をもってるの？）
→〈how many ＋名詞の複数形〉、〈how much ＋数えられない名詞〉の場合だけは、例外的に「名詞の穴」が開く。

解答と解説

1. キミはどっちの授業をとるつもり？
　→ Which class are you going to take?

ヒントを出すとすれば、「ボクはあの授業をとるつもりだ」だったら、I'm going to take that class. と表すということ。この場合は、「どっちの」を意味する which という疑問詞が「授業」を意味する class という名詞を説明している（つまり、which が形容詞の役割をする）ので、which class という〈疑問詞（＝形容詞）＋名詞〉の組み合わせがセット。この１セットがそのまま文頭に出て、Which class are you going to take 名詞の穴 ? という感じで、take の後ろに「名詞の穴」が開いているイメージです。

2. オーストリアでは何語が話されているの？

→ What language is spoken in Austria?

ヒントを出すとすれば、「**ロシアではロシア語が話されている**」だったら、**Russian is spoken in Russia.** と表すということ。この場合は、「何（の）」を意味する what という疑問詞が「(言) 語」を意味する language という名詞を説明しているので、**what language** という〈疑問詞（＝形容詞）＋名詞〉の組み合わせがセット。この１セットが文の主語に当たる（もともと文頭にある）ので、「名詞の穴」を考える必要はありません。このように疑問詞（＋名詞）が文の主語に当たる場合には、疑問詞から後ろが疑問文の語順にならない（主語に当たる疑問詞（＋名詞）を含めて、肯定文の語順になる）という点にも注意。

3. 彼女はいつもだれのためにクッキーを焼くの？

→ Who does she always bake cookies for?

ヒントを出すとすれば、「**彼女はいつも子どもたちのためにクッキーを焼くの？**」だったら、**Does she always bake cookies for her children?** と表すということ。この場合は、「**だれ**」を意味する who が、意味的なつながりだけを考えれば、for という前置詞の後ろに続くはず。だけど、「**疑問詞は常に文頭**」なので、**Who** does she always bake cookies for 名詞の穴 ? のように、前置詞の for の後ろに「名詞の穴」が開くカタチ。言うまでもないけど、前置詞の for を忘れたら✕（バツ）です。疑問詞の who(se)、which、what を使う文では、必ず『名詞の穴』を意識すること！

4. ヤスオはどれくらい上手に英語を話せるの？

→ How well can Yasuo speak English?

ヒントを出すとすれば、「**ヤスオは上手に英語を話せる**」だったら、**Yasuo can speak English well.** と表すということ。この場合、「どれくらい」を

意味する how という疑問詞が well という副詞を説明することに注意。このような場合は、how と「程度」を表す形容詞や副詞が、〈how ＋形容詞／副詞〉という1セットのカタチで文頭に出ることになります。**How well** can Yasuo speak English **副詞の穴** ? という感じで、「名詞の穴」ならぬ「副詞の穴」が開くイメージですね。

5. 彼女はどうして昨日の夜、彼氏と一緒にいなかったの？
→ Why wasn't she with her boyfriend last night?

さすがにもう、ノーヒントで十分だと思います。「**どうして、なぜ**」を意味する疑問詞の **why** は副詞の役割をする疑問詞でしたよね。**why、where、when** といった疑問詞を使うときには、「名詞の穴」は開きません。これらを先頭に入れて、後は普通に疑問文のカタチを続けるだけ。ただし、この問題のように「…じゃないの？」みたいな感じでたずねるときは、**wasn't she …?** とか **don't you …?** のようないわゆる「**否定疑問文**」のカタチを使うという点に注意。「どうして…じゃないの？」という感じで、**why という疑問詞の後ろには否定疑問文のカタチが続くことが多い**ので、覚えておいてください。それにしても、否定疑問なんて、『基礎編』のはじめの辺で出して以来。実に懐かしいですな〜、と感傷にひたったり。

6. あいつは学校でキミの妹に何を見せたの？
→ What did he show your sister at school?
／ What did he show to your sister at school?

どうして2パターンの答えが考えられるのかわかりますか？ ヒントは「あいつは学校でキミの妹に、**あの秘密の写真を**見せた」を英語にする場合、以下の2パターンが考えられるところ。

A. He showed your sister that secret picture at school.
B. He showed that secret picture to your sister at school.

疑問詞の使い方……その1（普通の疑問文） **STEP 2**

英語の動詞の中には show のように、後ろに名詞を前置詞ナシで2つ続けられる（目的語を2つ続けられる）特別な動詞があるんでしたよね？（p.18も参照）　でも、「**後ろに前置詞ナシで名詞を2つ続けられる**」のは、あくまでも〈**show 人＋もの**〉みたいな感じで、**直後に「人を指す名詞」が続く場合のみ**。直後に「ものを指す名詞」をもってきた場合には、〈**show もの＋ to ＋人**〉のように、前置詞を挟んでからその後ろに「人を指す名詞」を続けないとダメ。この問題も、意味的なつながりだけを考えた場合、「**何を**」を意味する **what** という（名詞の役割をする）疑問詞が、

A. Did he show your sister what at school?
B. Did he show what to your sister at school?

という2通りの位置に収まるパターンが考えられますよね。だけど、ご存知の通り、「**疑問詞は文頭へ**」っていうのが決まり。そのため、

A. What did he show your sister 名詞の穴 at school?
B. What Did he show 名詞の穴 to your sister at school?

という感じで疑問詞が文頭に出ることになり、「**名詞の穴**」が開く位置も2パターン考えられるってわけ。

STEP 3

疑問詞の使い方 その2

いわゆる「間接疑問文」

いわゆる「間接疑問文」

> **Q** 「あんたは どこで その本を買ったの？」
> を英語で言うとどうなるでしょう？

先ほどのステップで疑問詞を使う疑問文のおさらいをしたばかりなので、

⇒ ◎ **Where did** you buy the book?

と、あっさり正解できたはず。でも、本題はココから。

> **Q** 「オレは〈あんたが どこで その本を買った か〉知っている」
> を英語で言うとどうなるでしょう？

「あんたが どこで その本を買った か」って、何か「あんたは どこで その本を買ったの？」って、疑問詞を使う疑問文とよく似てる！ それが、「オレは知っている」というより大きな文の中に組み込まれた感じってことは……、

I know 〈where did you buy the book〉.

と思った人もいるかもしれないけど、**これではダメ**。正しくは、

⇒ ◎ **I know 〈where you bought the book〉.**

となります。つまり、日本語だと「**S が どこで／いつ／なぜ V（する）か**」って感じの内容は、英語では、〈**疑問詞 S＋V（＋その他）**〉というカタチで表すんです。**疑問詞の後ろが肯定文の語順（疑問文の語順ではない）**という点に注意。

疑問詞の使い方……その2（間接疑問文） **STEP 3**

日本語でも、「あんたは**どこで**その本を買った**の？**」と、「あんたが**どこで**その本を買った**か**」というカタチを比べてみると、似てるけど、微妙な違いがありますよね？

「あんたは**どこで**その本を買った**の？**」の方は、これだけで**独立した文**という感じがします。それに対して、「あんたが**どこで**その本を買った**か**」の方は、独立した文というよりも、

「オレは〈あんたがどこでその本を買ったか〉知っている」
「問題は、〈あんたがどこでその本を買ったか〉です」
「〈あんたがどこでその本を買ったか〉が重要だ」

のように、ほかの文の一部として使う（1セットでより大きな文の中に組み込む感じで使う）ための**カタチ**という気がしませんか？

英語の〈**疑問詞 S+V**（＋その他）〉ってカタチも、まさにそんな感じ。つまり、それだけを独立した文として使うというより、**1セットでより大きな文の中に組み込む感じで使うためのカタチ**。それも、1セットで**名詞1個分**として、とにかく文の中の名詞が入る位置に入れて使うためのカタチなのです。

p.21でも説明した通り、英文中の名詞が入る位置と言えば、

★ **目的語（O）の位置&補語（C）の位置**（動詞の後ろ）
★ **主語（S）の位置**（動詞の前）
★ **前置詞の後ろの位置**

ということで、具体的に確認してみましょう。

1. **目的語（O）の位置にスッポリ！**（1セットで目的語として使える）
He doesn't know 〈where you bought the book〉.
 S   **V**   **O**

(彼は〈あなたがどこでその本を買ったか〉知りません。)

2. 補語（C）の位置にもスッポリ！（１セットで補語として使える）
The question is 〈why you bought the book〉.
　　　　　 Ⓢ　 Ⓥ　　　　　　Ⓒ
(問題は、〈あなたがなぜその本を買ったか〉です。)

3. 主語（S）の位置にだってスッポリ！（１セットで主語として使える）
〈When you bought the book〉is important.
　　　　　Ⓢ　　　　　　　　　Ⓥ　　Ⓒ
(〈あなたがいつその本を買ったか〉が重要です。)

ただし、〈疑問詞 S＋V（＋その他）〉という１セットを主語として使う場合、形式主語の it（主語の位置に入り、「**実際の主語は後ろにありますよ**」というのを示す目印の役割をする it）を使って、本当の主語の〈疑問詞 S＋V（その他）〉は後ろに回すこともあります。

〈When you bought the book〉is important.
　⇒ It is important〈when you bought the book〉.

4. 前置詞の後ろの位置にだってスッポリ！
We talked about〈where we should go〉.
(ボクたちは〈どこに行くべきか〉について話した)

「……うーん、確かに〈疑問詞 S＋V（その他）〉が１セットで名詞１個分かも」
って気がしたところで、

「この〈疑問詞 S＋V（＋その他）〉ってカタチの使い方って、従属接続詞の that を使った、〈that S＋V（＋その他）〉の使い方とそっくり！」

と気づいた人もいるのでは？　と、言われたにもかかわらず、まだ「……？」

疑問詞の使い方……その2（間接疑問文） **STEP 3**

って感じの人は、p.29を確認した方がいいかも。

ついでに言うと、〈疑問詞 S+V（+その他）〉みたいなカタチは、特に一般動詞の後ろに入れて使うことが多いんですが、これも〈that S+V（+その他）〉の使い方とほんとによく似てますね。

……と、何から何までそっくりっぽいけど、**前置詞の後ろに続けられる**かどうかという点に関しては、

★〈that S+V（+その他）〉のカタチ
　⇒〈in that S+V〉（SがVという理由で）のような一部の表現を除いて、原則として前置詞の後ろには続けない。
★〈疑問詞 S+V（+その他）〉のカタチ
　⇒ We talked about〈where we should go〉. のように、普通に**前置詞の後ろに続けて使える**。

という違いがあるので注意。

ココまでの話を読んでいて、もしかしたら中には、

「〈S+V〉って文のカタチを、1セットで名詞1個分ってことにして、より大きい文の中に入れて使うには、従属接続詞を使って、〈従属接続詞 S+V〉ってカタチにするんじゃなかったっけ？〈疑問詞 S+V（+その他）〉のカタチって、従属接続詞がついてないような気がするけど、これってアリなわけ？」

と思った人もいるかもしれません。

が、〈疑問詞 S+V（+その他）〉というカタチに関しては、実は、**疑問詞が従属接続詞の働きを兼ねている**というのがポイント！　**疑問詞**は、**従属接続詞の働きを兼ねる**ことができるのです！

……まぁ、でも、この辺は、あまり難しいことは考えずに、

> ⚠️ 日本語では「Sが どこで／いつ／なぜ V（する）か」という感じの内容
> ⇔英語では〈疑問詞 S＋V（＋その他)〉というカタチで名詞1個分！

って具合に**一発変換**する感覚でいれば基本的には大丈夫。

なお、これまで疑問詞は必ず文頭と言ってきましたね。でも、今の話と例からもわかるのは……、

「疑問詞が接続詞の役割も兼ねるとき（『Sが どこで V（する）か』のような意味で、名詞1個分の働きという1セットをつくるとき）は、**前は前だけど文頭ではなく、その1セットの一番前**に入る」

ってところ。

では、ついでに用語の確認をしておきましょう。文法用語では、〈that S＋V（＋その他)〉のカタチを「that 節」と呼ぶのと同じように、〈疑問詞 S＋V（＋その他)〉のカタチを「**疑問詞節**」とも呼んだりします。

ただし、「疑問詞節」というのは、あくまでも疑問詞を従属接続詞として使う〈疑問詞 S＋V（＋その他)〉のカタチの総称みたいなもの。
実際には疑問詞が where だったら「**where 節**」、when だったら「**when 節**」のように呼ぶことも多いです。

また、1セットで**名詞1個分の働き**をする〈疑問詞 S＋V（＋その他)〉のカタチを含む文は、

疑問詞の使い方……その2（間接疑問文） **STEP 3**

「文全体のカタチを考えると疑問文ではないかもしれないけど、その中に疑問詞を使う疑問文と同じようなニュアンスを表す〈疑問詞 S+V（＋その他）〉というカタチを含む（間接的に疑問のニュアンスを表す）」

ってことで、「間接疑問文」と呼ばれたりもします。

名詞1個分の働きをする〈疑問詞 S＋V〉

では、いきなり英作文！　……をやってもらう前に、とりあえず名詞1個分の働きをする〈疑問詞 S＋V（＋その他）〉のカタチをつくる練習から。

> **Q** 次の日本語表現を名詞1個分の働きをする英語のカタチで表すとどうなるでしょう？
>
> **1.** 彼が昨日どこに行ったか
> **2.** あなたがなぜその本を買ったのか

「彼は昨日どこに行ったの？」みたいなひとつの独立した文なら、

Where did he go yesterday?

という感じで、疑問詞の後ろが疑問文の語順。でも、ここでは「名詞1個分の働きをするカタチ」、つまり、「1セットでより大きな文に組み込んで使うためのカタチ」ということだから、

⇒ ◎ **1. where he went yesterday**

のように、疑問詞の後ろが肯定文のカタチ（〈疑問詞 S＋V（＋その他）〉のカタチ）。**2** も同じように、

⇒ ◎ **2. why you bought the book**

と表せば正解です。簡単ですよね。でも、こういう知識を教わる頃から、

あなたはなぜその本を買ったの？
　⇒ × **Why you bought the book?**

疑問詞の使い方……その２（間接疑問文） **STEP 3**

という感じで、疑問詞を使う独立した疑問文なのに、うっかり疑問詞の後ろを肯定文のカタチにする凡ミスをやっちゃう人が急増します。たとえ、内容的に疑問詞を使いそうでも、

★ 独立した疑問文⇔〈疑問詞 疑問文のカタチ〉
★ １セットで名詞１個分のカタチ⇔〈疑問詞 Ｓ＋Ｖ（＋その他）〉

というふうに、カタチを使い分けること。

> **Q** 次の日本語表現を名詞１個分の働きをする英語のカタチで表すとどうなるでしょう？
>
> **1.** 彼が昨日、何を食べたか
> **2.** だれが昨日、そこへ行ったのか
> **3.** 彼が、どっちの色が好きか
> **4.** あんたが昨日だれとテニスをしたか

まず、**1**に関しては、

1. 彼が昨日、何を食べたか
　⇒ ◎ **what** he ate yesterday

と、あっさりわかった人がほとんどでは？　でも、実は、

what he ate 名詞の穴 yesterday

という感じで、**ate** の後ろには名詞の穴が開いているところに注意！
「何を（食べた）」という内容から、what は意味的なつながりだけを考えると、ate の後ろ（目的語の位置）に入るべき。でも、**what は１セットで名詞１個分というカタチをつくる従属接続詞の働きを優先して、１セットの頭に入れることになるため、結果的に、後ろに「名詞の穴」ができる感じ。**

103

このように、1セットで名詞1個分の働きをする〈疑問詞 S＋V（＋その他）〉のカタチについても、やっぱり使う疑問詞によって、後ろに「名詞の穴」が開いたり、開かなかったりするのです！

では、次に **2** について。中には、一瞬、「……あれ？」っと戸惑った人がいたかもしれませんが、正解は、

2. だれが昨日、そこへ行ったのか
　　⇒ ◎ who went there yesterday

となります。このように、**疑問詞が主語に当たる内容**に関しては、「だれが昨日、そこへ行ったの？」みたいな、ひとつの独立した疑問文として使うカタチと、1セットで名詞1個分として使うためのカタチが同じになるということに注意。
〈疑問詞 S＋V（＋その他）〉というカタチが、〈疑問詞（＝S）＋V（＋その他）〉となる例外パターンって感じですね。

「そう言えば、who/which/what は名詞の役割をする疑問詞なんだけど、主語になる場合は『名詞の穴』は開かないんだったよな～」

と思い出してもらったところで次へ。

3. 彼が、どっちの色が好きか
　　⇒ ◎ which color he likes　名詞の穴

whose/which/what は「だれの／どちらの／何の＋名詞」という感じで形容詞の役割ができる疑問詞。使うとしたら、〈whose/which/what ＋名詞〉の組み合わせを**まとめてそのまま前に出す！** この場合、意味的に **like(s)** の後ろにつながりそうな（目的語に当たる）**which color** がセットで前へ出て、その結果、like(s) の後ろに「名詞の穴」が開く感じになります。

4 については、こんな感じ。

疑問詞の使い方……その2（間接疑問文） STEP 3

4. あんたが昨日だれとテニスをしたか
   ⇒ ◎ **who** you played tennis **with** 名詞の穴 yesterday

この場合、

あんたは昨日 彼女 とテニスをしたの？
   ⇒ **Did you play tennis with her ?**

と同じように、意味的なつながりだけを考えたら、

〈あんたが昨日 だれ とテニスをしたか〉
   ⇒ 〈**you played tennis with who yesterday**〉

という感じで前置詞の with の後ろに入るはずの疑問詞の who が前に出る結果、前置詞だけが残り、その後ろに「**名詞の穴**」が開くイメージです。

要するに、

★ 独立した疑問文⇔〈疑問詞　疑問文の語順〉
★ 1セットで名詞1個分のカタチ⇔〈疑問詞　S＋V（＋その他）〉

という違いはありますが（**疑問詞が主語に当たる場合は、どちらも〈疑問詞（＝S）＋V（＋その他）〉というカタチ**）、それ以外の注意点はどちらもまったく一緒だと考えてください。つまり、**who(se)/which/what** という疑問詞を使うなら、後ろの「**名詞の穴**」に要注意ということです。

「間接疑問文」をつくってみる。

さて、ここからは、いよいよ本格的な英作文。

> **Q** 次の日本語の文を英語にするとどうなるでしょう？
>
> **1.** ボクは彼が昨日どこに行ったか知らない。
> **2.** 彼が昨日、何を食べたか覚えていない。
> **3.** 私にあんたが昨日だれとテニスをしたか言いなさい。

「何かややこしそうな文ばっかりだなぁ……」
と、思った人もいるかもしれないけど、よーく見てください。

1. ボクは〈彼が昨日どこに行ったか〉知らない。
2. 〈彼が昨日、何を食べたか〉覚えていない。
3. 私に〈あんたが昨日だれとテニスをしたか〉言いなさい。

〈　〉の中に入っているのは、すべて「**S**が **いつ／どこで／何を etc. V する か**」という**疑問詞**を使いそうな表現で、なおかつそれが１セットで、より大きな文の中に組み込まれた感じ。

だから、どれも英語では〈疑問詞 **S＋V**（＋その他）〉ってカタチで表しそう。具体的には、

1. 彼が昨日どこに行ったか ⇒〈**where** he went yesterday〉
2. 彼が昨日、何を食べたか ⇒〈**what** he ate 名詞の穴 yesterday〉
3. あんたが昨日だれとテニスをしたか
　　⇒〈**who** you played tennis **with** 名詞の穴 yesterday〉

という感じで、これが１セットで**名詞１個分**って扱いになりそう。
こういう英作文のときのポイントは、

疑問詞の使い方……その2（間接疑問文） **STEP 3**

「主語と動詞があって、また主語と動詞が出てきて、もう何が何だか……」と細かく考えずに、「**S が いつ／どこで／なぜ V（する）か**」という1セットをサッと見つけ出して、それをまたササッと、

日本語：「**S が どこで／いつ／なぜ V（する）か**」
　　⇔英語：〈疑問詞 S＋V（＋その他）〉

というふうに一発変換してしまうこと。
で、そのあとは「**これが名詞1個分の働きをする1セットだ！**」って、自分に言い聞かせながら、**主語**の位置とか、**目的語**の位置とか、そういう名詞を入れられる場所にこのカタチをスッポリ入れる感じだと意識すること。

ということで、答えを確認していくと……、

1 は、〈彼が昨日どこに行ったのか〉に当たる〈**where** he went yesterday〉が、**名詞1個分**として、「知らない」を意味する **don't know** の後ろの**目的語**の位置にスッポリ収まりそうですね。よって、

1. ボクは〈彼が昨日どこに行ったか〉知らない。
　　⇒ ◎ **I don't know 〈where he went yesterday〉.**

2 は、〈彼が昨日、何を食べたか〉に当たる〈**what** he ate yesterday〉が、**名詞1個分**として、「覚えていない」を意味する **don't remember** の後ろの**目的語**の位置にスッポリ収まりそうですね。よって、

2. 〈彼が昨日、何を食べたか〉覚えていない。
　　⇒ ◎ **I don't remember 〈what he ate yesterday〉.**

3 は、「言いなさい」ってことなので、文全体では命令文で、出だしが **tell**。その後ろの目的語の位置に、〈あんたが昨日だれとテニスをしたか〉に当たる〈**who** you played tennis **with** yesterday〉が、**名詞1個分**として、スッポリ収まりそう……なんだけど、**tell** は「（人）に（もの・こと）を言

う」という意味を表す場合、〈tell 人＋もの・こと〉という感じで、**後ろに名詞（目的語）を２つ続けられる動詞**だという点に注意。ここでも「私に…（を）言いなさい」という感じなので、まず、**me** を入れてから、その後ろに名詞１個分に当たる〈who you played tennis with yesterday〉を続けます。よって、正解は次の通り。

3. 私に〈あんたが昨日だれとテニスをしたか〉言いなさい。
　　⇒ ◎ Tell me 〈who you played tennis with yesterday〉.

> **Q** 次の日本語の文を英語にするとどうなるでしょう？
>
> **1.** 何が起こったかは大した問題ではない（not really matter）。
> **2.** 彼女は彼らがだれのことを話したのか知りたがっている。

まず、**1** について。全体を「〈何が起こったか〉は大した問題ではない」という感じでとらえることができたでしょうか？
つまり、「**何が起こったか**」という**疑問詞（what）**を含む部分が１セットで**名詞１個分**として、より大きな文の**主語**の位置にスッポリ収まる感じ。

〈何が起こったか〉 ⇒ 〈what happened〉

となるから、正解は、

1. 〈何が起こったか〉は大した問題ではない。
　　⇒ ◯ 〈What happened〉 doesn't really matter.
　　⇒ ◯ It doesn't really matter 〈what happened〉.

という感じ。**matter** を「問題となる」という意味の動詞として使うところに注意。また、p.98でも述べた通り、〈**疑問詞（S＋）V（＋その他）**〉という１セットが主語になる場合、**形式主語**の **it** を使って、本当の主語の〈**疑問詞（S＋）V（その他）**〉を後ろに回すこともできます。

疑問詞の使い方……その2（間接疑問文） **STEP 3**

なお、〈疑問詞（S+）V（+その他）〉という1セットがより大きな文の主語に当たる場合、〈疑問詞（S+）V（+その他）〉の外の動詞の時制が現在なら、**-s をつける**という点にも注意してください。この場合は否定文なので、**doesn't (really) matter** となっています。要するに、〈疑問詞（S+）V（+その他）〉という1セットは、**単数**名詞1個分の扱いになるんです。

次に **2** ですが、これも文全体を、「彼女は〈彼らがだれのことを話したのか〉知りたがっている」のようにとらえられればOK。
「彼らがだれのことを話したのか」という疑問詞（who）を含む部分が、1セットで名詞1個分として、「知りたがっている」を意味する **want to know** の後ろの目的語の位置にスッポリ収まる感じですね。

注意点は、「…のことを話す」という場合は、**talk about/of ...** のように、普通 talk の後ろに前置詞を入れるというところ（使う前置詞は about でも of でもOK）。だから、

〈彼らがだれのことを話したのか〉
　⇒〈**who they talked about/of** 名詞の穴 〉

となります。意味的なつながりだけを考えれば、talk about/of の後ろに入るはずの who が前に出てしまう結果、前置詞の about/of だけが後ろに残って、「名詞の穴」が開くカタチ。よって、文全体は次の通り。

2. 彼女は〈彼らがだれのことを話したのか〉知りたがっている。
　⇒ ◎ **She wants to know** 〈**who they talked about/of** 名詞の穴 〉.

when に要注意！

> **Q** I know when he bought the CD.
> を日本語にするとどうなるでしょう？

I know ...（私は…を知っている）というカタチの後ろに、**when he bought the CD** という〈疑問詞 S＋V（＋その他）〉のカタチ。つまり、**when he bought the CD** は know という動詞の**目的語**に当たる**名詞１個分**というカタチ。というわけで、

〈**when** he bought the CD〉⇒〈彼が**いつ**その**CD**を買った**か**〉

と、一発変換して、

私は〈彼が**いつ**その**CD**を買った**か**〉を知っている。
　⇒ ◎ 私は、彼が**いつ**その**CD**を買った**か**知っている。

って感じでOK。……なんだけど、本当に大切なのはココから。

> **Q** I bought this comic when he bought the CD.
> を日本語にするとどうなるでしょう？

今と同じ調子で、〈**when he bought the CD**〉が**名詞１個分の働き**をする１セットと考えて、

〈**when** he bought the CD〉⇒〈彼が**いつ**その**CD**を買った**か**〉

というふうに一発変換してしまうと、

「私はこのマンガを買った……彼が**いつ**そのCDを買った**か**？？」

という感じで、前後がうまくつながらず「**何だか変！**」ということにお気づきのみなさん、**いかがいたしましょうか？**　って、速攻ヒント。

仮に、I bought this comic 〈when he bought the CD〉. という英文から、〈when he bought the CD〉を取り除いてみると？

I bought this comic.（私はこのマンガを買った。）

という感じで、まったく問題なくひとつの文として成立する（欠けている要素がない）カタチ。ということは、この〈when he bought the CD〉という1セットは文の中に別にあってもなくてもかまわない、「**単なるおまけ要素**」と言えますね。で、

「前置詞ナシでも好き勝手に文につけ足せる、文全体から見れば**あってもなくてもいいおまけ要素**的な品詞って何？」

って考えると、答えは**副詞**（p.23も参照）。
この場合の〈when he bought the CD〉は、疑問詞の when が従属接続詞なのは一緒だけど、1セットで名詞1個分の働きではなく、**副詞1個分の働き**というわけ。今まで、〈**疑問詞 S＋V（＋その他）**〉のカタチは、1セットで**名詞1個分**と言ってきたけど、**ごめんなさい**。
……実は、疑問詞の中でも、when を使った〈when S＋V（＋その他）〉というカタチに関しては、何と副詞1個分としても使えるのです！

で、〈when S＋V（＋その他）〉のカタチが**副詞1個分の働き**という場合、日本語としては、「**Sがいつ V（する）か**」、ではなく「**SがVするとき**」という訳がぴったり！　ということで、

I bought this comic 〈when he bought the CD〉.
　　⇒ ◎〈彼がそのCDを買った**とき**〉、私はこのマンガを買った。

さて、〈疑問詞 S＋V（＋その他）〉のカタチの中でも、副詞１個分として使える（文の要素がそろったカタチに、前置詞ナシでおまけ的につけ足せる）のは、基本的に、when を使った、〈when S＋V（＋その他）〉のカタチだけ。何で when だけそんな特別扱いが許されるのかというと、when はいわゆる「時」を表す語だから。英語の「時」を表す表現は、

Tomorrow is another day.（明日はまた別の日だ。⇒明日は明日の風が吹く。）
　⇒ tomorrow は主語（＝名詞）。
I'm going to see him tomorrow.（明日、彼に会うつもりだよ。）
　⇒ tomorrow は文にあってもなくてもいいおまけ要素（＝副詞）。

という感じで、名詞としても副詞としても使えるのが特徴でしたね？（……って話について、詳しく知りたい人は『基礎編』のp.118の辺りを参照）

そんなところから、〈when S＋V（＋その他）〉についても、

「〈疑問詞 S＋V（＋その他）〉というカタチって、本来は名詞１個分の働きなんだけど、〈when S＋V（＋その他）〉って『時』を表す表現だよね。だったら、コイツに関しては特別に副詞１個分って感じの使い方もアリってことにして、前置詞ナシでおまけ要素っぽく文につけ足してもいいんじゃない？」

ってノリで、名詞１個分の働きも副詞１個分の働きもさせられるってわけ。

ところで、

〈when S＋V（＋その他）〉⇔「SがVするとき」

と聞いて、「何かどっかで聞いたような……」と思った人は多いはず。というか、そう思ってくれないと困るんです。この when の使い方って、『とことん攻略編』で、because や if などと一緒に、すでに紹介済みですから！

疑問詞の使い方……その2（間接疑問文） **STEP 3**

(読んだはずなのに思い出せないアナタは『攻略編』のp.121へ)。

ちなみに、疑問詞の中でも、**where** を使った〈where **S＋V**（＋その他）〉
のカタチも、１セットで副詞１個分としての使い方は（一応）可能です
(when の場合に比べるとかなり使用頻度は落ちますが)。例えば、

We're going to have dinner 〈where you went yesterday〉.
(私たちは、〈あなたが昨日行ったところで〉、晩御飯を食べる予定です。)

とか（対応する日本語としては、こちらも、「**SがどこでVするか**」ではなく、
「**SがVするところ／場所**」という表現が合う感じ）。
where の場合に関しても、「**here** や **there**、**home**、**outside** など、場所
を表す語句には、前置詞ナシで『副詞』として使うものが多い」という、
whenと同じような事情があるようなないような。

ついでに、〈how **S＋V**（その他）〉って１セットも「**SがVするのと同じよ
うに**」という意味の副詞１個分として使われることもあります（p.337も参照）。
これは特別な決まり文句として覚えておくとよいでしょう。

〈疑問詞 S+V〉を使うときの注意点

> **Q**「あなたは彼が昨日何を買ったか知っていますか？」
> を英語で言うとどうなるでしょう？

もうそろそろ、日本語の文を見た瞬間、
「あなたは〈彼が昨日何を買ったか〉知っていますか？」
と、見切れちゃう人も増えてきたんじゃないかと思います。ついでに、
〈彼が昨日何を買ったか〉⇒〈what he bought yesterday〉
って感じで、ササッと脳内変換できてしまった人も多いはず。

ちなみに、what という疑問詞を使って、かつそれが主語でないのなら、**後ろに必ず「名詞の穴」が開く**はずなんだけど、この場合、どこかわかりますか？

「『何を』が『買った』の目的語っぽいから bought の後ろ！」
と答えた人は大正解。というわけで、イメージとしては、

〈what he bought 名詞の穴 yesterday〉

みたいな感じ。全体では、

⇒ ◎ **Do you know 〈what he bought 名詞の穴 yesterday〉?**

というふうに表せば、メデタシメデタシ。
……なんだけど、これってよく考えてみたら、**what** って疑問詞を使う内容で、しかも疑問文ということで、思わず、

What do you know he bought yesterday?

疑問詞の使い方……その2（間接疑問文） **STEP 3**

みたいなカタチにするのもアリ？
なーんて、思った人が万が一いるといけないので、ポイントを再確認。

「あなたは〈彼が昨日何を買ったか〉知っていますか？」のように、疑問詞が〈Sが何をV（する）か〉って感じの意味のまとまりを作って、それが名詞1個分って感じなら、疑問詞は、あくまで〈疑問詞 S＋V（＋その他）〉という1セット（疑問詞節）の頭。

× What do you know he bought yesterday?
　⇒ 疑問詞が、疑問詞節の頭を飛び越して、文頭にまで出たらダメ。

というところで、**かなりうっとうしい問題**、いっちゃいましょうか。

> **Q**　「あなたは彼が昨日何を買ったと思いますか？」
> 　　を英語で言うとどうなるでしょう？

さっきの問題と非常によく似ていますよね。だから同じ調子で、
Do you think〈what he bought 名詞の穴 yesterday〉?
とすればいいかと言うと、そうではなくて、

⇒ ◎ **What do you think he bought yesterday?**

が正解なんです。

「トリセツ第3部……完！！」
って感じでダメ出しされる前に言っとくと、**この英文とさっきの英文は一緒じゃないんです。** 何が違うって、**一番聞きたいポイント**と**答え方**が違う。

例えば、もし仮に、
「あなたは〈彼が昨日何を買ったか〉知っていますか？」

って聞かれた場合、みなさん何て答えます？

「はい、知ってます／いいえ、知りません」
って感じで、「はい」か「いいえ」で答えますよね。英語も同じで、
Do you know〈what he bought yesterday〉?
(彼が昨日何を買ったか知っていますか？)
って聞かれたら、Yes か No で答えます（英語ではこういう質問を Yes/No question と言います）。

それに対して、
「彼が昨日何を買ったと思いますか？」
だったらどうでしょう？

質問のポイントを考えると、聞かれているのは、「思うか／思わないか」ではなくて、「何？」という部分。ということで、
「●●を買ったと思う／△△でしょ？」
みたいな感じで具体的に何を買ったかを答えますよね。一言、「知らん」で済ますのもアリですけど。いずれにせよ「はい」や「いいえ」では答えない。つまり、これって英語で言う Yes/No question ではないんですね。

英語では Yes/No では答えられない質問、つまり、Yes/No question ではない疑問文のとき（一番聞きたい部分が what のような疑問詞で表す部分に当たるとき）には、必ず疑問詞を文頭にもってくるのが決まりです。だから、

◎ What do you think he bought yesterday?

なんてカタチになるってわけ。ここでの what は「何を買ったか」を相手に具体的に答えてもらうための純粋な疑問詞としての役割であって、従属接続詞の役割は兼ねていないんです。

「ん？　でも、それなら何で〈S+V〉が２つもあるの？　接続詞はどこ？」

って気になる人は、まずこう聞かれたときの答えの方から考えてみましょう。「本を何冊か 買ったと思う」と答えるとしたら？

I think (that) he bought some books .

ですよね。要するに、

「〈that S＋V（＋その他)〉というカタチで「SがV（する）と（いうこと）」を意味する**従属接続詞の that は省略可能！**」

というのが手品のタネ。詳しくは次の通りです。

彼が昨日何を買ったと思いますか？
　⇒ **What do you think (that) he bought　　　yesterday?**
　　　　　　　　　　　　　　　　　↓
　　　　従属接続詞の役割は兼ねてない、純粋な疑問詞なので一気に文頭へ

「紛らわし〜」ですよね。でも、だからこそ試験なんかではよく出されたり。ポイントは、「**yes/no question か否か？**」ってところなんだけど、その辺がイマイチわかりづらいという人は、次のように考えてください。

★ 日本語の文が「〈Sが 何を／いつ／どこで etc. V（する）か〉（を）知って／覚えていますか？」みたいな感じなら、疑問詞の位置は〈疑問詞 S＋V（＋その他)〉という1セットの頭！

★〈S＋V〉が2組入って、かつ疑問詞を使う内容でも、日本語だと終わりが「…と思いますか？／と信じますか？／と言っていますか？」みたいな感じなら、疑問詞の位置は文頭！

〈疑問詞＋ to 不定詞〉というカタチ

> **Q** 次の英文を日本語で言うとどうなるでしょう？
>
> 1. We hope that we live near the lake.
> 2. We hope to live near the lake.

hope は後ろに〈**that S＋V（その他）**〉と〈**to ＋動詞の原形**〉（つまり「**to 不定詞**」）のどちらも続けることができる動詞です。そして、どちらのカタチを使う場合でも意味はほとんど同じ。ということで、どちらも、

◎ 私たちはその湖のそばに住むのを望んでいる。

みたいな意味になるんだけど、このように、**that の前後の主語が同じ場合**は、that 節を使ってわざわざ同じ主語を繰り返すよりも、**to 不定詞を使う方がスッキリしていて好まれます**。
……なんて話が『とことん攻略編』にあったのですが覚えているでしょうか？（読んだのに覚えてない人は『攻略編』のp.174へ）

そんな復習をしつつまた問題。

> **Q** 次の英文を日本語で言うとどうなるでしょう？
>
> 1. I don't know how I should study.
> 2. I don't know how to study.

1 はおなじみの〈**疑問詞 S＋V（＋その他）**〉というカタチ。もちろん意味は、

「私は〈（私が）どのように勉強したらイイのか〉わからない」

疑問詞の使い方……その2（間接疑問文） **STEP 3**

という感じですね。一方、**how to ...** なんて見慣れないカタチがある**2**の方はどうかというと……

「私は**どのように勉強したらイイのか**わからない」

とこれまた同じ意味になったりします。と、ここで質問。
I don't know how to study. の **how** って従属接続詞？

「……意味的には〈**how** S+V（＋その他）〉のカタチと同じだけど、従属接続詞とは違うんじゃない？　だって、**how** の後ろに〈S+V〉ってカタチが続いてないし……」

と、思った人も多いかもしれませんが、「この **how** も従属接続詞！」と考えた方がわかりやすいんじゃないかと思います。

ココでみなさんに知ってほしいのが、〈**be to 不定詞**〉というカタチ。
このカタチは「…すべきだ」って感じで **should** と似たような意味を表せるんですね。つまり、

I don't know how I should study. ⇔ **I don't know how I'm to study.**

みたいな言い換えも可能だってこと。
で、ちょっぴりお役立ち情報として覚えておいていいかと思うんだけど、英語ではこういうふうに、**ひとつの文の中に同じ主語の繰り返しがあって、かつ繰り返しになる主語の後ろに be 動詞が続いている場合**、

I don't know how (I'm) to study.
　　　　　　　　↓
　　　　　　省略！

という具合に、**主語と be 動詞をまとめて省略できる**ことが多いんです。
理由はさっきの that 節と to 不定詞の場合とよく似ていて、単純にそっちの

119

方がスッキリしていて言いやすいから。

日本語では、「私は駅に着いたあと、(私は)両親に電話した」のように、共通する主語は省くのが当たり前ですが、英語人の感覚でも、やっぱり同じ主語の繰り返しや、**be 動詞みたいなカタチだけ動詞**をいちいち入れるのは**メンドクサイ**わけです。だから、こういう組み合わせは省略されがち(注：ただし省略するのは、あくまでも〈繰り返しになる主語＋ be 動詞〉の1セットです。どちらか一方だけを省略したりはできません)。

で、そうした中でも、「(どうやって) …すべきか」のような内容を表す場合には、〈疑問詞＋ to 不定詞〉という省略形が好んで使われる傾向があって、

when to 不定詞 ⇒ 「いつ…すべきか」
where to 不定詞 ⇒ 「どこで(へ)…すべきか」
what to 不定詞 ⇒ 「何を…すべきか」
how to 不定詞 ⇒ 「どうやって…すべきか」

という言い方が**一種の決まり文句**のようになっています。主語と be 動詞をいちいち入れるような英語人はまずいません(ただし、疑問詞の中でも why に関しては〈why to 不定詞〉という言い方は非常にまれ)。

実際、この〈疑問詞 to 不定詞〉という言い方は簡単で言いやすい上、使える範囲も広いので覚えておくと非常に便利です。

基本的に〈疑問詞 S＋V (＋その他)〉というカタチを後ろに続けることができる動詞であれば、どの動詞でも〈疑問詞＋ to 不定詞〉というカタチも続けられるので、みなさんもぜひ積極的に使ってください。

疑問詞の使い方……その2（間接疑問文） **STEP 3**

〈疑問詞 S＋V〉のカタチと、対応する日本語

> **Q** Let's decide when we'll start the project.
> を日本語にするとどうなるでしょう？

出だしが **Let's decide** だから、「一緒に決めましょう」と誘っている感じ。後ろには、当然「決めるもの」が続くだろうと意識しつつ見てみると、

〈**when** we'll start the project〉

という〈疑問詞 S＋V〉のカタチ。だから、これが**名詞1個分**という感じで、意味は「私たちが**いつ**そのプロジェクトを開始する**か**」。よって、答えは、

⇒ ◎〈**いつ**そのプロジェクトを開始する**か**〉を決めましょう。

と、さすがにもう余裕だと思うのですが……実は、この文って、

〈そのプロジェクトを開始する**とき**〉を決めましょう。

と言っても、**ほとんど同じ意味**って気がしませんか？

「……たっ、確かにっ！」
と深くうなずいてもらったところで、確認ですが、

〈**when** we'll start the project〉のカタチは、品詞で言うと？

たった今述べた通り、1セットで、**decide** の目的語に当たる**名詞**ですよね？ つまり、何が言いたいかというとですね、

「1セットで**名詞1個分**の働きの〈**when** S＋V（＋その他）〉というカタ

チには、対応する日本語として、『SがいつVするか』だけでなく、『SがVするとき』みたいな表現もOK！」

ってことなんです！　また、その一方で、同じ〈when S＋V（＋その他）〉のカタチでも、副詞扱いのものに関しては、「SがVするとき」という表現しか合わないところにも注意。

何となく、目からウロコが落ちた気分になったところで、もう１問。

> **Q**　次の英文の意味は？
>
> 〈When he visited me〉 was December 1.

あらかじめ〈　〉が付けてあるので、文全体のカタチ自体はすぐにわかったと思います。
〈When he visited me〉の部分が、１セットで文全体の主語、つまりこの部分が１セットで名詞１個分の働きということだから、日本語にすると「彼がいつ私を訪ねてきたか」という感じになり、

「……『〈彼がいつ私を訪ねてきたか〉は12月1日だ』？？？」

って、何か変だし！　というところで、
「〈when S＋V（＋その他）〉のカタチが名詞１個分の場合は、実は「SがVするとき」という表現でもいいはず。」
と思い直して、それを当てはめてみると、

⇒ ◯〈彼が私をたずねてきたとき〉は12月1日だ。

って感じで、これなら意味はわかる！

ついでに、似たような例を出すと次の通り。

疑問詞の使い方……その2（間接疑問文） **STEP 3**

例1：France is 〈where she has wanted to go for a long time〉.
　⇒ × フランスは、〈彼女がどこに長い間ずっと行きたいか〉だ。
　⇒ ◎ フランスは、〈彼女が長い間ずっと行きたかったところ〉だ。

例2：We also want 〈what you ate〉.
　⇒ × 私たちも〈あんたが何を食べたか〉が欲しい。
　⇒ ◎ 私たちも〈あんたが食べたもの〉が欲しい。

要するに、1セットで名詞扱いの〈疑問詞 S＋V（＋その他）〉のカタチは、たいていの場合、「SがVするとき」のような日本語表現にも言い換え可能で、こっちの表現じゃないとしっくりこないこともあるってことです（特に、〈疑問詞（S＋）V（＋その他）〉のカタチが1セットで、主語または補語に当たる場合）。

具体的には、以下の対応関係をアタマに入れておくのがおススメ。

〈when S＋V〉⇒「SがいつVするか」または「SがVするとき」
〈where S＋V〉⇒「SがどこでVするか」または「SがVする場所・ところ」
〈why S＋V〉⇒「SがなぜVするか」または「SがVする理由」
〈what S＋V〉⇒「SがVを何するか」または「SがVするもの・こと」
〈what V〉⇒「何が（…を）Vするか」または「（…を）Vするもの・こと」
〈how S＋V〉⇒「SがどのようにVするか」または「SがVする様子・方法・仕方」

これ以外の疑問詞についてはひとまず気にしなくても大丈夫です。

「ふくしゅう」舞踏会……3曲目

このSTEPでは、1セットで名詞1個分の働きをする、〈疑問詞 S＋V〉というカタチと、これを含む文、すなわち「間接疑問文」について学習。この名詞1個分の働きをする〈疑問詞 S＋V〉と、疑問詞を使う独立した疑問文では、後ろが肯定文（または否定文）の語順か、それとも疑問文の語順かという違いを除けば、注意点は同じ。なので、苦手な人はその辺からじっくり復習すること。

> **Q** 次の日本語の文の内容と、それに対する英語の文について、英文が正しければ◯をつけ、間違っていれば正しい文に訂正しましょう。
>
> **1.** オレはだれからトルコ語を習えばいいかわかっている。
> I know who should I learn Turkish.
> **2.** 彼らはこの問題にどのように対処するか、まだ話し合っていない。
> They haven't discussed what to deal this problem yet.
> **3.** どちらの案が選ばれるかは、校長が何を望んでいるかによるね。
> Which plan will be chosen depends on what the principal wants.

それではこのステップで学んだ「間接疑問文」の基礎をおさらい。ポイントをアタマに叩き込んだ上で、満足のいく解答ができあがったら、p.126の「解答と解説」へ。

間接疑問文（名詞1個分の働きをする〈疑問詞 S＋V〉を含む文）

その1：日本語で「Sが どこで／いつ／なぜ etc. V（する）か」という

疑問詞の使い方……その2（間接疑問文） STEP 3

感じなら、英語では1セットで名詞1個分の働きをする〈疑問詞 S＋V（＋その他）〉というカタチで表せる（この場合、疑問詞が従属接続詞の役割を兼ねる感じになる）。

例1：**Would you tell me〈where you saw the car〉?**
（〈あなたがどこでその車を見たか〉私に教えてくれませんか？）
→〈where you saw the car〉という1セットが、名詞1個分として、tell という動詞の（第2）目的語の位置にスッポリ入っている。
例2：**You don't have to talk about〈why he came here〉.**
（〈彼がなぜここに来たのか〉について話す必要はありません。）
→〈why he came here〉という1セットが、名詞1個分として about という前置詞の後ろにスッポリ収まっている。

その2：名詞1個分の働きをする〈疑問詞 S＋V（＋その他）〉という1セットを含む英文を「間接疑問文」と呼ぶ。

その3：名詞1個分の働きをする〈疑問詞 S＋V（＋その他）〉というカタチの注意点は、疑問詞を使う独立した疑問文の場合とほとんど一緒。違いは、疑問詞の後ろが疑問文のカタチにならないというところくらい（p.89の「その1」以降も参照）。

例1：〈**what she bought 名詞の穴 yesterday**〉
（彼女が昨日何を買ったか）
→疑問詞を使う疑問文の場合、疑問詞の位置は文頭だが、名詞1個分の働きをする〈疑問詞 S＋V〉の場合、疑問詞の位置は「**S**が いつ／どこで／何を etc. **V**するか」という意味のまとまりの頭。
例2：〈**who he agrees with 名詞の穴** 〉
（彼がだれに賛成しているのか）
→疑問詞が、意味的には前置詞（with）の後ろに続く要素の場合、疑問詞 が前に出る結果、前置詞だけがポツンと残る（前置詞の後ろに「名詞の穴」が開く）カタチ。

その4：〈when S+V（＋その他）〉は「時」を表す表現であるため、例外的に、1セットで名詞1個分としてだけでなく、副詞1個分としても使える。その場合、対応する日本語は「SがVするとき（に）」という感じ（1セットで名詞1個分の場合も、日本語を「SがVするとき」という表現にしてもよい）。

例1：I don't remember 〈when I saw her〉.
（〈ボクがいつ彼女を見たのか〉思い出せない［覚えていない］。）
→〈when I saw her〉が名詞1個分として、remember の目的語の位置に入ったカタチ。

例2：She was sleeping 〈when I saw her〉.
（〈ボクが彼女を見たとき〉、彼女は眠っていた。）
→〈when I saw her〉が副詞1個分としておまけ的にくっついている（日本語を「SがVするとき（に）」という表現にしないとしっくりこない）。

その5：特別パターンとして、〈疑問詞＋ to 不定詞〉というカタチで〈疑問詞 S should ...〉とほぼ同じ意味を表せる。

● 〈疑問詞＋ to 不定詞〉 一覧
when to 不定詞（いつ…すべきか）、where to 不定詞（どこで（へ）…すべきか）、what to 不定詞（何を…すべきか）、how to 不定詞（どうやって…すべきか）

解答と解説

1. オレはだれからトルコ語を習えばいいかわかっている。
　　× I know who should I learn Turkish.
　　　→ ○ I know who I should learn Turkish from.

日本語の文を「オレは〈だれからトルコ語を習えばいいか〉わかっている」ととらえること。文全体の主語は「オレ」で、結論は「わかっている」だか

疑問詞の使い方……その2（間接疑問文） STEP 3

ら、I know の後ろに、〈だれからトルコ語を習えばいいか〉という疑問詞を使って表しそうな1セットが続く感じ。でも、気をつけないといけないのは、疑問詞を使う内容が、1セットでより大きな文の一部になるときは、〈疑問詞 S+V〉というふうに、疑問詞の後ろを肯定文のカタチにするところ。元の文では who should I ... という疑問文のカタチになっているからダメ。というわけで〈who I should learn Turkish〉……としただけでは、まだマズイ。

who(se)、which、what という疑問詞を使うときには「名詞の穴」に要注意。〈who I should learn Turkish〉では、I という主語はちゃんとあるし、learn という（他）動詞の後ろにもちゃんと目的語があるし……、早い話、「『名詞の穴』が開いていない」ということ。こういう場合には、前置詞を補って、「名詞の穴」を開けてやらないとダメ。で、「だれからトルコ語を習えばいいか」という内容から、補う前置詞は from と判断し、〈who I should learn Turkish from 名詞の穴 〉とします。

なお、〈疑問詞 S should ...〉というカタチは〈疑問詞＋ to 不定詞〉としてもほとんど同じ意味でしたね。この文も I know who to learn Turkish from. というカタチで同じような意味を表せます。

2. 彼らはこの問題にどのように対処するか、まだ話し合っていない。
　　× They haven't discussed what to deal this problem yet.
　　　→ ○ They haven't discussed how to deal with this problem yet.

「まだ話し合っていない」ということで、They haven't discussed ... と現在完了を使っているところはいいけど、その後ろの疑問詞が間違い。「どのように…するか[すべきか]」は、what to ... ではなく、**how to ... / how S should ...** でしたね。〈how to 不定詞〉は、「…の仕方」のようなニュアンスで頻繁に使われます。さらに、deal という動詞にも注意。deal は「…を配る、分配する」という意味では、直後に名詞を続けられる（他動詞として使える）のですが、「(問題などを)扱う、対処する」という意味では、前置詞（with）が必要な動詞です。deal with ...（…に対処する）と同様、deal in ...（…(商品など)を扱う、商う）という表現もよく使われるので、

セットで覚えておくこと。

3. どちらの案が選ばれるかは、校長が何を望んでいるかによるね。
　○ Which plan will be chosen depends on what the principal wants.

少し意外かもしれないけど、この文はこのままで正解。「〈どちらの案が選ばれるか〉は、〈校長が何を望んでいるか〉によるね」という感じなので、「どちらの案が選ばれるか」と「校長が何を望んでいるか」という2個所が、〈疑問詞 S＋V（その他）〉というカタチで表されることになります。
　まず、「どちらの案が選ばれるか」の方は、「どちらの（which）」という疑問詞が「案（plan）」という名詞を説明するカタチでこの1セットの主語になり、〈which plan will be chosen〉というカタチ。で、さらにこの1セットが文全体の主語。
　もう一方の「校長が何を望んでいるか」という方は、〈what the principal wants〉というカタチ。この1セットが文全体では depends on の後ろに続くのですが、実は depend on のような使用頻度が高い〈動詞＋前置詞〉の組み合わせの後ろに〈疑問詞 S＋V（その他）〉のカタチが続く場合、**前置詞を省略してもOK**なことが多いんです。この場合も、on の省略は可（ただし、普通の名詞を続ける場合はもちろん前置詞は省略不可）。豆知識として覚えておきましょう。

Q 日本語の内容に合う英文を書きましょう。

1. 私に彼らがいつどこでライブをする（have a gig）予定なのかすぐに教えてください。
2. ミレー（Millet）がどんな種類の絵を描いたか知っていますか？
3. サトシは、彼女の花粉症（hay fever）がどんなにひどいか、説明した。

疑問詞の使い方……その2（間接疑問文） STEP 3

解答と解説

1. 私に彼らがいつどこでライブをする予定なのかすぐに教えてください。
　→ Would you tell me when and where they are going to have a gig right away? / Please tell me ... right away.

「私に〈彼らが**いつどこで**ライブをする予定な**の**か〉教えてください」というふうに文全体をとらえること。〈彼らが**いつどこで**ライブをする予定な**の**か〉が名詞1個分の働きをする1セットですね。問題は、「**いつ（when）**」と「**どこで（where）**」って疑問詞を2つも使うんじゃない？　……というところですが、こういう場合は素直に**等位接続詞**の **and** で2つの疑問詞を対等に結んでしまえばOK（p.26も参照）。したがって、この1セットは、〈**when and where they are going to have a gig**〉と表すことになります。あとは、「私に　教えてください」という残りの部分を、**Would you tell me ...?**（私に…を教えてくれませんか？）という頻出表現のカタチで表すなり、あるいは日本語の通りに、**Please tell me ...**（私に…を教えてください）という**命令文**のカタチで表すなり、どちらでもお好みの方法でどうぞ。全体では〈**when and where they are ...**〉が tell の2番目の目的語として me の後ろに入るカタチ。「…する予定」のような「計画的な未来の話」は will ...ではなく **be going to ...**、「すぐに」は **right away** と表す点にも注意。

2. ミレーがどんな種類の絵を描いたか知っていますか？
　→ Do you know what kind of pictures Millet painted?

「〈ミレーが**どんな**種類の絵を描いた**か**〉（を）知っていますか？」というふうに文全体をとらえること。〈ミレーが**どんな**種類の絵を描いた**か**〉が名詞1個分の働きをする1セットです。「**どんな**種類の…」は、**what** kind of ... と表すのがお決まりで、このカタチを使うときには、**what kind of ...** という長～い1セットをそのまま前に出します。〈ミレーが**どんな**種類の絵を描いた**か**〉だったら、〈**what kind of pictures** Millet painted 名詞の穴〉という感じ。what を使うのなら、後ろの「名詞の穴」に要注意でしたよね。

この場合、**painted** の後ろに大きな名詞の穴が開くイメージです。文全体ではこの1セットが know（知っている）という動詞の後ろの目的語の位置にスッポリ収まるカタチ。

日本語の文では、単に「…**知っていますか**」となっているけど、ココは当然「**(あなたは) 知っていますか？**」という文全体の主語の省略があると考えること。ちなみに、「ミレーが**どんな**種類の絵を描いた**と**思いますか？」だったら、**What kind of pictures do you think Millet painted?** というふうに表すんだけど、「えっ、何で？？」と思ってしまった人は p.114〜を要復習。

3. サトシは、彼女の花粉症がどんなにひどいか、説明した。
　→ Satoshi explained how bad her hay fever was.

「サトシは〈彼女の花粉症が**どんなにひどいか**〉説明した」というふうに文全体をとらえること。〈彼女の花粉症が**どんなにひどいか**〉が名詞1個分の働きをする1セットです。文全体では、この1セットが explained（説明した）の後ろの目的語の位置に入ります。

ポイントは、**how** という疑問詞は〈**how** ＋形容詞／副詞〉のように、形容詞や副詞とセットで前に出るカタチもアリだというところ（p.84も参照）。この場合も、「**どんなにひどい (か)**」という感じで、疑問詞の **how** が **bad (ひどい)** という形容詞を説明しているので、**how bad** という〈**how** ＋形容詞〉のセット。これがそのまま前に出る結果、「彼女の花粉症が**どんなにひどいか**」⇒〈**how bad** her hay fever was 形容詞の穴 〉というカタチになります（**Her hay fever was bad.**（彼女の花粉症は**ひどい**）の bad が how にくっついて前に出る結果、be 動詞の後ろに、「**名詞の穴**」ならぬ「**形容詞の穴**」が開くイメージ）。

STEP 4
疑問詞の使い方 その3
いわゆる「関係詞」（お手軽変換編）

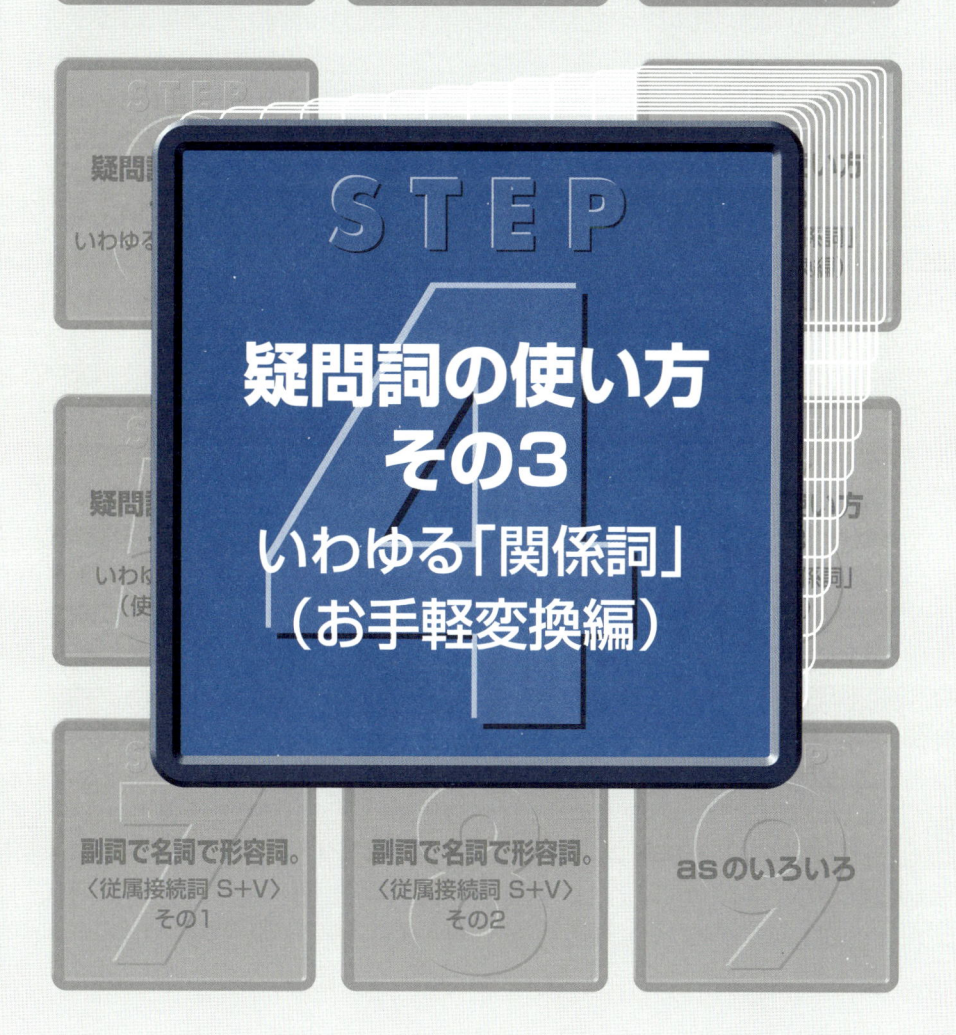

いきなり「関係（代名）詞」を使ってみる！

このSTEPではついに**アレ**が登場します。
そう、「**日本人が苦手な英文法の項目**」ランキングの栄えある**第1位**（阿川イチロヲ調べ）、「**関係代名詞！**」です。

「**関係代名詞**」なんて名前を聞いた瞬間、何か昔のイヤな記憶が頭をよぎって、思わずこの本を閉じたくなった人、あるいは幸運にも学校でまだ習ってなくて、
「**関係代名詞って何？**」
とただひたすら「？」な人、もしくは諸般の事情で本当に「関係代名詞」なんてキレイサッパリ記憶から消え去ってしまった人など、いろんな人がいると思いますが、ココでは、どなたにももれなく、**いきなり自分で「関係代名詞」というものを使えるようになってもらおう**と思います！

ポイントは簡単。

> ⚠️ **日本語で、「〈（Sが）Vする〉＋名詞」という感じなら、
> 英語では、{名詞＋〈関係（代名）詞（S＋）V〉}というカタチで表す！**

ただそれだけ。

「ホントにそれだけ？」

とつぶらな瞳でじっと見つめられると、「**いや、その、決してそれだけというわけでは、ゴニョゴニョ……**」と言葉を濁したい衝動に駆られないわけでもないのですが、とりあえずみなさんに「**関係（代名）詞**」というものを理解する上での第一歩として、押さえてほしいのが上の「**お手軽変換の公式**」。

疑問詞の使い方……その3（関係詞お手軽変換編） **STEP 4**

この「**お手軽変換の公式**」を丸暗記してもらうだけで、「関係（代名）詞」というものがびっくりするほど身近になって、びっくりするほどたくさんの**正しい表現**をつくれる、それだけは**ガチ**で**マジ**です。

「何で突然、『関係（代名）詞』って感じで、カッコでくくる言い方に変わったの？」

と、不思議に思う人もいるかもしれないけど、その辺にも何ともゴニョゴニョな事情あるので、この次の STEP であらためて詳しく説明したいと思います。ここからしばらくは、シンプルに「関係詞」という呼び方で統一しますがご了承ください（ペコリ）。

さて、ここで、

日本語：〈(Sが) Vする〉＋名詞
　⇔英語：名詞＋〈関係詞 (S＋) V〉

という「**お手軽変換の公式**」にあらためて注目してもらいたいのですが、特に注意すべきは次の3点。

① 英語で関係詞を使うのは、日本語表現が「〈(Sが) Vする〉＋名詞」のように、「動詞（V）を使って、名詞を詳しく説明する」感じの内容になるとき

● 英語では関係詞を使う日本語表現の例：
　〈このコンサートに来た〉＋人たち
　〈ショーコが昨日読んだ〉＋雑誌

② 日本語では名詞の説明に当たる〈(Sが) Vする〉が前で、その後ろに名詞が続くけど、英語では名詞が前で、その後ろに名詞の説明に当たる〈関係詞 (S＋) V〉が続く（つまり、日本語と英語では名詞の位置が逆）

③ 日本語では、名詞の説明に当たる〈(Sが) Vする〉と名詞がただ順番に並ぶだけ。一方、英語では、名詞とそれを説明する〈(S＋) V〉の間に「関係詞」を挟まないといけない（日本語には英語の「関係詞」に当たるものがない）

以上が、「お手軽変換の公式」の注意点。この３点に気をつければ、だれでももれなく「関係詞」というものを……なんて言っても、

「いや、だから、その、最も肝心な『関係詞』ってのが何なのかをまだ教えてもらってないんですけど……」

と、文句を言いたい人もきっといるはず。ものすごく簡単に言ってしまうと、
関係詞っていうのは、疑問詞です。
who とか which とか where とか when とかそういうやつ。

で、そういう疑問詞を、{名詞＋〈関係詞 (S＋) V〉}というカタチの中で、一番前にくる名詞（対応する日本語表現だと、一番後ろにくる名詞）の種類に応じて、使い分けるイメージ。

ちなみに、関係詞の前に入る名詞のことを、文法用語では「先行詞」と呼びます。だから、「関係詞とは、先行詞の種類に応じて、使い分けないといけない疑問詞のこと」とも言えるかも。まぁ、あまり難しいことは考えず、とりあえず、ここでは、

「『関係詞』は、見た目は疑問詞と同じだが、『名詞の後ろに動詞（V）を使った詳しい説明をくっつけますよ』と示す単なる記号みたいなもの（一応、疑問詞を使うけど、疑問詞の意味なんて表さない）」

と思ってもらえばそれでOK。
何と言っても、いろいろと難しい理屈は抜きにして、関係詞表現をつくれてしまうのが、「お手軽変換の公式」の最もよいところですから。

疑問詞の使い方……その3（関係詞お手軽変換編） **STEP 4**

「ふ〜ん……」
と、納得できた人も、そうでない人も、さっそく「**お手軽変換の公式**」を使って、実際に関係詞表現をつくってみましょう。例えば、

「〈**このコンサートに来た**〉＋**人たち**」

という日本語表現。「（このコンサートに）**来た**」って感じで、動詞（V）を含むカタチで、「**人たち**」という名詞を詳しく説明しているわけだから、英語では関係詞を使う言い方になるっていうのはわかりますよね？
手順としては、日本語の表現では**一番後ろに入る名詞（「人たち」）が、英語では一番前**。

⇒ the people …

そして、**その後ろに「関係詞」が入る！** 使い分けの基準はまた後ほど説明するけど、ここでは疑問詞の who を使ってください。

⇒ the people ＋〈who …〉

という感じ。さらにその後ろに、残りの要素、「**このコンサートに来た (came to this concert)**」を続けて、

⇒ the people ＋〈who came to this concert〉
⇒ ◎ the people who came to this concert

とすれば、おしまい。……ホントにお手軽ですね〜。

先行詞にご用心！

日本語で、「〈(Sが) Vする〉＋名詞」といった感じの内容
　⇔英語で、{名詞＋〈関係詞 (S＋) V〉} というカタチ

という「お手軽変換の公式」をより完全に身につけるべく、さらに練習してみましょう。今度は、

「〈英語を話すことができる〉＋サル」

という日本語表現なんてどうでしょうか。
「（英語を）話すことができる」って感じで、動詞（V）を含むカタチで、「サル」という名詞を詳しく説明しているわけだから、英語では関係詞を使う言い方になるっていうのは大丈夫かな？

「でも、英語で『できる』って、can みたいな助動詞ってヤツで表すんじゃなかったっけ？」

と、気になる人もいたりして。can のような助動詞がくっついたところで、「話す＋ことができる」のように、動詞を使うところには変わりないですよね？　だったら素直に、can speak という〈助動詞＋動詞〉のカタチで表すだけ。つまり、助動詞も使うなら、{名詞＋〈関係詞 (S＋) 助動詞＋V〉} というカタチってことですね。

ということで、「〈英語を話すことができる〉＋サル」なら、まず、

⇒ a monkey ...

そして、次に必ず「関係詞」！

⇒ a monkey ＋〈who ...〉

疑問詞の使い方……その3（関係詞お手軽変換編） **STEP 4**

で、その後ろに残る「英語を話すことができる（can speak English）」を続けて、

⇒ a monkey ＋〈who can speak English〉

とすれば、**正解！ ……ではないんです**。残念ながら。この場合、何がダメかって**関係詞**がダメ。p.134で、

「関係詞とは、先行詞の種類に応じて、使い分けないといけない疑問詞のこと」

って説明しましたよね？ 「先行詞」とは、関係詞の前に入る名詞のことですよ、念のため。で、対応する日本語表現では、一番後ろにくる名詞が、英語では、「先行詞」として一番前に入るんでしたよね。

つまり、「〈このコンサートに来た〉＋人たち」だったら、「人たち（the people）」が「先行詞」だけど、「〈英語を話すことができる〉＋サル」だったら、「サル（a monkey）」が「先行詞」になるわけですが、ここで質問。

「人たち（the people）」と「サル（a monkey）」の違いって何？

って、違いを考える基準はいろいろあるだろうけど、ココでは簡潔に一言。「人たち（the people）」っていうのは、言うまでもなく「人」で、「サル（a monkey）」は「人」じゃない。いくら「英語を話すことができる」としても、**おサルさんはあくまでもおサルさんであって、「人」ではありません**。

で、英語では、**前にくる名詞（先行詞）が「人」を表す名詞なら関係詞には who という疑問詞を使い、「『人』以外（もの、動物など）」を表す名詞なら関係詞に which という疑問詞を使う**という決まりがあるんです。
というわけで、正解は次の通り。

〈英語を話すことができる〉＋サル
⇒ a monkey ＋〈which can speak English〉
⇒ ◎ a monkey which can speak English

ちなみに、前にくる名詞（先行詞）が、「人」以外を表す名詞で、特に「場所」を表すニュアンスであれば、

〈私のおじさんが住んでいる〉＋国
⇒ the country ＋〈where my uncle lives〉

のように、where という関係詞も使えるし、同じく「人」以外を表す名詞で、特に「時」を表すニュアンスであれば、

〈アイツがオレの家に来た〉＋日
⇒ the day ＋〈when he came to my house〉

のように、when という関係詞を使うこともできます。

とりあえず、みなさんにまず覚えてもらいたい関係詞は、who と which の2つだけなんだけど、こんなふうに、

「英語では、先行詞の種類に応じて、いろいろな関係詞（疑問詞）を使い分けて表す」

という点は心の片隅に置いておいてください。

疑問詞の使い方……その3（関係詞お手軽変換編）　STEP 4

関係詞を使う感覚

それではそろそろ、っていうか、いきなりっていうか、

日本語で、「〈(Sが) Vする〉＋名詞」といった感じの内容
　⇔英語で、{名詞＋〈関係詞 (S+) V〉} というカタチ

という「お手軽変換の公式」の総仕上げ。今度は、

「〈ショーコが昨日読んだ〉＋雑誌」

を英語で表してみましょうか。

「あっ、これって、p.133で『英語では関係詞を使う日本語表現の例』として登場したやつと一緒だね？」

と気づけたあなたは立派！
ついでに、一気に英語に直せたあなたは、もっと立派！！

……なんだけど、せっかくなので、これもいつもの調子で手順を踏みながら、変換していってみましょう。
まず、日本語の表現では**一番後ろに入る名詞**（この場合、「雑誌」）が、英語では**一番前**（つまり、「先行詞」になる）。

⇒ the magazine ...

で、その次に「関係詞」！
関係詞は、**先行詞が「人」なら who** だけど、**「人」以外（もの・動物など）なら which** を使うのが基本。ということで、ココで使うのは which 。

⇒ the magazine ＋〈which ...〉

さらにその後ろに、残る「**ショーコが昨日読んだ**」を続ければOK。ココまでは関係詞の後ろに「**この**コンサートに**来た**」とか「**英語を話すことができる**」という主語ナシで動詞が続くカタチを取り上げてきたけど、「**ショーコが（＝主語）読んだ（＝動詞）**」みたいに、主語を含む〈**S＋V**〉というカタチが続く場合も、特に気にせず、

⇒ the magazine ＋〈which Shoko read yesterday〉
⇒ ◎ the magazine which Shoko read yesterday

と表してしまえばOKってことですね。

……関係詞を使う感覚がだんだんなじんできましたね？（と、強引に）では、そろそろ本格的に問題を解いてもらいましょう。

> **Q**　「ナオが知っているかもしれない男の人」
>   を英語で言うとどうなるでしょう？

「〈ナオが知っているかもしれない〉＋男の人」

って感じで、「**ナオ**」という主語と「**知っている（かもしれない）**」という動詞を含むカタチが「**男の人**」という名詞を説明している感じですよね。ということは、**英語だったら関係詞を使うカタチになるはず**！

まず、日本語の表現では**一番後ろに入る名詞**（「**男の人**」）が**一番前**に入る（「**先行詞**」になる）んでしたよね。

⇒ the man ...

そして、その次に「**関係詞**」！　関係詞は、先行詞が「**人**」なら **who** だけど、「**人**」**以外（もの・動物など）**なら **which** を使うのが基本。というこ

疑問詞の使い方……その3（関係詞お手軽変換編） **STEP 4**

とで、ココで使うのは who。

⇒ the man ＋〈who ...〉

さらにその後ろに、残る「ナオが知っているかもしれない」を続けてしまえばOK。「かもしれない」という意味は、**助動詞の may** を使えば表せるので、

⇒ the man ＋〈who Nao may know〉
⇒ ◎ the man who Nao may know

とすれば正解です。それでは、さらにもう一問。

> **Q** 「その国を愛している女の人」
> を英語で言うとどうなるでしょう？

「〈その国を愛している〉＋女の人」

って感じで、「愛している」という動詞を使って、「女の人」という名詞を説明している感じだから、**英語では関係詞を使うカタチ！** というわけで、

「……えーと、まず『女の人』に当たる **a woman** という『人』を表す名詞が一番前で、その後ろに関係詞が入って、さらにその後ろに、残る『その国を愛している』に当たる部分が続く感じだから……

a woman who love the country

で、決まり！ おっしゃー、もう関係詞もバッチリだね♪」

と思った人は**残念賞**。これだとビミョーにバッチリではありません。

正しくは、次のカタチ。

⇒ ◎ a woman ＋〈who loves the country〉

こんな感じで、関係詞の直後が動詞（V）になるタイプ（{名詞＋〈関係詞 V（＋その他)〉} というタイプ）の場合、先行詞が単数名詞（複数ではない名詞）で、かつ関係詞の後ろの動詞の時制が現在時制であれば、関係詞の後ろに入る動詞（V）にいわゆる「三単現の -(e)s」をつけないといけないので要注意！

なお、「〈その先生がよく知っている〉＋生徒たち」だったら、

⇒ × the students ＋〈who the teacher know well〉
⇒ ◎ the students ＋〈who the teacher knows well〉

となるんだけど、その理由はわかりますよね。この場合、**know という動詞の主語に当たるのは the teacher だから**。先行詞に応じて、関係詞の後ろの動詞の後ろに -(e)s がついたりつかなかったりするのは、あくまでも**関係詞の後ろに主語に当たる名詞がない場合のみです**。

さて、これだけ何度も繰り返し同じ手順を踏んだことだし、さすがにもう、関係詞を使う感覚というのがつかめてきたはずです。万が一、「**いや、まだイマイチ……**」という人がいたら、その人はもう 1 回 p.132 から読み直すべし。

関係詞を使う「文」

さて、ここまでに登場した関係詞を使った表現をもう一度。

1. 〈このコンサートに来た〉＋人たち
   ⇒ the people ＋〈who came to this concert〉
2. 〈英語を話すことができる〉＋サル
   ⇒ a monkey ＋〈which can speak English〉
3. 〈ショーコが昨日読んだ〉＋雑誌
   ⇒ the magazine ＋〈which Shoko read yesterday〉
4. 〈ナオが知っているかもしれない〉＋男の人
   ⇒ the man ＋〈who Nao may know〉

そして、くどいようだけど、こうした関係詞表現を考える際のポイントは次の通り。

① 日本語で、「〈(Sが) Vする〉＋名詞」といった感じの内容
   ⇔英語で、{名詞＋〈関係詞 (S＋) V〉} というカタチ
②「関係詞」は、見た目は疑問詞と同じだが、「名詞の後ろに動詞 (V) を使った詳しい説明をくっつけますよ」と示す単なる記号みたいなもの

ココであらためて ② のポイントに関係した質問。
名詞を説明する言葉って品詞で言うと何？

「そりゃー、形容詞でしょ？」
って、即答したついでに、できればここで「(°Д°)ハッ！」としてほしいところ。この {名詞＋〈関係詞 (S＋) V〉} というカタチの〈関係詞 (S＋) V〉という部分は、（主語とか）動詞なんかを含むカタチなんだけど、あくまでも1セットで前の名詞（＝先行詞）を説明する形容詞1個分の働きをしていることになるんです。イメージとしては、

the people	＋	〈who came to this concert〉
名詞		前にある名詞を後ろから説明する〈形容詞の働きの１セット〉

という感じ。

「あれっ、何か主語とか動詞を含むカタチなのに１セットで何らかの品詞１個分って言えば……」

と、気づいてしまった人もいるかもしれないけど、とりあえず、現段階ではそのことは気にしなくてもOK。それよりも、思い出してほしいのは、名詞に形容詞をくっつけた、〈形容詞＋名詞〉というカタチはあくまでも大きな名詞１個分の扱いになるというところ（p.22も参照）。

同じように、{名詞＋〈関係詞（S＋）V〉} というカタチも、あくまでも {名詞＋〈前にある名詞を説明する形容詞の働きの１セット〉} であることから、この１セットが大きな名詞１個分の扱いになります。１セットで名詞１個分の扱いと言えば……、

もう、ボクが言おうとしてることがわかりましたね？

つまり、この {名詞＋〈関係詞（S＋）V〉} というカタチは、１セットで文の主語になったり、目的語になったり、補語になったり、前置詞の後ろに入ったり……、とにかく文の中の名詞が入りそうな位置に１セットでスッポリ収まる感じになるということです。例えば、

「{〈このコンサートに来た〉＋人たち} はSOLTのファンに違いない」

を英語で表そうと思ったら？

p.135ほかで確認した通り、「〈このコンサートに来た〉＋人たち」という部分が、関係詞を使った、{the people ＋ 〈who came to this concert〉} というカタチになります。随分と長いけど、この {名詞＋〈関係詞 V（＋その

疑問詞の使い方……その3（関係詞お手軽変換編） **STEP 4**

他）⟩} という1セットが名詞1個分として、文の主語の位置にスッポリ収まるカタチ。「…に違いない」という意味は **must ...** という助動詞を使って表せるから、次の通り。

{⟨このコンサートに来た⟩＋人たち} はSOLTのファンに違いない。
　⇒ {The people ＋ ⟨who came to this concert⟩}　must be
　　　　　　　　　　　　　　S　　　　　　　　　　　　　　　V
　　　fans of SOLT.
　　　　　C

さらに感覚をつかむために例題をもうひとつ。

「あれが {⟨英語を話すことができる⟩＋サル} です」

と、英語で言うならば？

{⟨英語を話すことができる⟩＋サル} という部分が、関係詞を使った {a monkey ＋ ⟨which can speak English⟩} というカタチでしたよね。この1セットが文全体の補語になるカタチだから、次の通り。

　⇒ That is {a monkey ＋ ⟨which can speak English⟩}.
　　　 S　V　　　　　　　　　　　C

では、もうちょっと骨のある英作文に挑戦してもらいましょう。

> **Q** 次の日本語の文を英語にすると、どうなるでしょう？
>
> 1. アキラはショーコが昨日読んだ雑誌を手に入れた。
> 2. ボクは今日、ナオが知っているかもしれない男の人と友達になった（made friends with）。

145

今までと違って、カッコなどのヒントはないけど、**1**は{〈ショーコが昨日読んだ〉＋雑誌}、**2**は{〈ナオが知っているかもしれない〉＋男の人} という部分が、それぞれ{名詞＋〈関係詞 S＋V (＋その他)〉} というカタチになります。どちらもp.143をはじめ、今までに何度か登場済みなので、

1. 〈ショーコが昨日読んだ〉＋雑誌
  ⇒ the magazine ＋〈which Shoko read yesterday〉
2. 〈ナオが知っているかもしれない〉＋男の人
  ⇒ the man ＋〈who Nao may know〉

というふうに、できればあっさりこのカタチを見つけ出して、英語に直してほしいところ。

まず**1**は、文全体では、

1. アキラは{〈ショーコが昨日読んだ〉＋雑誌}を手に入れた。

という感じですね。「アキラは…を手に入れた」という内容から、文全体では、この the magazine which Shoko read という1セットが、Akira got ... の後ろに続く目的語の位置にスッポリ収まるイメージ。正解は次の通り。

⇒ ◎ **1.** Akira got {the magazine ＋〈which Shoko read yesterday〉}.

2は、文全体では、

2. ボクは今日、{〈ナオが知っているかもしれない〉＋男の人} と友達になった。

という感じ。{〈ナオが知っているかもしれない〉＋男の人} という1セットが名詞1個分として、「…と友達になった」を意味する made friends with ... の後ろにスッポリ収まるイメージです。正解は次の通り。

疑問詞の使い方……その3（関係詞お手軽変換編） **STEP 4**

⇒ ◎ **2. I made friends with {the man ＋ 〈who Nao may know〉} today.**

「今日（today）」のような「時」を表す表現は、名詞としても副詞としても使えるのでしたよね。この場合は、副詞として（前置詞ナシで）文頭でも文末でも好きな位置に入れてしまってOK。ただし、位置は文末の方が普通。

それでは最後に本格的な英作文をどうぞ。

> **Q** 「ウチの親父はボクが毎日読むブログを知らない」
> を英語で言うとどうなるでしょう？

「{〈ボクが毎日読む〉＋ブログ}」って部分が、{〈SがVする〉＋名詞}」という感じだから、英語では {名詞＋〈関係詞 S＋V〉} というカタチで表すんだよね。それで、この1セットが名詞1個分の働き！」

と考えて、文全体のカタチを、

「ウチの親父は {〈ボクが毎日読む〉＋ブログ} を知らない」

というふうにとらえるのがポイントです。

{〈ボクが毎日読む〉＋ブログ} という1セットは、まず「ブログ」に当たる **the blog** という名詞が最初。そして、その次に「関係詞」！ the blog というのは「人」以外を表す名詞だから、使う関係詞は **which**。さらにその後ろに残る「ボクが毎日読む」が続くカタチにして、

{〈ボクが毎日読む〉＋ブログ}
　⇒ {the blog ＋ 〈which I read every day〉}

というふうに表せばOK。文全体ではこの1セットが名詞1個分として、「ウ

チの親父は…を知らない」という意味を表す **My father doesn't know ...** の後ろに続く（know という動詞の**目的語**の位置にスッポリ収まる）感じ。つまり、正解は次の通り。

⇒ ◎ **My father doesn't know** {the blog ＋〈which I read every day〉}.

……いかがだったでしょうか？

「これまで、あんなに苦手だった関係（代名）詞のはずなのに、何かかなり簡単かも！」

と思っていただけていればうれしいです。
まあ、もちろん、細かい注意点をあげていくとホントにいろいろあって、それがまた難しかったりするんですけどね。

でも、まずは**関係詞を使う感覚に慣れる**意味でも、

日本語で、「〈(Sが) Vする〉＋名詞」といった感じの内容
　　⇔英語で、{名詞＋〈関係詞 (S＋) V〉} というカタチ

というのをしっかり意識し、「日本語⇔英語」の相互変換がしっかりできるようになるのが大事。

そして、その上で、この {名詞＋〈関係詞 (S＋) V〉} というカタチが、1セットで**名詞1個分**の働きをして、文の主語になったり、目的語になったり、補語になったり、前置詞の後ろに入ったり……と、すぐに思い浮かぶようになること。

とりあえず、現時点では、そこまでできれば文句ナシです。

疑問詞の使い方……その3（関係詞お手軽変換編） **STEP 4**

「ふくしゅう」舞踏会……4曲目

このSTEPでは、ついに「あの関係（代名）詞が登場！」なんですけど、「日本語：〈(Sが) Vする〉＋名詞⇔英語：名詞＋〈関係詞 (S＋) V〉」という「日本語と英語」の相互変換からはじめれば、そんなに難しくないと思います。そして、この相互変換の感覚を身につけた上で、「{名詞＋〈関係詞 (S＋) V〉} というカタチは、1セットで名詞1個分の働きをするんだ！」とイメージできるようになること。それこそが関係詞を使いこなすための大切な第一歩です。

> **Q** 日本語の内容に合う英文を書きましょう。
>
> 1. 私は、昨晩パーティーに来た人たちを知りません。
> 2. ボクたちが劇場で見たネコの名前はヒロシだった。
> 3. 玄関に（at the door）あなたに会いたいという男の人がいますよ。
> 4. キョウコがよく履くブーツは、彼が送ったブーツではない。

それではこのステップで学んだ「関係詞のお手軽変換」をおさらい。ポイントをアタマに叩き込んだ上で、満足のいく解答ができあがったら、p.151の「解答と解説」へ。

関係詞その1（お手軽変換編）

その1：日本語で「〈(Sが) Vする〉＋名詞」といった感じの内容を、英語では {名詞＋〈関係詞 (S＋) V〉} というカタチで表す。

その2：英語の関係詞に当たるのは、who、which、where、when といったいわゆる疑問詞である。ただし、疑問詞が関係詞の役割を果たす場

合には、「だれ、どれ、どこ、いつ」といったその疑問詞が本来表す意味から切り離して、「名詞の後ろに（主語 (S) と）動詞 (V) を使った詳しい説明をくっつけますよ」と示す単なる記号みたいな役割をしていると考えた方がよい。

その3：英語では、先行詞（関係詞の前に入る名詞のこと）の種類に応じて、いろいろな関係詞（＝疑問詞）を使い分ける。次の通り。

● 先行詞が「人」を表す名詞の場合、関係詞は who：
「人」を表す名詞＋〈who ...〉
● 先行詞が「人」以外（もの・動物など）を表す名詞の場合、関係詞は which：
「人」以外（もの・動物など）を表す名詞＋〈which ...〉
● 先行詞が「人」以外（もの・動物など）を表す名詞で、特に「場所」を表すニュアンスであれば、where という関係詞も使える：
「人」以外（場所）を表す名詞＋〈where ...〉
● 先行詞が「人」以外（もの・動物など）を表す名詞で、特に「時」を表すニュアンスであれば、when という関係詞も使える：
「人」以外（時）を表す名詞＋〈when ...〉

その4：ここまでの「その1」から「その3」までを踏まえて、実際の関係詞表現の例を出すと次の通り。

例1：〈その国に行ったことがある〉＋人々
　⇔ the people ＋〈who have been to the country〉
例2：〈彼が書いた〉＋曲
　⇔ the song ＋〈which he wrote〉
例3：〈彼が毎日、散歩をする〉＋公園
　⇔ the park ＋〈where he walks every day〉
例4：〈石油がなくなる〉＋日
　⇔ the day ＋〈when the oil runs out〉

疑問詞の使い方……その3（関係詞お手軽変換編） **STEP 4**

その5：〈関係詞（S+）V〉は、あくまでも1セットで前にある名詞を説明する形容詞の働き。よって、{名詞+〈関係詞（S+）V〉} というカタチは、1セットで大きな名詞1個分の扱いになる。つまり、実際の文においては、{名詞+〈関係詞（S+）V〉} というカタチが、主語、目的語、補語、あるいは前置詞の後ろといった文の中の名詞を入れられる位置に1セットでスッポリ収まるカタチで使われる。

例1：{〈その国に行ったことがある〉+人々} には会ったことがない。
 ⇒ I've never met {the people + 〈who have been to the country〉}.
      S   **V**   **O**

例2：{〈彼が書いた〉+曲} は実に素晴らしい。
 ⇒ {The song + 〈which he wrote〉} is really fantastic.
              S   **V**   **C**

例3：ボクたちは {〈彼が毎日、散歩をする〉+公園} で野球をした。
 ⇒ We played baseball at {the park + 〈where he walks every day〉}.
    S   **V**   **O** **前**   前置詞の後ろに入る名詞1個分の働き

例4：{〈石油がなくなる〉+日} が近いかもしれない。
 ⇒ {The day + 〈when the oil runs out〉} may be soon.
              S   **V**

解答と解説

1. 私は、昨晩パーティーに来た人たちを知りません。
 → I don't know the people who came to the party last night.

まず文全体のカタチを「私は、{〈昨晩パーティーに来た〉+人たち} を知りません」ととらえられるかがポイント。日本語で「(Sが) Vする+名詞」という感じの内容なら、英語では関係詞を使って、{名詞+〈関係詞（S+）V〉} のようなカタチで表せるのでしたよね？ {〈昨晩パーティーに来た〉+人たち} だったら、日本語では一番後ろに入る名詞（ここでは「人たち」）が一番前（=先行詞になる）。そして、その次が関係詞！ ココでは

先行詞が「人たち」という「人」を表す名詞なので、使う関係詞は **who**。そして、その後ろに、残る「昨晩パーティーに来た」に当たる内容を続ければOK。したがって、{the people ＋〈who came to the party last night〉} となります。

随分と長いけど、この1セットが**名詞1個分**の扱いでしたね？　文全体では「私は…を知りません」という感じだから、この1セットが **I don't know** ... の後ろに続くイメージ。つまり **know** という動詞の**目的語**の位置にスッポリ収まることになります。

2. ボクたちが劇場で見たネコの名前はヒロシだった。
　　→ The name of the cat which we saw at the theater was Hiroshi.

「『猫ひ●し』かよ！」というツッコミは置いておいて、この場合、文全体を「{〈ボクたちが劇場で見た〉＋ネコの名前} はヒロシだった」という感じでとらえられるかがポイント。{〈ボクたちが劇場で見た〉＋ネコの名前} という部分を {名詞＋〈関係詞 S＋V〉} というカタチで表すことになります。日本語では一番後ろに入る「ネコの名前」という名詞が英語では一番前に**先行詞**として入るカタチですよね。先行詞が「人」以外（もの・動物など）**を表す名詞**だから、使う関係詞は **which**。したがって、この部分は、{the name of the cat ＋〈which we saw at the theater〉} となります。文全体では、この1セットが**名詞1個分**の働きをして、主語の位置にスッポリ収まるカタチです。

3. 玄関にあなたに会いたいという男の人がいますよ。
　　→ There is a man who wants to see you at the door.

文全体を「玄関に {〈あなたに会いたいという〉＋男の人} がいますよ」ととらえること。「{〈あなたに会いたいという〉＋男の人} という部分が、{a man ＋〈who wants to see you〉} という関係詞を使う1セットのカタチになります。「あれっ？　日本語の『という』に当たる表現はどこ？」と思

疑問詞の使い方……その3（関係詞お手軽変換編）　**STEP 4**

う人もいるかもしれないけど、この場合、日本語の方を「{〈あなたに会いたいという〉＋男の人」⇒「{〈あなたに会いたがっている〉＋男の人」というふうに読み換えて、単純に **want to see ...**（…に会いたがっている）というカタチで表すのが最も簡単。こんなふうに英作文では、「**まず日本語そのものを英語で表しやすいカタチに読み換える（かみくだく）**」作業もときに必要になります。文全体では、この1セットが**名詞1個分**の働きをして、「**いる、ある**」という「**存在**」を表す **There is ...** の後ろに続くカタチ。その上で最後に、「**玄関に**」を意味する **at the door** をつけ足せば正解です。

4. キョウコがよく履くブーツは、彼が送ったブーツではない。
　→ The boots which Kyoko often wears aren't the ones which he sent ((to) her).

文全体を「{〈キョウコがよく履く〉＋ブーツ} は、{〈彼が送った〉＋ブーツ} ではない」という感じでとらえられるかがポイント。早い話、ひとつの英文の中に、2つの {名詞＋〈関係詞 S＋V〉} というカタチが入るわけです。日本語の「〈**S が V する**〉＋**名詞**」という感じの内容は、英語では {**名詞**＋〈**関係詞 S＋V**〉} というカタチになるわけだから、ここではそれぞれ、{〈キョウコがよく履く〉＋ブーツ} ⇔ {the boots ＋〈which Kyoko often wears〉}、{〈彼が送った〉＋ブーツ} ⇔ {the boots ＋〈which he sent ((to) her)〉} となります。ただし、このままでは **the boots** という同じ単語をそのまま繰り返すことになるので、後者は {the ones ＋〈which he sent ((to) her)〉} のように表す方が英語的。このように「**前に出ている名詞と種類は同じなんだけど、また別のもの**」を指すときには、**one** という代名詞を使います。

文全体では、それぞれが**名詞1個分**の働きをして、前者が文の**主語**、後者が**補語**の位置にスッポリ納まるカタチになります。後ろに〈which Kyoko often wears〉} という〈**関係詞 S＋V**〉がついているのでちょっとわかりにくいかもしれないけど、あくまでもこの文の主語に当たる名詞は **the boots** なので、文全体の動詞は **are(n't)** となることにも注意。

> **Q** 次の日本語の文の内容と、それに対する英語の文について、英文が正しければ○をつけ、間違っていれば正しい文に訂正しましょう。
>
> **1.** ボクらは自国を愛している人のことを「愛国者」と呼びます。
> You call the people which loves their own country patriots.
>
> **2.** 私は彼らが暮らす国に彼らが平和に暮らせる日が訪れることを望んでいます。
> I hope the day when they can live in safety will come to the country where they live.

解答と解説

1. ボクらは自国を愛している人のことを「愛国者」と呼びます。
　　× You call the people which loves their own country patriots.
　　　→ ○ You call the people who love their own country patriots.

まず文全体を「ボクらは {〈自国を愛している〉＋人} のことを『愛国者』と呼びます」ととらえること。つまり、文全体では、**call O C** のカタチで「**OをCと呼ぶ**」という意味を表す**SVOC**の文型。そして、その**目的語（O）** の位置に、{〈自国を愛している〉＋人} という意味を表す {**名詞＋〈関係詞 S＋V〉**} の１セットが**名詞１個分**の働きでスッポリ収まるイメージ。
全体のカタチが把握できたところで順に確認していくと……、まず日本語の文では「ボクらは…と呼びます」なのに、英語の文が **You call ...** なのはおかしいと思った人もいるかもしれませんが、英語では、**一般論を述べるときには you を主語にする**傾向があります。自分も相手も、ありとあらゆる人々を含んで、you を使う感じ。だから、この部分は問題ナシ。
問題なのは、{〈自国を愛している〉＋人} を意味する部分が、{the people ＋〈which loves their own country〉} などというカタチになっていることです。先行詞が「**人**」を表す名詞であれば、使う関係詞は **who** のはずで

疑問詞の使い方……その3（関係詞お手軽変換編） **STEP 4**

すよね。さらに、**関係詞の後ろに主語に当たる名詞がない場合**には、**先行詞**に応じて関係詞の後ろの動詞の後ろに **-(e)s** がついたりつかなかったりします。この場合、先行詞が the people なんだから、love の後ろに -(e)s なんてつけたらダメ。

2. 私は彼らが暮らす国に彼らが平和に暮らせる日が訪れることを望んでいます。
   ○ I hope the day when they can live in safety will come to the country where they live.

「何だコレ？」と思った人もいるかもしれないけど、これは一応、○（マル）。ポイントは文全体を「**私は {〈彼らが暮らす〉＋国} に {〈彼らが平和に暮らせる〉＋日} が訪れることを望んでいます**」というふうにとらえること。この中の {〈彼らが暮らす〉＋国} と {〈彼らが平和に暮らせる〉＋日} の2個所が、英語では {**名詞＋〈関係詞 S＋V〉**} のカタチになります。前者は英語では先行詞に当たる「国」という名詞が「**場所**」、後者は「日」という名詞が「**時**」を表すニュアンスなので、それぞれ **where**、**when** という関係詞を使えることに注意。したがって、{〈彼らが暮らす〉＋国} ⇔ {**the country ＋ 〈where they live〉**}、{〈彼らが平和に暮らせる〉＋日} ⇔ {**the day ＋ 〈when they can live in safety〉**} と表せることになります。
文全体では、**I hope ...（私は…を望んでいます）** という出だしに従属接続詞の that を使う 〈**that S＋V （＋その他）**〉 という**名詞1個分**の**働き**をする1セットが目的語として続くカタチですが、ここではその that が省略されています。要は、that が見えない that 節があって、その中の**主語**の位置に {**the day ＋ 〈when they can live in safety〉**} が、(come) to という**前置詞の後ろ**に {**the country ＋ 〈where they live〉**} がそれぞれ**名詞1個分の働き**でスッポリ収まるイメージ。何か名詞1個分の働きをする1セットばかりで、文のカタチがやけに複雑ですが、理論上はこういう英文もアリです。

STEP 5

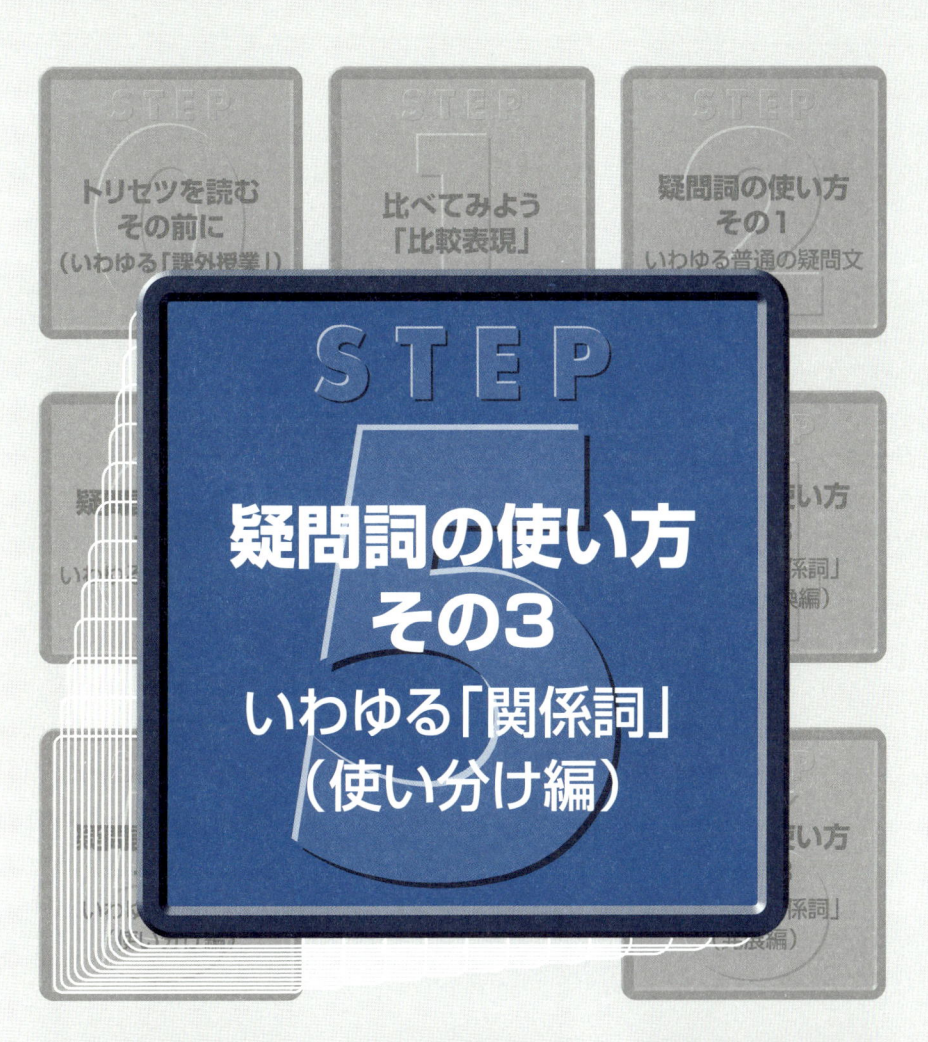

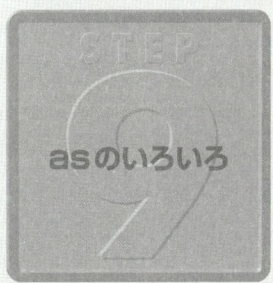

疑問詞の使い方 その3

いわゆる「関係詞」（使い分け編）

which それとも where？

ここまでに、

① 日本語で「(Sが) Vする＋名詞」といった感じの内容
　⇔英語で {名詞＋〈関係詞 (S＋) V〉} というカタチ
② 英語で関係詞の前にくる名詞（＝先行詞）が「人（人たち）」なら who、「人以外（もの・動物など）」なら which という関係詞を使う
③ 前にくる名詞（＝先行詞）が、「人以外（もの・動物など）」で、なおかつ、「場所」を表すなら where、「時」を表すなら when という関係詞も使える

と述べてきました。以上のポイントを踏まえて、次の問題をどうぞ。

> **Q** 次のカッコにはどんな関係詞が入るでしょう？
>
> 私たちが住んでいる町 ⇒ the city (　　) we live

「the city って『人以外（もの）』を表す名詞だから、関係詞は which でしょ？」
と思った人もいれば、
「the city って『場所』を表す名詞ともとれるから、where もアリでしょ？」
と思った人もいるだろうけど……。

正解を言ってしまうと、この場合、カッコに入る関係詞は where。which ではなく where じゃないといけないんです。では、もう1問。

> **Q** 次のカッコにはどんな関係詞が入るでしょう？
>
> 私のおじさんが訪れた国 ⇒ the country (　　) my uncle visited

「the country も『場所』を表す名詞ととれるから、やっぱり where でしょ？」
「the country って『人以外（もの）』を表す名詞だから、今度こそ関係詞は which でしょ？」

と、さっきと同じようにみんないろいろと考えてくれたと思うけど、この場合、正解は **where** じゃなくて **which** なんです。where と which のどっちでもイイというわけではなくて、**which** じゃないとダメなんです！

「？？？」
という人も多いはず。実はこれこそが、**関係詞の難しさ**。
日本語と英語では根本的なズレがあるため、

日本語で「(Sが) Vする＋名詞」といった感じの内容
　　⇔英語で ｛名詞＋〈関係詞 (S＋) V〉｝ というカタチ

というお手軽変換だけではどうしてもフォローしきれない部分もあるのです。だから、そこから一歩進んで、本当の意味で関係詞をちゃんと使いこなそうと思ったら、そうした**日本語と英語との根本的なズレを踏まえた「関係詞の本質」**というものを理解する必要アリ。

このステップでは、その辺りを確認しながら、みなさんに本当の意味で関係詞を使えるようになってもらおうと思います。**お楽しみに！**

日本語と英語のズレと関係詞の本質

「日本語と英語との根本的なズレ」を実感してもらうために、あらためて関係詞表現について考えてもらいましょう。まず、

1.〈財布を拾った〉＋女性
2.〈ボクが知らない〉＋女性

のような表現は、「財布を拾った」とか「ボクが知らない」のような（主語や）動詞を含むカタチを使って、それぞれ後ろに続く「女性」という名詞が「どんな女性であるか」を詳しく説明したものですね。

名詞を説明するものと言えば、「形容詞」！

……ということで、イメージとしては、「財布を拾った」とか「ボクが知らない」という（主語や）動詞を含むカタチが1セットで形容詞の働きをしている感じ。

日本語の場合、このように動詞を使って名詞を説明する感じにしたければ（動詞を含むカタチを1セットで形容詞のように使いたければ）、

1.〈財布を拾った〉　　　＋　　　女性
　＝〈動詞を含む説明部分〉＋　説明対象となる名詞
2.〈ボクが知らない〉　　＋　　　女性
　＝〈動詞を含む説明部分〉＋　説明対象となる名詞

みたいに、「『動詞を含む説明部分』と『説明対象となる名詞』をただ順番に並べるだけ」で十分です。

一方、英語ではこのように、（主語や）動詞を含むカタチを1セットで形容詞のように使う場合は、

疑問詞の使い方……その3（関係詞使い分け編） **STEP 5**

1. 〈財布を拾った〉＋女性
　　⇒ a woman ＋〈who picked up a purse〉
2. 〈ボクが知らない〉＋女性
　　⇒ a woman ＋〈who I don't know〉

のように、**{名詞＋〈関係詞（S＋）V〉}** という関係詞を使うカタチで表すというのがここまでの話。日本語との違いは……、

★ 日本語の場合は『女性』って『説明対象』に当たる名詞が後ろだったけど、英語の場合は **a woman** が前。つまり、順番が逆！
★ 英語では『説明対象』に当たる名詞と『動詞を含む説明部分』の間に、日本語にはない『関係詞』という語が入る。

というところでしたね？
では、あらためてズレを確認したところでいよいよ「**関係詞の本質**」へ。

〈財布を拾った〉のような、「**動詞を含むカタチ**」を使って「**女性**」のような**名詞**に説明を加える場合、英語人の頭の中に浮かんでいるのは、次のようなイメージだと考えてください。

1. 〈財布を拾った〉＋女性
　　⇒英語の発想：女性＋〈彼女（＝その女性）は財布を拾った（のだが）〉

「あっ、元の日本語にはなかった『彼女（＝その女性）は』って言葉が入ってる！」
って気づいてもらえましたか？　つまり、**説明したい名詞**の後ろに、**その名詞の言い換え**に当たる語を含んだ**〈S＋V〉のカタチ**をつけ足すようなイメージですね。「〈ボクが知らない〉＋女性」だったら、

2. 〈ボクが知らない〉＋女性
　　⇒英語の発想：女性＋〈ボクは彼女（＝その女性）を知らない（のだが）〉

という感じで、やはり説明したい名詞の後ろに、その名詞を言い換えた語を含む〈S+V〉のカタチをつけ足すイメージ。要するに、

「名詞の後ろに置く説明部分は、前にある名詞（=先行詞）を言い換えた表現を含む、主語（S）と動詞（V）が両方揃ったカタチにするのが英語の発想」

ってことです。で、もし、こうした発想をそのまま英語に直すとしたら、

1. 女性＋〈彼女（=その女性）は財布を拾った（のだが）〉
   ⇒ a woman ＋〈she picked up a purse〉
2. 女性＋〈ボクは彼女（=その女性）を知らない（のだが）〉
   ⇒ a woman ＋〈I don't know her〉

というふうになりそうな気がするかもしれないけど、このままじゃちょっとマズイ。なぜなら、コレだけでは、〈彼女は財布を拾った（のだが）〉や、〈ボクは彼女を知らない（のだが）〉が、前にある名詞を説明する役割、品詞で言うと、形容詞1個分の働きということにならないから。

では、一体どうすれば、〈S+V〉のような主語や動詞を含むカタチが1セットで形容詞1個分の働きをするカタチということになるかというと……ってところで、すぐにピーンときた人もいるでしょう。

そうです。従属接続詞を使えばいいのです。p.35では、

「〈S+V〉のような主語や動詞を含むカタチを、1セットで名詞や副詞のような何らかの品詞1個分として使おうと思ったら、原則として従属接続詞を頭につけて、〈従属接続詞 S+V（+その他）〉というカタチにしないといけない」

みたいなことを言っていましたよね。

疑問詞の使い方……その3（関係詞使い分け編） **STEP 5**

〈**S＋V**〉のような主語や動詞を含むカタチを、1セットで形容詞1個分として使う場合も、やはり従属接続詞を使わないとダメ！

それが英語人のイメージであり、英語の決まり。

それでは、実際、どんな従属接続詞を使えばいいのかと言えば、それがいわゆる関係詞。who とか which とか where とか when とかそういうヤツ。要するに、

「関係詞とは、〈S＋V〉のカタチを形容詞1個分の働きをする1セットとして、名詞にくっつけるための従属接続詞のこと」

なんです。「だったら、『関係詞』なんて変な名前つけるなよ。ブツブツ」とか、思わず文句を言いたくなる気持ちはよくわかる。でも、こういう変な名前がつくからにはそれなりに理由もあって、ここからが「ちょっと」というか、「**かなり！**」気をつけないといけないところ。もし、関係詞が普通の従属接続詞だったら、さっきの **1** は she の前に who が入るだけで、

1. 女性＋〈彼女（＝その女性）は財布を拾った（のだが）〉
　⇒ a woman ＋〈who she picked up a purse〉

となりそうだって気がしませんか？　でも、現実には

　⇒ ◎ a woman ＋〈who picked up a purse〉

のように、a woman の言い換えに当たりそうな she が消えたカタチが正解ということになるんです。なぜかというと、

「関係詞というのは、〈S＋V〉のカタチが形容詞1個分の働きをする1セットであることを示す従属接続詞の役割と、前の名詞（＝先行詞）の言い換えの役割の両方を同時にこなす語」

だから。もう少し言うと、

「関係詞は、前の名詞（＝先行詞）の言い換えとして使う語であり、ついでにそれに従属接続詞の働きも兼ねさせたカタチ」

というのがより正確かも。

その結果、どういうことが起こるかというと……、

1.〈財布を拾った〉＋女性
　⇒ 英語の発想：女性＋〈 彼女は 財布を拾った（のだが）〉
　⇒ これを直訳すると次のようになりそうなんだけど……：
　　× a woman ＋〈 she picked up a purse〉
　⇒ 実際には前にある 名詞の言い換え には関係詞を使う：
　　○ a woman ＋〈 who picked up a purse〉

という感じ。ここまではまだ「ふ〜ん」って程度かもしれないけど、こちらの例もどうぞ。

2.〈財布を拾った〉＋女性
　⇒ 英語の発想：女性＋〈ボクは 彼女を 知らない（のだが）〉
　⇒ これを直訳すると次のようになりそうなんだけど……：
　　× a woman ＋〈I don't know her 〉
　⇒ 実際には前にある 名詞の言い換え には関係詞を使うから次のようになりそうなんだけど……：
　　× a woman ＋〈I don't know who 〉
　⇒ 関係詞は従属接続詞の役割も兼ねるから、〈従属接続詞（＝関係詞）S＋V〉というカタチにしないとダメ！：
　　○ a woman ＋〈who I don't know 名詞の穴 〉

思わず目をゴシゴシした人もいたりして。このように、関係詞の **who/which** を使うときにも、後ろに「**名詞の穴**」が開くんです。

疑問詞の使い方……その3（関係詞使い分け編）　STEP 5

もっとも、**1** の a woman ＋〈who picked up a purse〉のように、関係詞が**主語**に当たる場合には、そもそも関係詞の who/which が1セットの頭にあるわけだから「**名詞の穴**」のことなんて考える必要はありませんけど。要するに、普通の疑問詞の who/which などを使う場合（p.78、p.104）と同じような感じですね。

ちなみに、関係詞の who/which の後ろにできる「**名詞の穴**」というのは、**先行詞を言い換える関係詞をスッポリ入れられる穴**、見方を変えると、**先行詞をそのままスッポリ入れられる穴**ということになります。例えば

a woman ＋〈who I don't know 名詞の穴 〉

だったら、「名詞の穴」に先行詞の a woman を入れてみると、

I don't know a woman .（私は ある女性を を知らない。）

という意味が通るひとつの独立した文ができあがりますよね。これって知っておくと、この先、役に立つことがあるかもしれない考え方。

……さて、英語人にしてみれば、

「**関係詞ってヤツは、一語で前の名詞の言い換え**の役割と、（前にある名詞を説明する）**形容詞**1個分の働きの〈**S＋V**〉がその後ろに続くことを合図する**従属接続詞**の役割も兼ねるんだ。スゴク合理的だろ？」

という感じ。でも、こういう「**英語の発想**」そのものが、「**(Sが) Vする＋名詞**」という日本語の場合の表し方とは**根本的に違う**ので、日本人が関係詞を自分で**正確に使おう**とか、関係詞の使われている文を**正確に理解しよう**と思ったら、当然、頭の切り替えが必要になってきます。

「**前にある名詞（＝先行詞）**を説明している部分に、前にある**名詞の言い換え**を入れるとすれば、どういう関係になるんだろう？　それでもって、

165

「『名詞の穴』はどこにあるんだろう？」

みたいなメンドクサイことまで考えないといけないのです。

なお、1セットで形容詞1個分の働きをする〈関係詞 (S＋) V（＋その他)〉というカタチを関係詞節とも呼びます。p.31でも説明した通り、主語 (S) と動詞 (V) を含むカタチが「節」です。ときには、〈who/which V（＋その他)〉というふうに、見た目上は主語がないように見える場合もあるんだけど、その場合は主語がないわけじゃなくて、前にある名詞の言い換えである関係詞の who や which が主語の役割をしているというのが正しい理解ですから。

疑問詞の使い方……その3（関係詞使い分け編） **STEP 5**

前置詞と関係詞

★ 関係詞は、前にある名詞（＝先行詞）の言い換えの役割と、「ボクの後ろに続く〈(S＋)V〉は前にある名詞を説明する形容詞1個分の働きですからね」と合図する従属接続詞の役割を兼ねる（従属接続詞の役割なので、位置は常に〈関係詞（＝従属接続詞）(S＋)V〉という感じで、関係詞節の頭になる）。

例：〈ボクが知らない〉＋女性
　⇒英語の発想：女性＋〈ボクは 彼女を 知らない（のだが）〉
　⇒ a woman ＋〈who I don't know 名詞の穴 〉

そんな「関係詞の本質」を押さえてもらった上で、問題です。

> **Q** 「ボクが毎日聴く曲」を英語で言うと正しいのはどっち？
>
> **1.** the song which I listen every day
> **2.** the song which I listen to every day

……正解は、みなさんの予想通り（？）かどうかはわからないけど、**2** です。考える手順を示すと次の通り。

〈ボクが毎日聴く〉＋曲
　　⇒英語の発想：曲＋〈ボクは それを 毎日聞く（のだが）〉
　　⇒これを直訳すると次のようになりそうなんだけど……：
　　　× the song ＋〈I listen to it every day〉
　　⇒実際には前にある 名詞の言い換え には関係詞を使うから次のようになりそうなんだけど……：
　　　× the song ＋〈I listen to which every day〉
　　⇒関係詞は従属接続詞の役割も兼ねるから、〈従属接続詞（＝関係詞）S＋V〉というカタチにしないとダメ！：

167

○ the song ＋〈which I listen to 名詞の穴 every day〉

ちなみに、前置詞の to を忘れたら絶対 ×（バツ）です。

日本語：「(Sが) Vする＋名詞」⇔英語：{名詞＋〈関係詞 (S＋) V〉}

というお手軽変換の感覚だけで考えたら、うっかり前置詞の to を忘れてしまいがちなので注意すること。

「でも、先行詞の言い換えとか従属接続詞の役割とかいちいち考えるのがメンドクセーなぁ」という人は、細かい理屈は全部抜きにして、

> 1. 関係詞の who/which を使うのなら、原則としてその後ろに前にある名詞（＝先行詞）をスッポリ入れられるような「名詞の穴」が開く（または開いたように見える）！
> 2. 関係詞の who/which を使うのに、「名詞の穴」が開かない（開いたように見えない）カタチというのは、不可！

というポイントだけを覚えておくのもアリ。

「あれっ、関係詞の who/which が関係詞節の中で主語の役割をする場合、『名詞の穴』なんて開かないんじゃなかったっけ？」

と思った人もいると思います。確かに厳密に言えば、その通りなんだけど、「関係詞が関係詞節の主語」という場合も、ぱっと見た感じでは、

⇒ a woman ＋〈who 名詞の穴 picked up a purse〉

のように、主語に当たる名詞がないように見えなくもない（関係詞の後ろだけを見ると、名詞の穴が開いているように見えなくもない）ですよね。

疑問詞の使い方……その3（関係詞使い分け編） **STEP 5**

こういう視点が「**カッコの中に、適切な関係詞を入れなさい**」みたいな問題を考える上では、大きなポイントになります。「**おっ、カッコの後ろに主語に当たる名詞がない（『名詞の穴』が開いている）っぽい。つまり、カッコの中に入るのは、who/which**」みたいな。ぜひ覚えておいてください。

> **Q** the book which we talked about last week
> を日本語にするとどうなるでしょう？

「ボクたちが先週について話した本？？」
と、うっかり読んでしまいがちなんだけど、そうじゃないですよね。**which を使う以上、必ずその後ろで「名詞の穴」が開いているはず**。だから、

the book ＋〈which we talked about 名詞の穴 last week〉
　⇒英語の発想：その本＋〈ボクたちは先週 それ について話した（のだが）〉
　⇒日本語らしい訳し方：〈先週、ボクたちが話した／話題にした）〉＋本

というふうに、**about** という前置詞の後ろに「**名詞の穴**」があって、そこに the book の言い換えである which がつながるイメージで読まないとダメなんです。つまり、about last week じゃなくて、**about which(＝ the book)** というつながりでとらえてやる必要があるってことですね。

「なるほどー」
と深く納得してもらった（？）ところで、こんなお知らせ。

the book ＋〈which we talked about 名詞の穴 last week〉
　⇒ the book ＋〈about which we talked last week〉

「……**about which**？？」と、一瞬戸惑ったかもしれないけど、理屈は簡単。

「which というのは、the book の言い換えで、意味的には、前置詞の about の後ろにつながるべき要素のはず。関係詞（which）は、従属接続詞の役割も兼ねるという都合上、前へ入れないといけないんだけど、about との関係もなかなかに深そう。……だったら、いっそのこと about which ってつながりを切り離さずに、**まとめて説明部分のトップへもっていってもいいんじゃない？**」

という発想ですね。このように、関係詞が「意味的には前置詞の後ろにつながる要素」という場合（関係詞だけを前に入れるなら、前置詞の後ろに「名詞の穴」が開くことになる場合）は、〈前置詞＋関係詞〉をひとまとめにして説明部分（関係詞節）のトップに入れるカタチもアリなんです。結構、苦手な人が多いカタチですけど。

この場合、関係詞の **who/which** を使うのに、その後ろに「名詞の穴」が**開かない例外的なカタチ**になるところに注意！

さっそく問題を解いて、確認。

> **Q** 「私が5年前、一緒に韓国を訪問した女の子」
> を英語で言うとどうなるでしょう？

〈私が5年前、一緒に韓国を訪問した〉＋女の子
　　⇒ 英語の発想：女の子＋〈私は5年前、彼女と 一緒に韓国を訪問した（のだが）〉
　　⇒ これを直訳すると次のようになりそうなんだけど……：
　　　× the girl ＋〈**I visited Korea with her** five years ago〉
　　⇒ 実際には前にある 名詞の言い換え には関係詞を使うから次のようになりそうなんだけど……：
　　　× the girl ＋〈**I visited Korea with who** five years ago〉
　　⇒ 関係詞は従属接続詞の役割も兼ねるから、〈従属接続詞（＝関係詞）

170

疑問詞の使い方……その3（関係詞使い分け編） STEP 5

　　S＋V〉というカタチにしないとダメ！：
　　○ the girl ＋〈who I visited Korea with 名詞の穴 five years ago〉

これが最も基本的な表し方なんだけど、the girl を言い換えた who は、前置詞の with の後ろにつながる要素（who だけを前に持っていくのなら、前置詞の with の後ろに「名詞の穴」が開くパターン）。だから、前置詞の with を〈with ＋関係詞〉という感じで関係詞と一緒に前に出してしまって、

⇒ ○ the girl ＋〈with whom I visited Korea five years ago〉

とするのもアリ。とか言われたら、

「……ちょっと待ってよ！　whom って何？？」

ってビックリした人もきっといるはず。簡単に言ってしまうと、**whom** というのは、who と同じく**先行詞が「人」を表す名詞の場合に使う関係詞**。昔は、**先行詞が「人」を表す名詞で、それを言い換える関係詞が、説明部分（＝関係詞節）の中の主語に当たる場合は who、目的語や前置詞の後ろに続く要素に当たる場合は whom** というふうに関係詞を細かく使い分けていたんです。ただし、きちんとこういう使い分けがされていたのは昔の話。**最近では、先行詞が「人」を表す名詞なら、いつでも関係詞は who を使うのが普通**なんだけど、

the girl ＋〈with whom I visited Korea five years ago〉

のように、〈前置詞＋関係詞〉を切り離さないで使うような場合は、今でも **whoではなく、whom を使う方が普通**とされています。もっとも、さらに最近では、「前置詞の後ろでも、who を使ってよし」という傾向もなきにしもあらずですが、試験対策を考えるのであれば、〈前置詞＋ whom/which〉というカタチを丸暗記しておけば問題ナシ。

ちなみに、文法用語では、**who** は言い換えの語が説明部分（＝関係詞節）の

171

中で主語に当たる場合に使う関係詞だから「**主格**」、**whom** は主に目的語に当たる場合に使う関係詞なので「**目的格**」と呼んだりもします。

さらに、**関係詞の who(m)、which** は、説明部分（＝関係詞節）の中で、前の名詞（＝先行詞）を**そのまま名詞として言い換えたもの**、言ってみれば、説明部分の中で**名詞の代わりをする関係詞**であることから、特に「**関係代名詞**」とも呼ばれたり。

「名詞の言い換えが名詞なのは当たり前でしょ？　関係詞＝関係代名詞でいいじゃん」

と、思う人もいるかもしれないけど、それがそうとも言い切れないのが、関係詞のまたメンドクサイところ。この続きは次ページ以降でたっぷりと。

関係副詞　その1（where）

Q　「私たちが住んでいる町」を英語で言うとどうなるでしょう？

お手軽変換の感覚で考えると、
〈私たちが住んでいる〉＋町 ⇔ the city ＋〈which we live〉
となりそうですが、もちろんこれではダメ。そろそろ感覚がつかめてきた人も多いと思うけど、念のため、しつこく考える手順を示すと次の通り。

〈私たちが住んでいる〉＋町
　⇒ 英語の発想：町＋〈私たちは それ（＝その町）の中に住んでいる（のだが）〉
　⇒ これを直訳すると次のようになりそうなんだけど……：
　　× the city ＋〈we live in it 〉
　⇒ 実際には前にある 名詞の言い換え には関係詞を使うから次のようになりそうなんだけど……：
　　× the city ＋〈we live in which 〉
　⇒ 関係詞は従属接続詞の役割も兼ねるから、〈従属接続詞（＝関係詞）S＋V〉というカタチにしないとダメ！：
　　◯ the city ＋〈which we live in 名詞の穴 〉

これが最も基本的な表し方なんだけど、前置詞の in の後ろに関係詞の which が意味的につながるパターンだから、**in which** という〈前置詞＋関係詞〉をひとまとめにして、前へ出してしまうのもアリ。

⇒ ◯ the city ＋〈in which we live〉

もう、ばっちりですね？　……ただし！　ここでは **the city** という前に入る名詞（＝先行詞）が、「場所」を表す名詞ともとれるということに注意。

こういうときには、別の関係詞を使うこともできましたよね？

「え〜っと、where って関係詞だっけ？」
と、思い出してもらったところで、あらためて正解を示すと次の通り。

〈私たちが住んでいる〉＋町
　　⇒ ○ the city ＋〈which we live in 名詞の穴 〉
　　⇒ ○ the city ＋〈in which we live〉
　　⇒ ○ the city ＋〈where we live〉

さて、ここでさらに注目してほしいのは、where という関係詞を使うカタチでは、前置詞の in が入っていないというところ！　こうして並べてみるとよくわかると思いますが、where は1語で〈前置詞＋ which〉の役割をする関係詞なのです。したがって、以下のカタチはどちらもダメ。

× the city ＋〈where we live in〉
× the city ＋〈in where we live〉

さて、ここでページをぐーんとp.24までさかのぼってほしいのですが、

「普通の『名詞』も、前に前置詞をつけて〈前置詞＋名詞〉というカタチにすることで、『副詞』と同じような働きをさせられる（文におまけ的につけ足せる）」

なんて話をしてましたよね。裏を返すと、「副詞は〈前置詞＋名詞〉と同じ役割ができる品詞」ということです。関係詞の where も1語で〈前置詞＋関係代名詞の which〉の代わりをすることができることから、「関係副詞」と呼ばれます。「関係代名詞の who、which は、前の名詞（＝先行詞）をそのまま名詞として言い換えたもの」であるのに対し、

「関係副詞の where は、先行詞が『場所』を表す名詞である場合に、それを『そこで・そこに（＝ there）』のような『場所』を表す副詞として言い

換えたもの」

と考えてください。ココで気をつけないといけないのは、**副詞には名詞の代わりはできない**というところ。つまり……

●〈ホテルのように見える〉＋建物
　⇒ 建物＋〈それ（＝その建物）はホテルのように見える（のだが）〉
　⇒ ○ the building ＋〈which looks like a hotel〉
　⇒ × the building ＋〈where looks like a hotel〉

先行詞が「場所」を表す名詞であっても、言い換えの語が説明部分（＝関係詞節）の**主語**に当たる要素（つまり**名詞の役割**）だから **where** はダメ。例えば、関係詞を補う穴埋め問題なんかでも、カッコの直後に動詞が続いている（主語に当たる名詞が見当たらない）場合、where を入れることはできないってこと。

●〈私のおじさんが訪れた〉＋国
　⇒ 国＋〈私のおじさんはそこ（＝その国）を訪れた（のだが）〉
　⇒ ○ the country 〈which my uncle visited 名詞の穴 〉
　⇒ × the country 〈where my uncle visited〉

先行詞が「場所」を表す名詞であっても、言い換えの語が説明部分（＝関係詞節）の visited の**目的語**に当たる要素（つまり**名詞の役割**）だから、**where** はダメ。例えば、関係詞を補う穴埋め問題なんかでも、目的語（他動詞の直後）や、前置詞の後ろに名詞が見当たらない（「名詞の穴」が開いているように見える）場合、where を入れることはできないってこと。

これで、p.158の疑問もきれいさっぱり解消されたはず。

まあ、関係副詞の where を使う上での基本的な考え方としては2通りあるのですが、どちらでも覚えやすい方でどうぞ。

★ 関係副詞の where は、説明したい名詞（＝先行詞）が場所を表す名詞で、特に、

① 先行詞の言い換えに、名詞扱いの which を使うとしたら、前置詞の後ろにつながる要素である場合に、〈前置詞＋ which〉の代わりに使える。
② 説明部分（関係詞節）の中で、先行詞を、『そこで・そこに』のような、there（＝『場所』を表す副詞）のニュアンスで言い換えることができそうな場合に使える。

いずれにしても、

★ 言い換えの語が、関係詞節の主語でも目的語でもない要素という場合にのみ使える！
★ where の後ろの主語の位置、目的語の位置、前置詞の後ろに「名詞の穴」が開いた感じになったらダメ（〈前置詞＋ where〉というカタチも不可）！

というところに注意。

> **Q** 「姉が行ったことがある国」を英語で言うとどうなるでしょう？

「行ったことがある」という「経験」は、have been という現在完了で表すことに注意。したがって、この場合、

〈姉が行ったことがある〉＋国
　⇒ 英語の発想：国＋〈姉は それ（その国）に行ったことがある（のだが）〉
　⇒ ◯ the country ＋〈which my sister has been to 名詞の穴 〉
　⇒ ◯ the country ＋〈to which my sister has been〉
　⇒ ◯ the country ＋〈where my sister has been〉

という3パターンで表すことが可能。ただし、先行詞を「**そこで・そこに（= there）**」と言い換えられそうな場合には、最初から次のように考えた方が**ラク**だし、実際、そうする英語人の方が多数です。

〈姉が行ったことがある〉＋国
　⇒ 英語の発想：国＋〈姉は そこに 行ったことがある（のだが）〉
　⇒ これを直訳すると次のようになりそうなんだけど……：
　　× the country ＋〈my sister has been there 〉
　⇒ 実際には前にある 名詞の言い換え には関係詞を使うから次のようになりそうなんだけど……：
　　× the country ＋〈my sister has been where 〉
　⇒ 関係詞は従属接続詞の役割も兼ねるから、〈従属接続詞（＝関係詞）S＋V〉というカタチにしないとダメ！：
　　○ the country ＋〈where my sister has been 副詞の穴 〉

なお、副詞は名詞と違って、文にあってもなくてもいいおまけ要素なので、「副詞の穴」は特に気にしなくてもOKです。

関係副詞　その2（when）

> **Q** 「私が恋に落ちた瞬間」を英語で言うとどうなるでしょう？
>
> ＊ヒント！　**at the moment** で「その瞬間に、今のところ・現在」という意味。

〈私が恋に落ちた〉＋瞬間
　⇒ 英語の発想：瞬間＋〈私は その瞬間 に恋に落ちた（のだが）〉
　⇒ これを直訳すると次のようになりそうなんだけど……：
　　 × the moment ＋〈I fell in love at the moment 〉
　⇒ 実際には前にある 名詞の言い換え には関係詞を使うから次のようになりそうなんだけど……：
　　 × the moment ＋〈I fell in love at which 〉
　⇒ 関係詞は従属接続詞の役割も兼ねるから、〈従属接続詞（＝関係詞）S＋V〉というカタチにしないとダメ！：
　　 ○ the moment ＋〈which I fell in love at 名詞の穴 〉

例によって、前置詞だけが後ろにポツンと残るカタチになるのが気になるので、前置詞の at を which と一緒に前に出してしまって、

⇒ ○ the moment ＋〈at which I fell in love〉

というふうに表すのもアリ。……ただし！　ここでは **the moment** という前に入る名詞（＝先行詞）が、「時」を表す名詞ともとれるということに注意。こういうときには、別の関係詞を使うこともできましたよね？

「え〜っと、**when** って関係詞だっけ？」
と、思い出してもらったところで、あらためて正解を示すと次の通り。

〈私が恋に落ちた〉＋瞬間
　⇒ ○ the moment ＋〈which I fell in love at 名詞の穴 〉

⇒ ○ the moment ＋ 〈at which I fell in love〉
⇒ ○ the moment ＋ 〈when I fell in love〉

when という関係詞を使うカタチでは、前置詞の **at** が入っていないというところに注目！　こうして並べてみるとよくわかると思いますが、**when** は１語で〈前置詞＋ which〉の役割をする関係詞なのです！

……というところで、あとの展開は予想できると思いますが、**when** もやっぱり**関係副詞**ということになります。注意点は次の通り。

★関係副詞の **when** は、説明したい名詞（＝先行詞）が『時』を表す語句で、特に、

① 先行詞の言い換えに、名詞扱いの **which** を使うとしたら、前置詞の後ろにつながる要素である場合に、〈前置詞＋ which〉の代わりに使える。
② 説明部分（関係詞節）の中で、先行詞を、『そのとき』のような、**then**（＝『時』を表す副詞）のニュアンスで言い換えることができそうな場合に使える。

いずれにしても、

★言い換えの語が、関係詞節の主語でも目的語でもない要素という場合にのみ使える！
★ **when** の後ろの主語の位置、目的語の位置、前置詞の後ろに「名詞の穴」が開いた感じになったらダメ（〈前置詞＋ when〉というカタチも不可）！

というところに注意。注意点を確認したところで、また問題。

> **Q** 「ボクらが決して忘れられない年」
> を英語で言うとどうなるでしょう？

うっかり、**the year** ＋〈**when** we can never forget〉なんて答えてしまった人は……次を参照。

〈ボクらが決して忘れられない〉＋年
　⇒英語の発想：年＋〈ボクらは その年を 決して忘れない（のだが）〉
　⇒これを直訳すると次のようになりそうなんだけど……：
　　× the year ＋〈we can never forget the year 〉
　⇒実際には前にある 名詞の言い換え には関係詞を使うから次のようになりそうなんだけど……：
　　× the year ＋〈we can never forget which 〉
　⇒関係詞は従属接続詞の役割も兼ねるから、〈従属接続詞（＝関係詞）S＋V〉というカタチにしないとダメ！：
　　○ the year ＋〈which we can never forget 名詞の穴 〉

この場合、**the year** という「時」を表す名詞が先行詞だけど、その言い換えが関係詞節の中で forget の後ろに続く**目的語**に当たるパターン、つまり**名詞**の役割を果たしているんだから、関係副詞の when は使えません。

疑問詞の使い方……その3（関係詞使い分け編） **STEP 5**

関係代名詞（？）の whose

関係副詞の **where** や **when** を見てきた今となっては、

「前にある名詞（＝先行詞）を『そこで・そこに（＝ there）』とか、『そのとき（＝ then）』みたいな副詞の役割に変えて言い換えるなんて、英語ってムチャな言語だなぁ」

と、思ったみなさんも中にはいるのではないかと思います。こうしたムチャな言い換えの最たる例がここで紹介する **whose**。その特徴は次の通り。

★ **whose** ⇒先行詞が何であろうと、とにかくその後ろに、その名詞が「…の」と言い換えられるカタチで登場する〈S+V〉を説明としてくっつけるときに使う関係代名詞。

とか言われると、

「『…の』って意味なのに『関係代名詞』？？」

と、不思議に思う人もいるかもしれないけど、**my**（私の）、**your**（あなたの）、**his**（彼の）、あるいは **Mike's**（マイクの）みたいなのは、「(代)名詞の所有格」って扱いになるんです。だから、**whose** も文法世界では、「関係代名詞の所有格」ってカテゴリーに分類されるってわけ。まぁ、こういう分類は気にせず、

「名詞の後ろには、その名詞が『…の』と言い換えられるカタチで登場する〈S+V〉を説明としてくっつけるパターンもアリ！」

って覚えておいてもらえばそれで十分ですけど。
例えば、**an apartment**（アパート）という名詞に対して、「そのアパートの家賃が高い」という感じで説明を加えようと思ったら、次の通り。

181

1. 英語の発想：アパート＋〈 それの 家賃が高い（のだが）〉
   ⇒これを直訳すると次のようになりそうなんだけど……：
   × an apartment ＋〈 its rent is high〉
   ⇒実際には前にある 名詞の言い換え には関係詞を使うから：
   ◯ an apartment ＋〈 whose rent is high〉

という感じ。これくらいならそんなに難しくないと思います。今度は a woman（とある女性）という名詞に対して、「ボクは彼女の写真を見た」という感じで説明を加える場合。

2. 英語の発想：とある女性＋〈ボクは 彼女の 写真を見た（のだが）〉
   ⇒これを直訳すると次のようになりそうなんだけど……：
   × a woman ＋〈I saw her picture〉
   ⇒実際には前にある 名詞の言い換え には関係詞を使うから次のようになりそうなんだけど……：
   × a woman ＋〈I saw whose picture〉

というところまではわかる人が多いと思います。で、この先は「関係詞は従属接続詞の役割も兼ねるから、〈従属接続詞（＝関係詞）S＋V〉というカタチにしないとダメ！」なはずですよね。でも、whose の場合、「『 彼女の 写真 』という感じで、whose が picture という名詞を説明しているのに、whose だけ前にもっていくのはマズイだろう？」というわけで、

⇒ × a woman ＋〈whose I saw whose の穴？ picture〉
⇒ ◯ a woman ＋〈whose picture I saw 名詞の穴 〉

という感じで〈whose＋名詞〉を1セットで、説明部分（＝関係詞節）の頭にもっていかないとダメ。結果として、saw の後ろ（目的語の位置）に「名詞の穴」が開いたカタチになります。
考え方としては、形容詞の役割を兼ねる疑問詞の whose とかの場合と近い感じ（p.79も参照）。なお、

疑問詞の使い方……その3（関係詞使い分け編） **STEP 5**

1. an apartment ＋〈whose rent is high〉

の場合、whose rent という、〈whose ＋名詞〉がセットで最初から説明部分（＝関係詞節）の頭に主語の役割で入っている感じなので、「名詞の穴」を特に気にする必要はありません。

さて、whose を使う上で最も厄介なのは、次のようなところ。

1. 英語の発想：アパート＋〈 それの 家賃が高い（のだが）〉
　　⇒日本語らしい言い方：〈家賃が高い〉＋アパート
2. 英語の発想：とある女性＋〈ボクは 彼女の 写真を見た（のだが）〉
　　⇒日本語らしい言い方：〈ボクが写真を見た〉＋女性

「……あれっ、『英語の発想』を『日本語らしい言い方』に変えたら、『それの』とか『彼女の』みたいな関係詞の whose が表す意味が消えちゃってる！」

と、気づいてもらえたでしょうか？　これは日本語と英語のズレから起こる現象で、日本語の「〈(Sが) Vする〉＋名詞」という言い方には、
「『説明部分』に当たる〈(Sが) Vする〉の中に、『説明対象』に当たる名詞（を指すような表現）を含んではいけない」
という「暗黙の了解」みたいなものがあるのです。でも、

1.〈家賃が高い〉＋アパート
2.〈ボクが写真を見た〉＋女性

みたいな日本語らしい言い方をいきなり見せられても、**関係詞の whose を使うという発想**はなかなか出てこないもの。だから、ついうっかり、

⇒ × **1.** an apartment ＋〈which/where rent is high〉
⇒ × **2.** a woman ＋〈who I saw picture〉

みたいなお手軽変換をしがちなんですけど、そうじゃないですよね。

183

関係詞の **who/which** を使うのなら（〈前置詞＋ whom/which〉というカタチにならない限り）**必ず後ろに「名詞の穴」が開く（または開いたように見える）はずなのに**、それがないということは、who/whichを使うのはムリ。

1 の場合、見た目的には関係副詞の **where** はかなりアリっぽいけど、関係副詞の where を使えるのは、先行詞を『**そこで・そこに（= there）**』という**副詞のニュアンスで言い換える場合**でしたよね。でも、「そこで [そこに] 家賃が高い？」という解釈はちょっとムリがある感じ。

こういうふうに各関係詞の特徴を踏まえた上で、「**関係詞は前の名詞の言い換えを兼ねるんだ！**」という「**英語の発想**」をしっかり意識して、日本語からは見えない「その」とか「彼女の」みたいな言い換えのニュアンスを見つけ出すこと。**whose は、日本語らしい言い方 を 英語の発想 に読み換える意識がなければ、なかなか使えない関係詞**なんです。

> **Q** 次の日本語表現を英語にすると、どうなるでしょう？
>
> **1.** お父さんが銀行で働いている男の子
> **2.** 一部の科学者が存在（existence）を知っている物質（substance）

頭をひねって、次のような「**英語の発想**」をしっかりと導き出すこと。

1. 〈お父さんが銀行で働いている〉＋男の子
 ⇒ 英語の発想：男の子＋〈 彼の（＝その男の子の） お父さんが銀行で働いている（のだが）〉
 ⇒ これを直訳すると次のようになりそうなんだけど……：
   × a/the boy ＋〈 **his** father works in a bank〉
 ⇒ 実際には前にある 名詞の言い換え には関係詞を使うから……：
   ○ a/the boy ＋〈 **whose** father works in a bank〉

疑問詞の使い方……その3（関係詞使い分け編） **STEP 5**

2. 〈一部の科学者が存在を知っている〉＋物質
　⇒英語の発想：物質＋〈一部の科学者が それの（＝その物質の） 存在を知っている（のだが）〉
　⇒これを直訳すると次のようになりそうなんだけど……：
　　× the substance ＋〈some scientists know its existence〉
　⇒実際には前にある 名詞の言い換え には関係詞を使うから次のようになりそうなんだけど……：
　　× the substance ＋〈some scientists know whose existence〉
　⇒whose の場合は〈whose＋名詞〉をセットで前に出さないとダメ！：
　　○ the substance ＋〈whose existence some scientists know 名詞の穴 〉

「言い換え可能」な関係詞と「省略可能」な関係詞

ちょっとしつこいけど、「関係詞の使い分け」の基準をもう一度。

★ who ⇒ 先行詞が「人」を表す名詞で、かつそれをそのまま名詞として言い換える関係代名詞。
★ which ⇒ 先行詞が「人以外（もの・動物など）」を表す名詞で、かつそれをそのまま名詞として言い換える関係代名詞。
★ where ⇒ 先行詞が「場所」を表す名詞で、かつそれを「そこに・そこで（= there）」のような「場所」を表す副詞として言い換える関係副詞。
★ when ⇒ 先行詞が「時」を表す名詞で、かつそれを「そのとき（= then）」という「時」を表す副詞として言い換える関係副詞。
★ whose ⇒ 先行詞が何であろうと、とにかくその名詞を「…の」という感じで言い換えるときに使う関係詞。

こうして並べてみると、そもそもノーマルな名詞でしかない先行詞を「副詞」に言い換えたり、あるいは「…の」という所有格に言い換えたりする where、when、whose と比べて、先行詞を「そのまま名詞として」言い換えるだけの who、which って、「単なる先行詞の繰り返しですよ」と合図するだけの、あまり存在に重みのない関係詞という気がしませんか？

「だったら別に、who とか which とかいちいち使い分ける必要ないんじゃない？ 何か別の適当な単語に代わりをさせてもいいんじゃない？」

ということで、誕生したのが次のような言い換え表現。

〈このコンサートに来た〉＋人たち
    ⇒ the people ＋〈who came to this concert〉
    ⇒ the people ＋〈that came to this concert〉
〈ショーコが昨日読んだ〉＋雑誌
    ⇒ the magazine ＋〈which Shoko read yesterday〉
    ⇒ the magazine ＋〈that Shoko read yesterday〉

疑問詞の使い方……その3（関係詞使い分け編） **STEP 5**

要するに、**関係代名詞の who や which は that でも言い換え可能**ってこと。先行詞が「人」だから who とか、「人以外（もの・動物）」だから which とか、そういう細かい使い分けを考えるのが面倒ということもあって、that は非常によく使われます。

ただし！ that は原則として、関係代名詞の who、which の代わりをする表現で、**関係副詞の where を that で代用することは基本的に不可**とされています。関係代名詞の whose に関しては、**that で代用するのはカンペキに不可**です。

……でも、なぜか**関係副詞の when の代わりに that を使うのはアリ**だったりして。関係副詞の when は先行詞が「時」を表す名詞のときに使うのでしたよね。「『時』を表す表現は名詞としても副詞としても使える特別表現」ということで、that の役割も何だか特別パターンになってしまっている感じ。この辺はガマンして丸暗記してください。

それでは、この辺で問題。

> **Q**　「タカとタケシとキョウとサットンが生まれた県」を英語にする場合、どちらがより自然？
>
> **A.** the prefecture that Taka, Takeshi, Kyo and Satton were born
>
> **B.** the prefecture that Taka, Takeshi, Kyo and Satton were born in

〈タカとタケシとキョウとサットンが生まれた〉＋県

という「〈**S＋V**〉＋名詞」のカタチなので、英語では関係詞を使う表現になりそうですね。**A**、**B** はどちらも that が使われていますが、先にも述べた通り、**関係代名詞の which は that で代用できるけど、関係副詞の where**

187

を that で代用するのは基本的に不可。

要するに、この that は which の代わりということです。関係代名詞の which を使うときには、その後ろに関係詞（＝先行詞）をそのまま入れられるような「名詞の穴」が開いていないとダメだから、正解は次の通り。

⇒ ◎ **B. the prefecture that Taka, Takeshi, Kyo and Satton were born in 名詞の穴**

なお、that は関係代名詞の who/which の代わりができるといっても、who/which とは違って、〈前置詞＋that〉というカタチにはできません。したがって、次のような表し方はできないのでご注意を。

⇒ × **the prefecture in that Taka, Takeshi, Kyo and Satton were born**

さて、「関係詞にあまり重要度がない場合には、that で言い換え可能」というのはすでに述べた通りですが、こうなると次に芽生えるのは、

「……うーん。言い換えの言葉を that で簡単に済ませるのもいいけど、そもそも言い換えの言葉を挟むこと自体メンドクサイよね。もう、この際、何にも挟まなくってもいいんじゃない？」

って悪しき考え。ということで、とうとう、

〈ショーコが昨日読んだ〉＋雑誌
　⇒ **the magazine ＋〈which Shoko read yesterday〉**
　⇒ **the magazine ＋〈that Shoko read yesterday〉**
　⇒ **the magazine ＋〈Shoko read yesterday〉**

みたいに、説明対象に当たる**名詞**と説明部分に当たる〈**S＋V**〉の間に**関係詞**を一切入れない言い方も出来上がってしまいました。

疑問詞の使い方……その3（関係詞使い分け編） **STEP 5**

ちなみに、**that** で言い換え可能な関係詞の多くは、省略も可能なんだけど、

1.〈このコンサートに来た〉＋人たち
　⇒ **the people** ＋〈**that** came to this concert〉

のような関係詞が説明部分（＝関係詞節）の主語に当たる場合は、例外的に関係詞を省略不可。なぜなら、こういう表現から関係詞を取り除くと、

the people came to this concert

というカタチになってしまい、「その人たちがこのコンサートに来た？？」という意味に誤解させてしまう可能性が高いから。

中には、
「関係詞が省略されている場合、それをどうやって見抜けばいいの？」
と、不安に思う人もいるかもしれませんが、コレは簡単。「関係詞が説明部分（＝関係詞節）の主語に当たる場合は、省略不可」ということは、裏を返せば、
「関係詞が省略可能なのは、関係詞が主語以外の要素のとき（主語の位置に何らかの名詞が入っているタイプ）」
ということですから。だから、関係詞が省略される表現というのは、

1. the blog ＋ **my brother** reads every day
　　名詞その1　　名詞その2
2. the language ＋ **Tom** can understand
　　名詞その1　　名詞その2

という感じで、〈名詞その1＋名詞その2＋（助）動詞 …〉というふうに名詞が2つ連続して、その後ろに（助）動詞が続くカタチになるのが原則なんです。こういうふうに名詞が2つ連続してでてきたら、「**関係詞の省略があるんじゃないの？**」と意識する！　そういう心の準備が大切。「**備えあれば憂いなし**」というやつです。

189

なお、関係詞が省略されているタイプの英文は、

1. ブログ（なんだけど）、オレのアニキが毎日読んでるブログ（でぇ）……
2. 言語（なんだけど）、トムが理解できる言語（でぇ）……

という感じで理解するようにすると、英語の語順通りに意味をとりやすいのでおすすめです。

> **Q** 「あなたが帽子を置いたテーブル」を英語にする場合、どちらがより自然？
>
> **A.** the table you put your hat on
> **B.** the table you put your hat

〈名詞その１＋名詞その２＋動詞 ...〉というカタチになっているところから、「関係詞を省略したカタチ！」と見抜いてほしいところ。

A. the table ＋〈関係詞の省略 you put your hat on〉
B. the table ＋〈関係詞の省略 you put your hat〉

というイメージでとらえるとわかりやすいと思います。
Aと**B**はどちらもよく似ているけど、**A**には前置詞の **on** があって、**B**にはないという点に注意。見方を変えると、**A**には **on** の後ろに「名詞の穴」があるけど、**B**には「名詞の穴」がないということになりますよね。

で、もうひとつ思い出してほしいのは、**省略可能な関係詞は基本的に that で言い換えが可能なもの**（ただし、関係詞が説明部分（＝関係詞節）の主語に当たる場合を除く）ということ。**関係副詞の where を that で代用するのは基本的に不可**でしたよね。ということは、**関係副詞の where を省略するのもムリ**。

疑問詞の使い方……その3（関係詞使い分け編） **STEP 5**

つまり、省略されている関係詞があるとしたら、それは where ではなくて、which と考えないといけないのです。そして、関係代名詞の which を使うときには、その後ろに関係詞（＝先行詞）をそのまま入れられるような**「名詞の穴」が開いたカタチになっていないといけない**わけで、正解は、

⇒ ◎ **A. the table ＋〈you put your hat on 名詞の穴 〉**

となります。

なお、「あなたが帽子を置いたテーブル」は、

① the table ＋〈which you put your hat on〉
② the table ＋〈on which you put your hat〉
③ the table ＋〈where you put your hat〉
④ the table ＋〈that you put your hat on〉
⑤ the table ＋〈you put your hat on〉

という実に5通りもの表し方が可能だったり。

「ふくしゅう」舞踏会……5曲目

関係詞には、「前の名詞（＝先行詞）の言い換え」という一面もあります。さらに、前の名詞をどう言い換えるかで、使う関係詞も変わってくるというのが困ったところ。したがって、関係詞を正しく使い分けようと思ったら、日本語の「〈（Sが）Vする〉＋名詞」という言い方を、「名詞＋〈前の名詞の言い換えを含むS＋Vのカタチ〉」という、「英語の発想」に一度読み換えた上で、英語に直す必要があります。それさえできれば、苦手な人が多い〈前置詞＋関係詞〉や whose も確実に使い分けられるはず。

> **Q** カッコ内に適切な語を入れて、英文を完成させましょう。
>
> **1.** そのセールスの人が私たちに見せた家は、ステキだったけど高かった。
> The house (　　) the salesperson showed us was nice but expensive.
>
> **2.** そのセールスの人が住んでいる家は、3年前に建てられました。
> The house (　　) the salesperson lives was built three years ago.
>
> **3.** 私はあなたたちが我が家で過ごした日を決して忘れません。
> I'll never forget the days (　　) you spent at my house.
>
> **4.** あなたはあの子たちが我が家に泊まった日を覚えていますか？
> Do you remember the days (　　) the kids stayed at my house?
>
> **5.** あれはオレが彼女と出会ったカフェじゃないよ。
> That's not the café at (　　) I met her.
>
> **6.** 思うに、彼女は服装がしょぼい人とはつき合わないんじゃないかな。
> I guess she doesn't go out with anybody (　　) clothes are shabby.

疑問詞の使い方……その3（関係詞使い分け編） **STEP 5**

それではこのステップで学んだ「**関係詞の使い分け**」をおさらい。ポイントをアタマに叩き込んだ上で、満足のいく解答ができあがったら、p.198の「**解答と解説**」へ。

関係詞その2（使い分け編）

そのゼロ（大前提）：日本語で「〈（Sが）Vする〉＋名詞」といった感じの内容を、英語では ｛名詞＋〈関係詞（S＋）V〉｝ というカタチで表す。〈関係詞（S＋）V〉は前にある名詞を説明する形容詞1個分の働きをする1セットであり、「関係詞節」と呼ばれる。

その1：「関係詞」は、関係詞節の中で、
① 前の名詞（＝先行詞）の言い換え
② 従属接続詞
という2つの役割を同時にこなす。前の名詞をどう言い換えるかが関係詞の使い分けにも影響するので、関係詞を正しく使いこなすには、日本語の「〈（Sが）Vする〉＋名詞」という言い方を、「名詞＋〈前の名詞の言い換えを含むS＋Vのカタチ〉」という、「英語の発想」に一度読み換える必要がある。

その2：前の名詞の言い換えが関係詞節の中で主語、目的語、前置詞の後ろに続く要素といった名詞の役割をする場合、名詞扱いの関係詞である **who/which** で言い換える。なお、who/which は関係詞節の中で名詞の役割をすることから、特に「関係代名詞」と呼ばれる。

例1：〈彼の曲が好きな〉＋女の子
　⇒英語の発想：女の子＋〈彼女は 彼の曲が好き（なのだが）〉
　⇒これを直訳すると次のようになりそうなんだけど……：
　　× a girl ＋〈 she likes his song〉
　⇒実際には前にある 名詞の言い換え には関係詞を使う：
　　○ a girl ＋〈 who likes his song〉

→先行詞である a girl が「人」を表す名詞で、かつその言い換えが、関係詞節の中で主語（＝名詞）の役割なので、使う関係詞は who。この場合、who が関係詞節の中で主語の役割をしていることになる。

例2：〈彼女が読んだ〉＋雑誌
　⇒英語の発想：雑誌＋〈彼女が それを 読んだ（のだが）〉
　⇒これを直訳すると次のようになりそうなんだけど……：
　　× a magazine ＋〈she read it 〉
　⇒実際には前にある 名詞の言い換え には関係詞を使うから次のようになりそうなんだけど……：
　　× a magazine ＋〈she read which 〉
　⇒関係詞は従属接続詞の役割も兼ねるから、〈従属接続詞（＝関係詞）S＋V〉というカタチにしないとダメ！：
　　○ a magazine ＋〈which she read 名詞の穴 〉
→先行詞である a magazine が「人以外」を表す名詞で、かつその言い換えが、関係詞節の中で目的語（＝名詞）の役割なので、使う関係詞は which。ただし、which は関係詞節の中の目的語の位置を離れて、前に出ているので、後ろに「名詞の穴」が開くイメージ。

その3：関係代名詞の who/which を使うときには、その後ろが、何らかの名詞が抜けているような（「名詞の穴」が開いたような）カタチになる。関係詞の空所補充問題などでは、そこを使い分けの目印にするとよい。

例1：a girl (　　　) likes his song.
→カッコの後ろに主語がない（主語の位置に「名詞の穴」が開いているように見える）ので、空所には関係代名詞の who が入る。

例2：a magazine (　　　) she read
→ read の後ろに目的語がない（目的語の位置に「名詞の穴」が開いているように見える）ので、関係代名詞の which が入る。

例3：the plan (　　　) she complained of
→ of という前置詞の後ろに名詞がない（前置詞の後ろに「名詞の穴」が開いているように見える）ので、関係代名詞の which が入る。

疑問詞の使い方……その3（関係詞使い分け編） **STEP 5**

その4：関係詞節の中で、前の名詞の言い換えが前置詞の後ろに続く要素である場合、〈前置詞 whom/which S＋V〉というカタチも可能。

例：〈彼女が文句をつけた〉＋計画
　　⇒英語の発想：計画＋〈彼女がそれに文句をつけた（のだが）〉
　　⇒the plan ＋〈which she complained of 名詞の穴 〉
　　⇒the plan ＋〈of which she complained〉
→〈前置詞＋ whom/which〉を前に出す場合、例外的に who(m)/which の後ろに「名詞の穴」が開かないカタチになる。

その5：関係詞の where は「関係副詞」と呼ばれ、次のような場合にしか使えない。考え方としては2通り（どちらの考え方でもよい）。

①説明したい名詞（＝先行詞）が「場所」を表す名詞で、その言い換えに、名詞扱いの which を使うとしたら、前置詞の後ろにつながる要素である場合に、〈前置詞＋ which〉の代わりに使える。

例：〈ボクたちがテニスをした〉＋公園
　　⇒英語の発想：公園＋〈ボクたちは その公園 でテニスをした（のだが）〉
　　⇒the park ＋〈which we played tennis in 名詞の穴 〉
　　⇒the park ＋〈in which we played tennis〉
　　⇒the park ＋〈where we played tennis〉

②説明したい名詞（＝先行詞）が「場所」を表す名詞で、かつそれを関係詞節の中で、「そこで・そこに」のような there（＝『場所』を表す副詞）のニュアンスで言い換え可能な場合のみ使える。

例：〈ボクたちがテニスをした〉＋公園
　　⇒英語の発想：公園＋〈ボクたちはそこでテニスをした（のだが）〉
　　⇒the park ＋〈where we played tennis〉

その6：関係詞の when も「関係副詞」に分類され、次のような場合に

しか使えない。where と同様、考え方としては2通り（どちらの考え方でもよい）。

① 説明したい名詞（＝先行詞）が「時」を表す名詞で、その言い換えに、名詞扱いの which を使うとしたら、前置詞の後ろにつながる要素である場合に、〈前置詞＋ which〉の代わりに使える。

例：〈彼女が生まれた〉＋日
　⇒ 英語の発想：日＋〈彼女は その日 に生まれた（のだが）〉
　⇒ the day ＋〈which she was born on 名詞の穴 〉
　⇒ the day ＋〈on which she was born〉
　⇒ the day ＋〈when she was born〉

② 説明したい名詞（＝先行詞）が「時」を表す名詞で、かつそれを関係詞節の中で、「そのとき」のような then（＝「時」を表す副詞）のニュアンスで言い換え可能な場合のみ使える。

例：〈彼女が生まれた〉＋日
　⇒ 英語の発想：日＋〈彼女はそのとき生まれた（のだが）〉
　⇒ the day ＋〈when she was born〉

その7：関係詞の中でも where/when は副詞扱い（関係副詞）なので、以下のような点に注意すること。

① 言い換えの語が、関係詞節の主語でも目的語でもない要素という場合にしか使えない！
② where/when の後ろの主語の位置、目的語の位置、前置詞の後ろに、「名詞の穴」が開いた感じになったらダメ！ 〈前置詞＋ when/where〉というカタチも不可。

その8：先行詞が何であろうと、それが関係詞節の中で「…の」と言い換えられるなら、whose という関係詞を使う。

疑問詞の使い方……その3（関係詞使い分け編） **STEP 5**

例1：〈名前がAではじまる〉＋少年
　⇒英語の発想：少年＋〈 その少年の名前は Aではじまる（のだが）〉
　⇒the boy ＋〈 whose name begins with A〉
→〈whose ＋名詞〉というカタチは、関係詞節の中で、1セットで名詞1個分の働きをする。つまり、1セットで主語だったり、目的語だったり、前置詞の後ろに続く要素だったりする。この場合は主語。
例2：〈ボクたちが名前を知らない〉＋少年
　⇒英語の発想：少年＋〈ボクたちは その少年の名前を 知らない（のだが）〉
　⇒the boy ＋〈whose name we don't know 名詞の穴 〉
→〈whose ＋名詞〉という1セットが、関係詞節の中で主語以外の要素に当たる場合、この1セットがそのまま関係詞節の頭に移動することになり、結果として〈whose ＋名詞〉の後ろを見れば、「名詞の穴」が開いたような感じになる。

その9：関係詞の who、which、when の代わりに that を使うことも可能である。ただし、that の前に前置詞を移動させて、〈前置詞＋ that〉というカタチにすることはできない。

例1：a girl ＋〈who likes his song〉
　⇒ ○ a girl ＋〈that likes his song〉
例2：the park ＋〈which we played tennis in 名詞の穴 〉
　⇒ ○ the park ＋〈that we played tennis in 名詞の穴 〉
　⇒ × the park ＋〈in that we played tennis〉
例3：the day ＋〈which she was born on 名詞の穴 〉
　⇒ △ the day ＋〈that she was born on 名詞の穴 〉
　⇒ ○ the day ＋〈when she was born〉
　⇒ ○ the day ＋〈that she was born〉
→先行詞が「時」を表す名詞で、関係副詞の when を使える場合、that は関係代名詞の which ではなく when の代わりに使うのが普通。

その10：that で代用可能な関係詞は、〈関係詞 V〉のカタチになる場合

（＝関係詞節の中で主語の役割をする場合）を除いて、すべて省略可能。

例1：the park ＋〈which we played tennis in 名詞の穴 〉
　⇒ ○ the park ＋〈that we played tennis in 名詞の穴 〉
　⇒ ○ the park ＋〈we played tennis in 名詞の穴 〉
例2：a girl ＋〈who likes his song〉
　⇒ ○ a girl ＋〈that likes his song〉
　⇒ × a girl ＋〈likes his song〉

解答と解説

1. そのセールスの人が私たちに見せた家は、ステキだったけど高かった。
The house which/that the salesperson showed us was nice but expensive.

「〈そのセールスの人が私たちに見せた〉＋家」という内容から、カッコに入るのが関係詞というのは問題ないですね？　英語の発想で言うと、「家＋〈そのセールスの人が私たちにそれを見せた（のだが）〉」という感じ。「人にものを見せる」という意味は、〈show 人＋もの〉というカタチで表せます。show（見せる）という動詞は、「人⇒もの」という順番なら、後ろに前置詞ナシで名詞（＝目的語）を2つ続けられるSVOOタイプの動詞。つまり、**先行詞の言い換えの語が名詞（＝目的語）に当たるパターンだから、カッコには関係代名詞の which を入れればOK**。関係詞の who/which/when の場合は、**代わりに that も使える**から、that でも問題ナシ。「カッコに入れろ」という問題なので、正解は which か that ですが、言い換えの語が主語の役割ではないので、関係詞を省略してしまうカタチも英文としてはアリ。
なお、英文だけ見て、「show は『人⇒もの』という順番であれば、後ろに前置詞ナシで名詞を2個続けられるはずなのに、ここには名詞がひとつしかないよね。つまり、us の後ろの2番目の目的語の位置に『名詞の穴』が開いているってことだから、関係詞の which か that が入れられるよね」と、考えるのもひとつの手。「**先行詞が the house** って感じで、場所っぽいから

疑問詞の使い方……その3（関係詞使い分け編）　STEP 5

where！」なんて、安易に考えないこと（**where** はバツ！）。

2. そのセールスの人が住んでいる家は、3年前に建てられました。
　　The house where the salesperson lives was built three years ago.

「〈そのセールスの人が住んでいる〉＋家」という感じなので、カッコに入るのはやっぱり関係詞。英語の発想だと、「家＋〈そのセールスの人がそれ（＝その家）に住んでいる（のだが）〉」という感じ。「それ（＝その家）に住んでいる」は、**live in it**（＝ **the house**）と英語では表せるんだけど、英文には in という前置詞が見当たりません。というわけで、〈前置詞＋ which〉の代わりができる関係副詞の **where** をカッコに入れれば正解。英語の発想の時点で、「家＋〈そのセールスの人がそこに（= there）住んでいる〉」というとらえ方をしても、関係副詞の where を導き出すことは可能。ちなみに、前置詞の in を英文の中に入れる場合には、次のような表し方も可能です。

⇒ {The house ＋ 〈(which/that) the salesperson lives in 名詞の穴 〉}
was built three years ago. ＊which、that を省略してもOK。
⇒ {The house ＋ 〈in which the salesperson lives〉} was built three years ago.

3. 私はあなたたちが我が家で過ごした日を決して忘れません。
　　I'll never forget the days which/that you spent at my house.

「〈あなたたちが我が家で過ごした〉＋日」という感じなので、これまた補うのは関係詞。英語の発想に直すと、「日＋〈あなたたちはその日を我が家で過ごした（のだが）〉」という感じ。つまり、言い換えの語が「過ごす」を意味する **spend** という動詞の目的語だから、カッコに入るのは関係代名詞の **which** か、その代わりをする **that**。英文としては、何も入れないままのカタチもアリ。考え方としては、英文だけを見て、spent という動詞の後ろに名詞（目的語）が入っていない、つまり、spent の後ろに「名詞の穴」が

199

開いた感じだから which/that と考えてもOK。どちらにせよ、「先行詞が the days って『時』を表す名詞だから、when！」なんて、安易に考えないこと（when はバツ！）。

4. あなたはあの子たちが我が家に泊まった日を覚えていますか？
Do you remember the days when/that the kids stayed at my house?

「〈あの子たちが我が家に泊まった〉＋日」という感じなので、やっぱりカッコに入るのは関係詞。設問 **3** の「〈あなたたちが我が家で過ごした〉＋日」とよく似ていますが、この場合、英語の発想は、「日＋〈あの子たちがその日（＝そのとき）、我が家に泊まった〉」となることに注意。つまり、言い換えの語が動詞の目的語（＝名詞の役割）ではなく、おまけ的に文にくっついている感じ。要するに**副詞**の役割です。だから、この場合、正解は関係副詞の **when**、またはその代わりをする **that**。英文としては、何も入れないカタチ（関係詞を省略したカタチ）もアリ。ちなみに、前置詞の on を補って、{the days ＋〈(which) the kids stayed at my house on 名詞の穴 〉} とすれば、関係詞の which も使えなくはないのですが、こういう場合、ムリヤリ前置詞を補うよりも、関係副詞の when を使う方がスッキリしていて好まれます。

5. あれはオレが彼女と出会ったカフェじゃないよ。
That's not the café at which I met her.

「〈オレが彼女と出会った〉＋カフェ」ということで、これもカッコに入るのは関係詞……なんですけど、この場合、英文の**カッコの前に前置詞の at** が**ある**時点で「勝負アリ！」です。前に前置詞が置ける関係（代名）詞は who(m) と which のみ。先行詞は **café** だから（＝「人」ではないから）、カッコに入るのは which 以外にあり得ません。念のため、英語の発想に直すと、「カフェ＋〈オレはそのカフェで（＝そこで）彼女と出会った（のだが）〉」という感じ。よって、英語としては、次のような表し方も可能です。

⇒ That's not {the café + ⟨(which/that) I met her at 名詞の穴 ⟩}.
　＊which、that を省略してもOK。
⇒ That's not {the café + ⟨where I met her⟩}.
　＊この場合、前置詞の at を入れたらダメ。

6. 思うに、彼女は服装がしょぼい人とはつき合わないんじゃないかな。
　I guess she doesn't go out with anybody whose clothes are shabby.

{I guess ⟨(that) S＋V⟩} で、「⟨SがVと⟩ 思う」という意味になります。**shabby** は「みすぼらしい、粗末な」という意味の形容詞。ここでは「⟨服装がしょぼい⟩＋人」という内容から、やっぱりカッコに入るのは関係詞。「全部、関係詞かよ！」と思った人もいるかもしれないけど、関係詞の使い分けを身につけるためのステップということで、ごカンベンを　<m(__)m>
ここでは、「⟨服装がしょぼい⟩＋人」を、「人＋⟨その人の服装がしょぼい(のだが)⟩」という英語の発想に読み換えるのがポイント。それさえできれば、問題なく関係詞の **whose** を入れられるはず。まあ、whose を使う内容に関しては、日本語の発想とのズレで、この読み替えが難しいところでもあるわけですが……。万が一、関係代名詞の who を入れてしまった人がいたら、カッコの後ろに注目。clothes are shabby のどこにも先行詞をそのままスッポリ入れられそうな**「名詞の穴」が見当たらない**ですよね。⟨前置詞＋**whom/which**⟩というカタチになる場合を除いて、関係代名詞の **who/which** を使うのなら、**必ず後ろに先行詞をスッポリ入れられるような「名詞の穴」が開いたように見える**という点に注意。

STEP 6

疑問詞の使い方 その3

いわゆる「関係詞」（発展編）

いわゆる「制限用法」と「非制限用法」

> **Q** This band which she really likes is not so famous.
> という英語の文を日本語にするとどうなるでしょう？

英文全体を、

{This band ＋ ⟨which she really likes⟩} is not so famous.

というふうにとらえられましたか？ つまり、{名詞＋⟨関係詞 S＋V⟩} という1セットが主語の位置にスッポリ収まるカタチだから、

⇒ ◎ {⟨彼女が大好きな⟩＋このバンド} はあまり有名じゃない。

という感じですね。続いてもう1問。

> **Q** This band, which she really likes, is not so famous.
> という英語の文を日本語にするとどうなるでしょう？

「何だコレ？ さっきと同じじゃね？」
と、思った人がいるかもしれないけど、この場合、⟨which she really likes⟩の前後、つまり、⟨関係詞 S＋V⟩の前後に、コンマ（ , ）がありますよね？ こんなふうに関係詞の前にコンマを入れることもあるんです。

で、この関係詞の前にコンマを入れるカタチのことを、文法用語では、関係詞の「非制限用法」、または「継続用法」と言います。ついでに、先行詞と関係詞の間にコンマが入らないカタチは、関係詞の「制限用法」と呼ばれたり。

疑問詞の使い方……その3（関係詞発展編） **STEP 6**

「……で、コンマを入れないカタチと入れるカタチで、何が違うわけ？」

と、突っ込まれると、なかなか一言では説明が難しい。一応、先行詞が「**不特定の人・もの**」なら、その後ろに**コンマなし**（**制限用法**）、「**特定の人・もの**」なら後ろに**コンマあり**（**非制限用法**）って基本ルールもあるんだけど、この辺は諸説あって、意見も分かれるところです。

でも、「**コンマを入れたくなる心理**」というものを考えれば、「**非制限用法**」の特徴は自然に見えてくるはず。コンマというのは区切りを示す記号なんだから、それを入れるということは……、**ひと呼吸おいて、ちょっと補足説明を加えたい**ってことですね。そんなわけで、この問題の場合、こんな感じ。

{This band, ＋ 〈which she really likes〉} , is not so famous.
　⇒ {このバンド＋〈そのバンドを彼女はすごく好き〉＋なのだけど、そのバンドは}、あまり有名ではない。

「……あれ？　これって、前のステップで考えたのと同じ感じで、『**関係詞の本質**』通りに表しただけじゃないの？」

って？　まったくその通りで、**コンマがあろうとなかろうと、つまり制限用法だろうと非制限用法だろうと、「関係詞の本質」そのものは同じ**。むしろ、補足説明を加える感じの非制限用法の方が「関係詞の本質」には近い感じです。

実際、英語人たちに英会話の書き取りをしてもらうと、（もちろん個人差はありますが）**who、which、whose、where、when** という関係詞を使う場合には、高い確率でその前に**コンマ**が入ります。要するに、英語人にとって、**who、which、whose、where、when** という関係詞を使うのなら、その前にコンマを入れてひと息入れたくなる感じがするってこと。

ただし、英語人がコンマを入れたくなるのは、あくまでも、

① 疑問詞（＝関係詞）の使い分けによって、先行詞をどう言い換えているかを明確に示す。
② 従属接続詞として、前にある名詞（＝先行詞）の後ろに〈(S＋) V〉を含むカタチで説明を加えることを合図する。

という「関係詞の本質」をちゃんと満たす who、which、whose、where、when といった関係詞の場合です。関係詞を that で代用する言い方、または関係詞を省略してしまう言い方については、

「that は疑問詞（＝関係詞）の使い分けによって、先行詞をどう言い換えているかをはっきり示すという関係詞の仕事をしていないし、省略に至っては、『前にある名詞を〈(S＋) V〉を含むカタチで説明しますよ』と合図する従属接続詞の役割すらしていないし……」

というわけで、「関係詞の本質」が希薄な言い方とも言えます。だから、こうした表現については、コンマを入れずに一気に言う方が普通。

> who、which、whose、where、when という関係詞を使うのなら、関係詞の前にコンマを入れたくなる感じ。
> 関係詞を that で代用するのなら、
> 関係詞の前のにコンマを入れたくない感じ。

こう覚えておけばOK。なお、英語人たちは上記のように、who、which、whose、where、when といった関係詞を使う場合には、コンマを入れることが多いけど、日本では「関係詞表現＝前にコンマを入れない使い方（制限用法）が普通」と教えているので、学校の試験の英作文なんかで関係詞を使う場合には、今まで通り、前にコンマを入れずに表しておけば大丈夫。

さて、〈関係詞 (S＋) V〉の前後にコンマがあるカタチは、「非制限用法のタイプその1」みたいなもので、「タイプその2」みたいなカタチもありま

す。例えばこんなの。

I have a sister, who lives in Fukuoka.

要は、**関係詞の前にコンマ**があって、その後ろに**〈関係詞（S＋）V〉**が続いて、**それで終わり**みたいな感じ。この場合は、

① コンマを入れて、ひと呼吸おいてつけ足す感じ。
② 関係詞は、先行詞の言い換え表現である。

という2つのポイントの合わせ技で、

⇒ 私には姉がいる。それで、その姉が福岡に住んでいる。

というふうにとらえるだけでOK。
これまでみたいに、**〈関係詞（S＋）V〉**という1セットが前にある名詞を説明する感じでとらえるのではなく、**コンマの前で一度文を区切ってから、先行詞の言い換えを含む新たな文をはじめる**イメージです。ついでに、コンマの前の内容と後ろの**〈関係詞（S＋）V〉**とを結ぶために、**両者の間に接続詞的な意味合いを挟む**（主に「**それで**」みたいな感じ）のがポイント。

まぁ、「**非制限用法のタイプその1**」にしても、「**タイプその2**」にしても、「関係詞の本質」通りに読めば基本的には大丈夫ってことなんだけど、試験の**和訳問題**なんかでバッチリ点数をもらおうとか思ったら、実は**それなりにテクニックが必要**。でも、ココまで関係詞を使う英語表現の意味のとり方や訳し方って話はあまりしていませんでしたよね。なので、ココからは、**関係詞を使ったカタチの意味のとり方**というのを確認しつつ、あらためて、この非制限用法についても考えてみようかなと思うわけであります。

関係詞の効率的な読み方・訳し方（基本編）

さて、関係詞を使う表現は難しいヤツほど、「**日本語と英語のズレ**」が大きくなる傾向があります。中には**日本語の発想とかけ離れている「？」な表現**もあったりして。でも、そういう表現の多くは、同じような内容をもっと簡単な別の英語の言い方でも言い表せるので、結局、日本人にしてみれば、「自分で積極的に使う」というよりは「**英文の中で出合ったときに、ちゃんと理解できる／日本語に訳せる**」なら、それで十分とも言えます。

そんなわけで、ココでは関係詞表現の中でも、日本人にとってわかりにくいものについて、「**効率的な読み方・意味のとり方・訳し方**」のポイントを大公開！　まず、日本人にとってわかりにくいものと言えば、

A. {名詞 ① ＋〈前置詞＋ whom/which 名詞 ② ＋動詞 ...〉}
B. {名詞 ① ＋〈whose＋名詞 ②（＋名詞 ③）＋動詞 ...〉}

のような、〈前置詞＋ whom/which〉や〈whose ＋名詞〉というカタチを使うタイプでしょう。**A**タイプは次のように読みます。

A. {名詞 ① ＋〈前置詞＋ whom/which ＋名詞 ② ＋動詞 ...〉}
　⇒「名詞 ①、名詞 ① ＋前置詞の意味、名詞 ② は…する（のだが）、その名詞 ①」

「何か記号ばっかでよーわからん」
という人もいるかもしれないけど、実例を見ればきっと一目瞭然。

例１：**the book about which we talked last week**
　⇒ 本、その本について、私たちは先週話した（話題にした）のだが、その本
例２：**the girl with whom I visited Korea five years ago**
　⇒ 女の子、その女の子と一緒に、私は5年前韓国を訪れたのだが、その女の子

疑問詞の使い方……その3（関係詞発展編） STEP 6

要するに、関係詞を名詞①（＝先行詞）と置き換えて、前の前置詞につなげる感じで読んでから、最後にもう一度、名詞①をつなげる感じ。

次に**B**タイプについては、

B-1. ｛名詞① ＋ 〈whose ＋名詞② ＋動詞 ...〉｝
B-2. ｛名詞① ＋ 〈whose ＋名詞② ＋名詞③ ＋動詞 ...〉｝

という2パターンを考える必要アリ。共通するのは、まず、〈whose ＋名詞②〉を「その（名詞①の）名詞②」という意味の1セットとしてとらえるということ。で、**B-1**のように後ろが動詞だったら、単純に〈whose ＋名詞②〉は説明部分（＝関係詞節）の主語の役割だと考えて、

an apartment whose rent is high
　⇒ アパート、その家賃が高い、アパート

というふうに読めば十分。**B-2**のように、〈whose ＋名詞②〉の後ろに、また別の名詞（名詞③）がある場合は、後ろの「名詞の穴」に要注意！必ず後ろのどこかに「名詞の穴」があるはずなので、例えば、

a woman whose talent my brother envies 名詞の穴
　⇒ 女の人、その才能を私の弟がうらやむ、女の人

というふうに〈whose ＋名詞②〉が後ろの「名詞の穴」につながる感じで読んでいく必要があります。

要は関係詞を前の名詞の言い換えととらえる「**関係詞の本質**」に沿った読み方をしろってだけの話なんだけど、ここで紹介した読み方では、いずれも**最後にもう一度、名詞①（＝先行詞）をつなげている**という点に注目。｛名詞＋〈関係詞（S＋）V〉｝というカタチは、

｛**The book** ＋〈**about which** we talked last week〉｝ is very popular

now.
　　⇒ {本＋〈その本について、私たちは先週話した（話題にした）〉＋のだが、その本〉} は、今大人気だ。

のように、1セットで名詞1個分の働きをして、実際には文の中の主語や目的語、あるいは前置詞の後ろにスッポリ収まるんでしたよね（この例は、主語のケース）。このように文全体の意味を考えるときには、{名詞＋〈関係詞 (S＋) V〉} が表す意味の最後に名詞 ①（＝先行詞）をもう一度、つなげてやらないと日本語としてはうまくまとまらないのです。

なお、{名詞＋〈関係詞 (S＋) V〉} が、目的語の位置に出てきた場合、

I can't find {the book ＋〈about which we talked last week〉}.
　　⇒ 読み方1：私は見つけられない、{本＋〈その本について、私たちは先週話した（話題にした）〉＋のだが、その本} を。
　　⇒ 読み方2：私は本を見つけられない。〈その本について、私たちは先週話した〉のだけど、その本を。

というふうに、読んでいくのがオススメ。「読み方1」の方は、{名詞＋〈関係詞 (S＋) V〉} の前で一度切る感じで、その後ろに目的語の役割の {名詞＋〈関係詞 (S＋) V〉} が表す意味をつけ足す読み方。「読み方2」の方は、先行詞（the book）だけいったん出だしのSVにつなげる感じでまとめ、あとから {名詞＋〈関係詞 (S＋) V〉} の内容を補う感じ。

また、{名詞＋〈関係詞 (S＋) V〉} が、前置詞の後ろの位置に出てきた場合も同じように、

She got a letter from {a woman 〈whose talent my brother envies〉}.
　　⇒ 読み方1：私は手紙を受け取った、{女の人＋〈その才能を私の弟がうらやむ〉＋女の人} から。
　　⇒ 読み方2：私は手紙を受け取った、女の人から（の）。〈その才能を私の弟がうらやむ〉女の人から（の）。

という2通りの読み方ができます。「**読み方1**」の方は、{**前置詞＋名詞＋**〈**関係詞（S＋）V**〉} の前で一度切ってから、その後ろにこの1セットをつけ足す読み方。「**読み方2**」の方は、先行詞（a woman）までを、いったん前置詞（from）の後ろにつなげる感じでまとめ、あとから {**前置詞＋名詞＋**〈**関係詞（S＋）V**〉} の内容を補う感じ。

もちろん、ココに示した読み方は、絶対的なものというわけではありません。でも、とにかくこんな感じで前からこまめに切りながら読んでいけば、**英語の語順通りに理解できて、しかも「関係詞の本質」もバッチリ理解できる**ので非常に効率的なのです。

続いて、「**日本語らしい表現**」、いわゆる「**訳し方**」のテクニックですが、とりあえず次のような「日本語の特徴」を押さえておいてください。

★ 日本語の特徴
〈**(Sが) Vする**〉＋ 名詞
　説明部分　　説明対象

① 「説明部分」と「説明対象」とがただ順番に並ぶだけ
② かつ「説明部分」の中に「説明対象」に当たる名詞を含まない

要するに、「日本語には、『説明対象』となる名詞を言い換える英語の関係詞に当たる表現がない」のだから、自然な日本語表現に直そうと思ったら、そういう部分は取り除く必要があるってこと。今までとは逆の手順で、「**日本語と英語の根本的なズレ**」を埋めてやる感じですね。具体的には、次の通り。

I can't find {the book ＋〈about which we talked last week〉}**.**
　⇒ 効率的な読み方：私は見つけられない、{本＋〈その本について、私たちは先週話した（話題にした）〉＋のだが、その本} を。
　⇒ 日本語らしい表現：{〈私たちが先週話した〉＋その本} を見つけられない。
　⇒ ◎ 先週、話していた本を見つけられない。

このように、「スッキリした日本語にしようとすると、結果的に、元の英文にあった〈前置詞＋ whom/which〉の部分は訳から消え去る感じになることも多い」なんてことを意識してもらいつつ練習へ。

> **Q** 次の英文を日本語にするとどんな意味になるでしょう？
>
> 1. Do you remember the song which was played at the café.
> 2. This is the new album of the great band by which a lot of boys were impressed.
> 3. A girl whose brother I made friends with yesterday is over there.

1はお手軽変換の感覚でも十分に対応できると思います。ぶっちゃけ、〈前置詞＋whom/which〉や whose といった特殊なタイプの関係詞を除けば、お手軽変換の感覚でほぼ大丈夫だったりして。でも、せっかくなんで、「効率的な読み方」を挟みつつ、日本語らしい言い方に直してみましょう。

⇒ **1. Do you remember** {the song ＋〈which was played at the café〉}.
⇒ 効率的な読み方：覚えていますか、{その曲＋〈その曲はあのカフェで流れていた〉＋のだけど、その曲} を。

これで意味は十分に分かると思いますが、これをさらに「日本語らしい表現」に変えるには、先行詞の言い換えに当たる表現を取り除いて、「〈(Sが) Vする〉＋名詞」というカタチにすればOK。

⇒ ◎ **1.** あのカフェで流れていた曲を覚えてる？

2はまず文全体を次のようなイメージでとらえてほしいところ。

⇒ **2. This is the new album of** {the great band ＋〈by which a lot of boys were impressed〉}．

p.208で紹介した**A**タイプに当たる {名詞 ① ＋〈前置詞＋ whom/which ＋名詞 ② ＋動詞 ...〉} が含まれたカタチですね。このタイプの意味は、「名詞 ①、名詞 ①＋前置詞の意味、名詞 ② は…する (のだが)、その名詞 ①」という感じだから、「効率的な読み方」としては、

⇒ 読み方１：これはニューアルバムです。{その偉大なバンド＋〈その偉大なバンドによって、多くの少年たちが影響を受けた〉＋のだけど、その偉大なバンド} の。
⇒ 読み方２：これはニューアルバムです、その偉大なバンドの。〈その偉大なバンドによって、多くの少年たちが影響を受けた〉＋のだけど、その偉大なバンドの。

という２通り。さらに、上の読み方から、元の英文にある〈**by which**〉が表す意味を思い切ってカットすれば「**日本語らしい表現**」になります。

⇒ ◎ **2.** これは、多くの少年たちが影響を受けた偉大なバンドのニューアルバムです。

3 は〈**whose** ＋名詞〉というカタチが使われているので、p.209で紹介した**B**タイプ。まず、〈**whose brother**〉というカタチの後ろに、**I** があることに注目。こういうふうに、**whose** の後ろに名詞が２つ連続するカタチになってたら、後ろの「名詞の穴」に要注意でしたよね。この場合、

⇒ **3.** {A girl ＋〈whose brother I made friends with 名詞の穴 yesterday〉} is over there.

のように、**(made friends) with** の後ろに「名詞の穴」が開いた感じ。あとは、「その（女の子の）お兄さん」という意味の〈**whose brother**〉という１セットが、with の後ろの「名詞の穴」につながるイメージで読んでいけば、

⇒ 効率的な読み方：{女の子＋〈その（女の子の）お兄さんと、ボクは昨日、友達になった〉＋のだが、その女の子}があそこにいる。

という「**効率的な読み方**」ができるはず。ここまではそんなに大変ではないと思うけど、問題は「**日本語らしい表現**」。whose みたいに先行詞を「その(…の)」と言い換える表現をそのまま訳に残してしまうと、

⇒ ボクが昨日、その女の子のお兄さんと友達になった女の子があそこにいる。

という何だか**スッキリしない**日本語になってしまいます。でも、だからと言って、こういうのを全部カットしてしまうと、今度は、

⇒ **3.** ボクが昨日、お兄さんと友達になった女の子があそこにいる。

という何だか**ハッキリしない**文になったりして。「『**お兄さん**』ってどこのだれ？」みたいな。だから、元の英文のニュアンスを生かして、かつ「**だれのお兄さんか**」ということまで、はっきり伝わるようにしようと思ったら、

⇒ ◎ あそこに女の子がいるでしょ。彼女のお兄さんと昨日、友達になったんだ。

みたいに、思い切って、文を 2 つに分けたりする工夫もときに必要だったり。

「**英語だったら一文で済むのに、日本語だったら文を分けた方が自然**」というわけで、関係詞の whose を使う表現は、「**日本語と英語の根本的なズレ**」が最も顕著に出るもののひとつかも。

関係詞の効率的な読み方・訳し方（発展編）

ココからは関係詞の前にコンマが入るカタチ、いわゆる「**関係詞の非制限用法**」の「**効率的な読み方・訳し方**」を紹介します。

……と言っても、このSTEPの最初に説明した通り、このカタチの読み方・意味のとり方そのものは、前にコンマの入らない普通の関係詞（制限用法）の場合と基本的に同じ。ただし、試験などの**和訳問題**となると少し話は別で、このカタチ特有の、

「コンマを入れることでひと呼吸おいて、補足説明を付け足す感じ」

を**それなりに訳に盛り込んでやる必要があります**。といっても、
「だから、『ひと呼吸おいて、説明をつけ足すニュアンス』って具体的に何？」
というのがみんな気になるところですよね？

ズバリ！ いわゆる制限用法（コンマなしのカタチ）と違って、**非制限用法**には「こう表せばOK！」という決まった訳し方がないんです。だから、状況に応じて、ピッタリくる訳を考えないとダメ。

「**メンドクセ……**」という人のために、手取り足取り実演してみると、

{This band, +〈which she really likes〉}, is not so famous.

みたいに前後がコンマで挟まれていたら、「**関係詞の本質**」通りに、

⇒ {このバンド＋〈そのバンドを彼女はすごく好き〉＋なのだけど、そのバンドは}、あまり有名ではない。

という読み方をすれば、基本的には問題ナシ。ただし、これをそのまま「訳」として答案に書いてしまうと、「そのバンド」という同じ名詞が何度も出す

ぎていて、あまり自然な日本語ではないので減点される可能性大。さらに、〈which she really likes〉の前後にコンマがあるので、できれば日本語訳でもそのニュアンスを表すのが理想。というわけで、

⇒ ◯ このバンドは、彼女がすごく好きなバンドなのだけど、あまり有名ではない。
⇒ ◯ このバンドは、彼女はすごく好きなのだけど、あまり有名ではない。

みたいな感じにするとよいでしょう。
「どっちでもいいの？」
と聞かれたら、決まった訳し方がないから、英語の意味がちゃんととらえられていて、かつそれなりに自然な日本語であれば、それでOKとしか言えないわけです。が、あえてコツを挙げるとすれば、次の通り。

① まず、コンマで挟まれた〈関係詞（S＋）V〉をいったん取り除いて、大きな文のイメージをしっかりとらえる（この場合、「**このバンドは、…あまり有名じゃない**」という感じ）。
② その上で、〈関係詞 S＋V（＋その他）〉が表す意味（この場合、「**彼女はそのバンドがすごく好き**」という感じ）を、前後の流れに合うように、コンマとコンマの間に「**挿入**」っぽく挟み込む。

この2点さえしっかり守れば、大きくポイントを外すことはないはず。

さて、〈関係詞（S＋）V〉の前後にコンマがあるカタチは「非制限用法のタイプその1」みたいなもので、もうひとつ、

I have a sister, who lives in Fukuoka.

みたいなカタチの「**タイプその2**」もあるって話、覚えてますか？　このように、**関係詞の前にコンマがあって**、その後ろに〈関係詞（S＋）V〉が続いて、**それで終わり**みたいなタイプは、ちょっと注意が必要でしたよね。

疑問詞の使い方……その3（関係詞発展編） **STEP 6**

こういうタイプは、〈関係詞（S＋）V〉という1セットが前にある名詞を説明する感じでとらえるのではなく、**コンマの前で一度文を区切ってから、先行詞の言い換えを含む新たな文をはじめて**、ついでに、コンマの前の内容と後ろの〈関係詞（S＋）V〉とを結ぶために、**両者の間に接続詞的な意味合い**（主に「それで」みたいな感じ）を挟まないとダメ。つまり、

⇒ ◎ 私には姉がいる。それで、その姉が福岡に住んでいる。

という感じですね。
ただし！　この「タイプその2」に関しては、**コンマの前後の流れに合わせて、間に挟む接続詞の意味合いをいろいろと訳し分けないといけない**という点に注意してください。例えば、

He talked about his dream, which I wasn't interested in.

だったら、「彼はせっかく自分の夢を語ってくれたのに、私はその夢に興味をもてなかった」わけだから、

⇒ ◎ 彼は自分の夢を語った。でも、その夢に私は興味をもてなかった。

というふうに訳した方が自然。

コンマの前後の流れを表す接続詞の意味合いとしては、だいたい **and、but、because** の3種類をイメージしておけば、この「**タイプその2**」のほとんどの英文に対応できると思います。
で、この考え方をさらに発展させると次の通り。

1. **I have a sister, who lives in Fukuoka.**
　≒ **I have a sister and she lives in Fukuoka**
2. **He talked about his dream, which I wasn't interested in.**
　≒ **He talked about his dream, but I wasn't interested in it.**

要するに、「非制限用法のタイプその2」は、関係詞を使わずに、「接続詞と前の名詞の言い換え」というカタチで言い換え可能ってこと。逆に言うと、

① 英文が接続詞を挟んで2つの〈S+V〉に分かれている。
② 前半の〈S+V〉の終わりにある名詞の言い換えに当たる表現が、後半の〈S+V〉の中にある。

感じの英文であれば、コンマを置いてから関係詞という、いわゆる「非制限用法」のカタチでも表せるということになります。実際、次のような書き換え問題が試験で出題されることも。

> **Q** I don't want to read this file, because it is so thick.
> という英語の文を関係詞を使って表すとどうなるでしょう？

意味は「このファイル読みたくないなぁ。だって、こんなに分厚いもん」みたいな感じ。because という接続詞を挟んで、英文が〈I don't want to read this file〉と〈it is so thick〉という2つの〈S+V〉に分かれています。さらに、前半部分の終わりにある this file という名詞を、後半部分では it と言い換えているので、正解は次の通り。

⇒ ◎ I don't want to read this file, which is so thick.

……さて、ココからは「非制限用法のタイプその2」の特別パターンをついでに紹介しましょう。関係代名詞の which の前にコンマを置く場合、

His attitude was too much, which made her angry.
（彼の態度はあまりにひどかった。そして、そのことが彼女を怒らせた。）

という感じで、which を前にある名詞ではなく、前にある内容全体、またはその一部を言い換える感じで使うパターンも可能です。上の例では

疑問詞の使い方……その３（関係詞発展編） **STEP 6**

which が言い換えているのは、コンマの前の**内容全体**という感じだし、下の例では、

He said that he understood the difference, which wasn't true.
（彼は違いがわかったと言った。が、それは本当ではなかった。）

〈that S＋V〉のような、前の内容の一部という感じですね。

また、「非制限用法のタイプその２」では、

his songs, many of which she liked

みたいなカタチもアリだったりします。と言っても、これだけでは「……？？？」って感じの人も多いだろうから、大ヒント！

元のイメージ⇒ his songs, +〈she liked many of which（= his songs）〉
でも、実際は⇒ ◎ his songs, +〈many of which she liked 名詞の穴 〉

わかりましたか？
まず、his songs（彼の曲）に対して、「彼女は彼の曲が好き」という補足説明を加えたい。だけど、**彼女は彼の曲すべてではなく、「彼の曲の多くが好き」**というのが本当のところなので、その辺まで正確に伝えようと思ったら……。his songs という先行詞を言い換える関係代名詞の which の前に **many of ...（…の多く）** を置いて、**many of which という１セットをそのまま前に出したカタチにする**ということです。したがって、意味としては、

his songs, +〈many of which she liked〉
　⇒ ◎ 彼の曲＋〈それで、その曲の多くを、彼女は好き（なのだが）〉

みたいな感じ。このように、関係詞を使って、**前の名詞（＝先行詞）のうちの「多く」とか「ひとつ」とか「大部分」というニュアンスを表す場合**は、**many of** which や **one of** whom、**most of** which のようなカタチを使い、

219

それを1セットで説明部分（＝関係詞節）の頭に出したカタチにするのが決まりなのです。さらに、many of みたいなのが、whom/which の前にくっつくときには、**必ずその前にコンマを入れて非制限用法にする**のも決まり。

> **Q** Ken and Ronnie hired three maids, one of whom is pretty.
> という英語の文を日本語にするとどうなるでしょう？

今度は文のカタチだけど、これもポイントは同じ。

★ one of whom の whom を前にある名詞（three maids）を言い換える関係詞と考えて、それが one of ... （…のひとり）につながるイメージで読む。
★ one of whom の前にコンマがあるので、そこで一度文を区切ってから、接続詞的な意味合いを挟んで、先行詞の言い換えを含む新たな文をはじめる。

したがって、正解は次の通り。

⇒ ◎ ケンとロニーは3人のお手伝いさんを雇った。そして、その3人のお手伝いさんのひとりは、かわいらしい。

この、**many of which** や **one of whom** みたいなカタチについては、関係詞表現の中でも最も難度が高いもののひとつとされていて、「関係詞の本質」がわかっていないと完全にお手上げ。だから、今の問題があっさりわかった人は、自分の英語力に相当自信をもってくれていいと思います。

疑問詞の使い方……その3（関係詞発展編） **STEP 6**

すべては関係詞表現である？

> **Q** 次の日本語表現を関係詞を使って英語にすると、どうなるでしょう？
>
> 1. 多くの人に見られた映画
> 2. 部屋で音楽を聴いている生徒たち
> 3. 私の友達に人気がある先生
> 4. 机の上にいる私のネコ

「何を今さら」と思った人も多いだろうし、さっさと答えを出すと……

1. 〈多くの人に見られた〉＋映画
   ⇒ ◎ a movie ＋〈which was seen by a lot of people〉
2. 〈部屋で音楽を聴いている〉＋生徒たち
   ⇒ ◎ the students ＋〈who are listening to music in the room〉
3. 〈私の友達に人気がある〉＋先生
   ⇒ ◎ the teacher ＋〈who is popular with my friends〉
4. 〈机の上にいる〉＋私のネコ
   ⇒ ◎ my cat ＋〈which is on the desk〉

正解と自分の答えを比べて、「……あれ？」って感じの人もいるのでは？
⇒ × **1.** a movie ＋〈which seen by a lot of people〉
みたいに、自分の答えを見たら「何か be 動詞を忘れてるかも」とかね。

でも、ココでは必ず be 動詞が必要。というのも、
「**関係詞は従属接続詞の一種だから、必ず〈関係詞（S＋）V〉というカタチにして、動詞を入れないとダメ！**」だから。

例えば、**1** の「見られた」は、**seen** という**過去分詞**を使って表しますが、「**過去分詞は分類上は形容詞**」というところに注意（「分詞」が苦手な人は

『攻略編』のp.251〜をしっかりおさらいしておくこと)。つまり、

⇒ × **1.** a movie ＋〈which seen by a lot of people〉

のようなカタチは、意味的にはこれで十分わかるとしても、これでは、関係詞の後ろ（＝関係詞節の中）に「動詞に当たる語がない」ということになってしまうから、まずいというわけ。

2についても同様で、「聴いている」のように、動作を続けている感じを出したければ、**listen**ing という**現在分詞**のカタチにすればいいわけですが、これもやっぱり「分詞」だから「**分類上は形容詞**」。なので、関係詞を使うのなら、ちゃんと be 動詞を入れてやらないとダメ。

3の「…に人気がある」は **be popular with ...** という〈be ＋形容詞＋前置詞＋名詞〉の組み合わせで表すことに注意。英語では「人気がある」みたいな「**程度**」を表す言葉は動詞ではなく**形容詞**で表す傾向が強いんです。これは『基礎編』で取り上げた初歩的な知識。

4の「机の上にいる」は **be on the desk** という〈**be** ＋前置詞＋名詞〉の組み合わせで表します。英語では「…（場所）にいる・ある」みたいな「**存在**」は〈**be** ＋前置詞＋場所を表す名詞〉という組み合わせで表すことが多いんです。これも『基礎編』で取り上げた初歩的な知識ですね。

それでは間髪入れずに次の問題。

> **Q** 次の英語表現を日本語にすると、どうなるでしょう？
>
> **1.** a movie seen by a lot of people
> **2.** the students listening to music in the room
> **3.** the teacher popular with my friends
> **4.** my cat on the desk

「あれ、これってひょっとして？」

疑問詞の使い方……その３（関係詞発展編） **STEP 6**

と、すでに「ピーン！」ときてしまった読者も多いかもしれないけど、こちらも一応説明しておきましょう。

1、2はどちらも、〈(a や the＋) 名詞＋過去分詞／現在分詞〉というカタチで、「…された／している＋名詞」という意味を表す使い方。「現在分詞」や「過去分詞」は、動詞からつくった「即席形容詞」みたいなものなんだけど、これらを使って名詞を説明するときには、「説明される側」に当たる名詞が前で、「説明する側」に当たる現在分詞／過去分詞（＝形容詞）が後ろという日本語とは逆の順番で表す傾向が強いという点に注意。

3も〈(a や the＋) 名詞＋過去分詞／現在分詞〉と同じく、「説明する側」に当たる形容詞が「説明される側」に当たる名詞の後ろに入る特殊パターン。**be popular with ...** のような、〈**be** ＋形容詞＋前置詞＋名詞〉って組み合わせで使われる表現は、**popular with ...**（…に人気がある）みたいに、be 動詞を入れずに〈形容詞＋前置詞＋名詞〉のような１セットにして、分詞と同じような感覚で、名詞の後ろに直接くっつける使い方もアリなんです。これって学校とかではあまり詳しく説明されることはないけど、意外とよく出てくるカタチですから。

4は「説明される側」に当たる名詞が前で、「説明する側」に当たる〈前置詞＋名詞〉がその後ろに入るというカタチ。〈前置詞＋名詞〉という１セットが名詞を説明するときには、こういうふうに〈前置詞＋名詞〉が必ず名詞の後ろに入るカタチになるんでしたね？

以上より、正解は、

1. 多くの人に見られた映画
2. 部屋で音楽を聴いている生徒たち
3. 私の友達に人気がある先生
4. 机の上の［机の上にいる］私のネコ

という感じなんだけど、できればココで、

「……ていうか、これってさっき関係詞を使って表した日本語表現とまったく同じ意味じゃない？」

と、声を揃えて突っ込んでほしいところ。でも、この期に及んで「……アレ、そうだったっけ？」なんてボケてる人は、こちらをドウゾ。

1. 多くの人に見られた映画
    ⇔ a movie (which was) seen by a lot of people
2. 部屋で音楽を聴いている生徒たち
    ⇔ the students (who are) listening to music in the room
3. 私の友達に人気がある先生
    ⇔ the teacher (who is) popular with my friends
4. 机の上の［机の上にいる］私のネコ
    ⇔ my cat (which is) on the desk

……気づきました？　実は、p.221で見た関係詞を使った表現から**関係詞のwho/which と be 動詞を省略**すると、そのあとにはp.222で見てもらったようなカタチが残るんです。関係詞と be 動詞があるかないかという違いはあるけど、どちらも**表す意味は一緒**です。

つまり、名詞を説明する場合に、関係詞を使うとしたら、

{名詞 ＋ 〈who/which ＋ be 動詞（＋その他）〉}

ってカタチになりそうなものは、〈who/which ＋ be 動詞〉をまとめてカットしたようなカタチでも表せるってこと。
ちなみに、〈who/which ＋ be 動詞〉って、先行詞を言い換える関係代名詞の who/which が関係詞節の中の主語に当たるパターンだから、見方を変えると、〈主語＋ be 動詞〉がまとめて省略されるカタチってことで、p.119でも紹介した省略のパターンとちょっと近いところもあるような。

なお、〈who/which ＋ be 動詞〉をカットしたあとに残る、

名詞＋現在分詞／過去分詞
名詞＋〈形容詞＋前置詞＋名詞〉
名詞＋〈前置詞＋名詞〉

というカタチは、英語人が好んで使うこともあって、今では関係詞とは離れてひとり歩きしている感もあるんだけど、**日本語とは「説明される側」に当たる名詞と「説明する側」の順番が逆になる**こともあって、日本人はだいたいこういうカタチを苦手とします。でも、

「**英語では、名詞を詳しく説明する場合には、関係詞を使って名詞の後ろに説明をつけ加えるのが基本！　ただし、〈who/which ＋ be 動詞〉はまとめて省略して、よりスッキリした表し方もできる！**」

と考えて、次のように対処するようにしたら、こうしたカタチも少しはうまく取り扱えるようになると思うのですが、いかがでしょうか？

★ **自分が英語を使うとき**：日本語で「〈(〜を／〜で) …する／した〉＋名詞」という感じなら基本的に**関係詞**を使って表せばOK。ただし、関係詞表現の出だしが、**〈who/which ＋ be 動詞〉**となるのであれば、関係詞とbe 動詞は**省略してしまった方がスッキリしていて英語的**なことが多い。

★ **英語を読むとき**：名詞の後ろに**分詞表現**や**〈前置詞＋名詞〉**などあるんだけど、イマイチ文の意味がわからないなら、**〈who/which ＋ be 動詞〉を間に補ってみる**。それで、意味がうまくつながるようなら、そうした表現が**前にある名詞を説明する感じ**でとらえればOK。

「何だコレ？」な関係詞表現（those who/which）

ここからは、関係詞を使った表現の中でも、日本人にはなじみにくいカタチを見ていきます。まずはあいさつ代わりにこんなヤツから。

those who want to take his lesson

「え〜っと、これって、**those**＋〈**who** want to take his lesson〉という感じだから……、『〈彼の授業を受けたい〉＋それら』みたいな意味？？　ていうか、何で those の後ろに **who** という関係詞が続いてるの？　who って先行詞が『人』を表す名詞のときに使う関係詞でしょ？」

と、思えたら、ひとまず十分。実は、この場合の **those** は「人々」を指す**代名詞として使われている**のです。だから意味は、

⇒ ◎〈彼の授業を受けたがっている〉＋人たち

みたいな感じ。まぁ、
those (people) who want to take his lesson
みたいな省略があると考えてもOK。

「そんな何でもかんでも省略すんなよ……」
という心の叫びに耳をふさぎながら、次の例文。

those which were destroyed by the terrorists

「え〜っと、さっきと同じノリで、『〈テロリストたちに破壊された〉＋人々』？？　ていうか、今度は**関係詞が which** なんですけど」

と、文句を言いたいあなた。この場合の **those** は「もの・こと」を指す**代名詞として使われている**のです。だから意味は、

⇒〈テロリストたちに破壊された〉＋もの

みたいな感じ。この場合、
those (things) which were destroyed by the terrorists
みたいな省略があると考えてもOK。

「だから、そんな何でもかんでも（以下省略）……」
という魂の叫びも無視して、この辺で問題。

> **Q** 次の英語表現を日本語にすると、どうなるでしょう？
>
> **1.** those who are waiting for the plane
> **2.** those in trouble
> **3.** those invited to the party

1 は **those** があって、**who** という関係詞があるわけだから、

⇒ ◎ **1.**〈飛行機を待っている〉＋人々

という感じで、これについてはもう大丈夫かと。でも、問題は**2**以下。

2 は those の後ろに **in trouble**（困難の中にある）という〈前置詞＋名詞〉が続くカタチ。この2ページ前でも述べた通り、「**those** の後ろの〈**who/which ＋ be 動詞**〉がまとめて省略されている」と考えて、

⇒ **2. those (who are) in trouble**

という省略があると思えば、意味をとりやすいはず。正解は次の通り。

⇒ ◎ **2.**〈困っている〉＋人たち

3 は「あれらがパーティーに招待した？？」なんて読み方をしないこと。**invite** という動詞は後ろに必ず名詞を続けないといけない**他動詞**です。それなのに「**those** が主語で、**invite** が動詞で……」なんて考えたら、「**invite** の後ろの目的語がない！」ということになりますよね。だから、この問題もさっきと同じように、

⇒ **3. those (who are) invited to the party**

という省略があると考えること。つまり、この **invited** は過去形ではなく<u>過去分詞</u>と考えないとダメってことです。したがって、正解は、

⇒ ◎ **3.**〈そのパーティーに招待された〉＋人たち

となります。ちなみに **1** も同じように、
⇒ **1. those waiting for the plane**
という「**those** の後ろの〈**who/which ＋ be 動詞**〉がまとめて省略されたカタチ」でも表せるってのは、さすがに余裕？

なお、**those** の後ろの関係詞が省略されている場合、省略されているのが **who** なのか **which** なのかは文脈から判断するようにしてください。まあ、そんなに難しくありませんから。今回の問題の場合、「『パーティーに招待される』のも『困難に巻き込まれる（**be in trouble**）』のも『もの』じゃなくて『人』と考える方が自然」ですよね？

疑問詞の使い方……その3（関係詞発展編） **STEP 6**

「何だコレ？」な関係詞表現（先行詞とはなればなれ）

> **Q** The day is unknown when Masamichi started his new job.
> という英文の文を日本語にするとどうなるでしょう？

何となく勢いで読めてしまった人もいるかもしれないけど、正解は、

⇒ ◎ **マサミチが新しい仕事をはじめた日**は不明だ。

となります。一応、注意点を確認しておきましょう。

{The day ＋ ⟨when Masamichi started his new job⟩} is unknown.

というのがこの英文のもともとのカタチ。このように、関係詞を使った長〜い1セットが主語の位置に入るときには、**関係詞から後ろの部分を、先行詞と切り離して文末に回すことがある**のです。
一方、

⟨彼らが、会議をいつ開くか⟩は決まっていない。
　　⇒ ○ ⟨When they will have the meeting⟩ is undecided.
　　⇒ ◎ It is undecided ⟨when they will have the meeting⟩.

のように、⟨疑問詞（S＋）V⟩というカタチを、1セットで**主語**に当たる**名詞1個分**として使う場合は、**形式主語の it** を使って、⟨疑問詞（S＋）V⟩を後ろに回すこともできましたよね（p.98も参照）。でも、{名詞＋⟨疑問詞（S＋）V⟩}というカタチ、つまり関係詞を使うカタチの場合、**形式主語の it を使わずに、⟨疑問詞（S＋）V⟩という部分だけを後ろに回す**という点に注意してください。

229

「何だコレ？」な関係詞表現（補語タイプ）

関係代名詞の who、which（及び、この２つの代わりをする that）は、関係詞節の中で名詞の役割をする関係詞なので、

① the man ＋〈who/that knew too much〉
　⇒ その男＋〈彼は知りすぎた（のだが）〉⇒〈知りすぎた〉＋男
② the book ＋〈which/that he wrote 名詞の穴 〉
　⇒ その本＋〈彼がそれを書いた（のだが）〉⇒〈彼が書いた〉＋本
③ the song ＋〈which/that she often listens to 名詞の穴 〉
　⇒ その曲＋〈彼女はよくそれを聞く（のだが）〉⇒〈彼女がよく聞く〉＋曲

のように、関係詞節の中の主語（①）、目的語（②）、前置詞の後ろに続く要素（③）の役割をすることができます。でも、

「あれっ、名詞って、補語の役割もできるのでは？　でも、who/which/that が関係詞節の補語に当たるパターンって今までに出てきていないような……」

と気づいてしまった勘のいい読者も中にはいるのでは？
結論から言ってしまうと、関係代名詞が関係詞節の中で補語の役割をするパターンもアリなんです。例えば、

the man ＋〈that he was 10 years ago〉

みたいなカタチ。〈that he was 10 years ago〉という部分を「彼は10年前だった？？」とか勘違いしないこと。この場合、that が関係代名詞の who の代わりで、さらに後ろに he という主語があるので、関係代名詞が主語以外の役割。つまり「後ろの『名詞の穴』に要注意」のパターンだから、

the man ＋〈that he was 名詞の穴 10 years ago〉

疑問詞の使い方……その3（関係詞発展編） **STEP 6**

というふうに、be動詞（was）の後ろ、つまり、補語の位置に「名詞の穴」が空いているイメージ。で、これを「関係詞の本質」通りに日本語にすると、

⇒ その男＋〈彼は10年前、その男だった（のだが）〉

という感じ。さらに、これを「〈SがVする〉＋名詞」といういつもの「日本語らしい表現」にムリヤリ直すなら、

⇒ アイツが、10年前にそうであったような男

と、なるんだけど、正直言って、「……日本語らしいか、ソレ？(-.-)」って感じですよね。もう少し表し方を工夫して、

⇒ ◯ 10年前のアイツ

みたいに表せば、ちょっとはマシだけど、いつもの「〈SがVする〉＋名詞」という「日本語らしい表現」とはかけ離れてしまった感じ。要は、関係代名詞が関係詞節の中で補語の役割をするパターンは英語ならではの発想で、「〈SがVする〉＋名詞」という日本語らしい表現にはなじまないんです。

そもそも日本語にはあまりなじまない発想だから、ボクたち日本人がこういう表現を英語で言う機会はほとんどないし、英語でもこのパターンはそんなに多くは使われません。だから、「まぁ、そういうのもアリなんだ」と知っておいてもらえばそれで十分です。

ホントに関係詞？（why）

ここまで「関係詞」として紹介してきたのは、**who、which、whose、where、when** のような、**疑問詞と同じカタチ**をしたやつら（まぁ、who、which（そして when）の代わりをする that というのもありましたけど）でした。
……というところから、中には、

「疑問詞と言えば、 who(se)、which、where、when 以外に、**why（なぜ）、how（どのように、どれくらい…）、what（何）**なんかもあるけど、こいつらには関係詞としての使い方があったりしないの？」

と思った人がいるのでは？　実は、「一般には、その通り」で、「**why、how、what といった疑問詞も関係詞として使うことができる！**」と言われているんです。が、この、why と how、what の使い方については、これまでのものと比べて、だいぶ特殊なところがあるので注意が必要。

まず、**why** について。いきなり具体例を出すと、

〈キミがそのバンドを好きではない〉＋理由
　　⇒ **the reason**＋〈**why** you don't like the band〉

みたいなのが、why の関係詞としての使い方。〈**why S＋V**〉という1セットが、前にある **the reason**（理由）という名詞を**形容詞1個分**の働きで説明しているので、「何だか関係詞っぽい」のはわかりやすいはず。

で、今度は上の例の **why** の後ろに注目してほしいのですが、you という主語はあるし、like の後ろには the band という目的語はあるし、どこにも先行詞の the reason をスッポリ入れることができそうな**「名詞の穴」は見当たらない**ですよね。これってどういうことかと言えば、次の通り。

〈キミがそのバンドを好きではない〉＋理由

疑問詞の使い方……その3（関係詞発展編） **STEP 6**

⇒ 英語の発想：理由＋〈キミは その理由 のために、そのバンドを好きではない（のだけど）〉
⇒ the reason ＋〈which you don't like the band for 名詞の穴 〉
⇒ the reason ＋〈for which you don't like the band〉
⇒ the reason ＋〈why you don't like the band〉

要するに、**why** は **for which** とイコールの関係。一語で〈前置詞＋ which〉の代わり、つまり副詞の働きをすることができるってわけで、**why** も **where** や **when** と同じ「関係副詞」ということになります。したがって、

★ 言い換えの語が、関係詞節の主語でも目的語でもない要素という場合にのみ使える
★ **why** の後ろ（主語の位置、目的語の位置、前置詞の後ろ）に「名詞の穴」が開いた感じになったらダメ（〈前置詞＋ why〉というカタチも不可）！

ということにもなるので注意が必要。例えば、

あまり重要ではないいくつかの理由
　⇒ some reasons (　　) are not so important

だったら、先の例と同じように、reason（理由）って名詞が先行詞だけど、カッコの後ろに主語がなくて、動詞（are）が続いているカタチ。つまり、関係詞が関係詞節の中で主語の役割をしていると考えるべきなので、カッコに入るのは、関係副詞の **why** ではなく、関係代名詞の **which**（もしくは **which** の代わりをする **that**）ということになります。

ここまでは、すでに登場済みの **where** や **when** といった関係副詞とかなり近いノリなんだけど、ココからは **why** 限定の注意点。

「関係副詞の **why** は、基本的に、説明したい名詞（＝先行詞）が **reason**（理由）の場合にしか使わない！」

という特徴があります。で、「先行詞と関係詞の組み合わせが決まっているのに、いちいち〈reason ＋ why〉って丁寧に言うのもメンドクサイよね」となって、

キミがそのバンドを好きではない理由
　⇒ the reason ＋〈why you don't like the band〉
　⇒ the reason ＋〈you don't like the band〉

という感じで、**関係副詞の why の省略**も可能。ココまではまだ「ふ〜ん」って感じかもしれないけど、さらに関係副詞の why に関しては、

⇒〈why you don't like the band〉

のように、そもそも reason という名詞（＝先行詞）を前に置かずに、〈why S＋V〉というカタチだけで済ませるパターンもアリだったり。「先行詞のない関係詞」なんて、今までにありませんでしたよね。第一、「〈関係詞 S＋V〉というカタチは前にある名詞を説明する形容詞１個分の１セット」のはず。「先行詞がないのに、ホントに関係詞って言えるの？」と、怪しい匂いがプンプンしてきたところで次の例をご覧ください。

I want to know〈why you don't like the band〉.

この英文って、「先行詞の the reason が省略されたカタチ」という見方をすれば、「ボクは〈キミがそのバンドを好きではない理由〉が知りたい」という意味になりますよね。

でも、ちょっと視点を変えれば、これって「**know** という動詞の目的語の位置に名詞１個分として、〈why you don't like the band〉がスッポリ収まっているイメージ」にも見えると思います。その場合、**STEP 3** でも見てきた、いわゆる「間接疑問文」、つまり名詞１個分として使われる〈疑問詞 S＋V〉ということになり、「ボクは〈キミがなぜそのバンドを好きではないのか〉が知りたい」みたいな意味ともとれます。つまり、

疑問詞の使い方……その3（関係詞発展編） **STEP 6**

I want to know 〈why you don't like the band〉.
　⇒ ① ボクは〈キミがそのバンドを好きではない理由〉が知りたい。
　⇒ ② ボクは〈キミがなぜそのバンドを好きではないのか〉が知りたい。

という 2 通りの理解の仕方が可能だってことです。表す意味としては、どっちも結局は同じことを言っているような感じ。で、もうひとつついでに思い出してほしいのですが、p.123では、
〈why S＋V〉⇒「SがなぜVするか」または「SがVする理由」
というふうに、**名詞 1 個分の働き**をする〈why S＋V〉には 2 通りのとらえ方ができるとも言ってたはず。

これが何を意味するのか？
要するに、〈why S＋V〉というカタチは、**形容詞 1 個分**の働きで、reason って名詞の後ろに入れる使い方もできるんだけど、わざわざそんな真似をしなくても、同じカタチを**名詞 1 個分**として使えば、それだけで {reason ＋〈why S＋V〉} というカタチと同じような意味を表せるってこと。そんなわけで、「キミがそのバンドを好きではない理由」みたいな内容は、

〈why you don't like the band〉

とシンプルに表すのが最も普通。〈why S＋V〉を形容詞 1 個分として使う場合は、{the reason ＋〈you don't like the band〉} のように **why** を省略してちょっと軽いカタチにするのが普通で、先行詞の reason も、why という疑問詞も両方入れる表し方はあまりしません。

235

ホントに関係詞？（what と how）

ここからは、what と how について。
一般の英文法の説明では、これらも「関係詞として使える」ということになっているのですが、これらについては、もう、「関係詞としては使えない」と思った方が、絶対わかりやすい。なぜなら、what と how は、関係詞が関係詞と呼ばれる一番の理由であるはずの、

「{名詞 ＋ 〈what/how S+V〉} という使い方ができない！（〈what/how S+V〉は前にある名詞（＝先行詞）を説明する形容詞1個分の働きができない） 1セットで名詞1個分としてしか使えない！」

のです。それなのに何で「関係詞として使える」とか言われるのかというと……、まずは what から説明しましょう。**STEP 3**（特にp.123）で示した通り、名詞1個分の働きをする〈what（S＋）V〉に関しては、

〈what S+V〉⇒「Sが何をVするか」または「SがVするもの・こと」
〈what V〉 ⇒「何が（…を）Vするか」または「（…を）Vするもの・こと」

というふうに、それぞれ2通りのとらえ方が可能。
で、その後者の「SがVするもの・こと」や「（…を）Vするもの・こと」という表現に関しては、{the thing ＋ 〈which/that（S＋）V〉} というカタチで言い換えることも可能ですよね。例えば、

私たちは〈そのとき起こったこと〉を知りたい。
　　⇒ ○ We want to know 〈what happened then〉.
　　⇒ ○ We want to know {the thing ＋ 〈which/that happened then〉}.

みたいな感じ。そして、この「言い換え可能」というところから、
「what は1語で the thing which/that の意味を表す特殊な関係代名詞として使える」
とするのが一般的な説明。……ですが、先にも言ったように、

疑問詞の使い方……その3（関係詞発展編） **STEP 6**

★〈**what** (**S**＋) **V**〉は、１セットで**名詞１個分**としてしか使えない。
★〈**what** (**S**＋) **V**〉の前に先行詞に当たる名詞が入ることはあり得ない
（〈**what** (**S**＋) **V**〉が１セットで形容詞の働きということはあり得ない）。

のです。それなのに、「what は１語で the thing which/that の意味を表す特殊な関係代名詞」と考えるのって、**話がムダにややこしくなるだけ**という気がしません？

次に **how**。how も **STEP 3**（特にp.123）で示した通り、**名詞１個分**の働きをする〈**how S＋V**〉というカタチをつくることができて、

〈**how S＋V**〉⇒「Sが**どのように**（…を）Vする**か**」または「SがVする**様子・方法・仕方**」

という２通りのとらえ方が可能。で、その後者の「SがVする**様子・方法・仕方**」という内容に関しては、

{**the way** ＋〈**(that) S＋V**〉}

という言い換えも可能だってされているんです。例えば、

私は〈あんたがこのステキなリングを手に入れた**方法**〉を知りたいな。
　⇒ ○ I'd like to know 〈**how** you got this wonderful ring〉.
　⇒ ○ I'd like to know {**the way** ＋〈**(that)** you got this wonderful ring〉}.

みたいな感じ。そして、この「言い換え可能」というところから、
「**how** は **the way** を先行詞とする**関係副詞**だが、**how** を使う場合は、先行詞の **the way** は常に省略**される」**
というちょっとムチャな説明が一般的にされるんです。でも、

「〈**how S＋V**〉の前に先行詞に当たる **the way** という名詞が入ることは

237

あり得ない（〈how S+V〉が1セットで形容詞の働きということはあり得ない）」

のだったら、いっそのこと、

★〈how S+V〉は、1セットで名詞1個分としてしか使えない。

と、割り切った方が、**話がスッキリする**という気がしません？

……というわけで、本書では、

「whatとhowは、あくまで、名詞1個分の働きをする〈what/how（S＋）V〉のカタチしかつくれない（関係詞としては使えない）疑問詞」

と割り切る立場を取らせていただきます <m(__)m>

ただし、試験の書き換え問題の対策として、以下のような対応関係をきっちり頭に入れておくことをオススメします。

> 1. 〈(Sが) Vする＋こと・もの〉⇔〈what (S+) V〉
>   または {the thing＋〈(which/that) (S+) V〉}
> 2. 〈SがVする＋様子・方法・仕方〉⇔〈how S+V〉
>   または {the way＋〈(that) S+V〉}

試験対策としてもう少し情報をサービス。

カッコの穴埋め問題なんかで、**what** を入れられるのは、

私たちもあんたが食べたものが欲しい。
　⇒ We also want (　　) you ate.

疑問詞の使い方……その３（関係詞発展編） **STEP 6**

みたいに、「…するもの・こと」という意味で、

① カッコの前に先行詞に当たる名詞がない。
② カッコの後ろに名詞が足りないカタチ（ココでは、動詞（ate）の後ろに目的語が入っていないカタチ）

という２つの条件が揃う場合です。一方、

リサが私に手紙を送ったことが彼女の夫を怒らせた。
　　⇒ (　　　) Lisa sent a letter to me made her husband angry.

だったら、「**リサが私に手紙を送ったこと**」が**名詞１個分**で、全体の主語、さらにカッコの前に先行詞に当たる名詞がないので、何となく what を入れたくなるかもしれません。でも、英文の方をよーく見てみてください。

〈(　　　) Lisa sent a letter to me〉 made her husband angry.

という感じで、カッコの後ろに **Lisa** という**主語**があって、**sent** という**動詞**の後ろに **a letter** という**目的語**があって、**to** という前置詞の後ろにも **me** があって……、名詞を入れられそうな場所が満員状態。言ってみれば、「**名詞の穴**」がないから、what を入れるのは不可です。

「じゃあ、どうすればいいの？」
かと言えば、この場合、〈**that S＋V**〉というカタチで、「**SがVする（という）こと**」という意味の**名詞１個分**をつくれる **that** を入れればOK。「…する（という）こと」という意味でも、**カッコの後ろに「名詞の穴」が開いているように見えなければ、what ではなく that をカッコに入れるようにすること**。

how の方は、what ほど紛らわしい書き換え問題はないのですが、〈**how S＋V**〉というカタチを、｛**the way** ＋〈**(that) S＋V**〉｝というカタチで**必ず言い換え可能なわけではない**という点に注意してください。特に、

239

You will be surprised at ⟨how cute she is⟩
(あんたは⟨彼女がどれくらいかわいいか⟩に驚くだろう。)
I don't know ⟨how many books he has⟩.
(⟨彼がどれくらいたくさんの本をもっているか⟩知らない。)

のように、⟨**how** ＋形容詞／副詞⟩というカタチで、how がほかの形容詞や副詞とセットで前に出る場合には、**the way** を使った言い換えは不可です。

最後に⟨疑問詞 S＋V⟩というカタチの使い方を簡単にまとめると次の通り。

★ ⟨**who/which**（S＋）**V**⟩
　⇒ 名詞1個分として使うことも、{名詞＋⟨**who/which**（S＋）**V**⟩}というカタチで、前にある名詞を説明する形容詞1個分として使うこともできる。
★ ⟨**where/when S＋V**⟩
　⇒ 名詞1個分として使うことも、{名詞＋⟨**where/when S＋V**⟩}というカタチで、前にある名詞を説明する形容詞1個分として使うこともできる。また、このカタチは例外的に副詞1個分としても使える（p.110〜も参照）。
★ ⟨**why S＋V**⟩
　⇒ 名詞1個分としても、形容詞1個分としても使えるが、後者の使い方では、**reason** という名詞しか説明できない特殊なカタチ。さらに、形容詞1個分として使う場合は、**why** を省略してしまうのが普通。
★ ⟨**what**（S＋）**V**⟩ と ⟨**how S＋V**⟩
　⇒ 名詞1個分としてしか使えない。形容詞1個分としては使えない特殊なカタチ（**what**、**how** は関係詞としては使えない）。

疑問詞の使い方……その3（関係詞発展編） STEP 6

「ふくしゅう」舞踏会……6曲目

ずいぶん長かった関係詞関連の話も、ここでようやくひと区切り。この STEP ではハイレベル、かつ「**日本語とのズレがかなり大きい**」ものなども出てきました。そんなものに関しては、自分で使うというより、「**英文の中で出合ったときに、ちゃんと理解できる／日本語に訳せる**」というくらいで十分。そんなわけで、ココではトリセツには珍しく**英文解釈中心の復習問題**でいってみようと思います。

> **Q** 次の英文とほぼ同じ内容を、関係詞を使って表しましょう。
>
> **1.** I like his songs, but some of them are too long.
>   （彼の曲は好きだけど、その中のいくつかは長すぎる。）
> **2.** I visited Turkey when I was a student, and it is a good memory. （私は学生時代にトルコに行きましたが、（それは）いい思い出です。）

それではこのステップで学んだ「**関係詞の発展編**」をおさらい。ポイントをアタマに叩き込んだ上で、満足のいく解答ができあがったら、p.244 の「**解答と解説**」へ。

関係詞その3（発展編）

その1：who、which、whose、where、when といった関係詞の前にコンマ（,）が入ることもある。こうした使い方を「関係詞の**非制限用法**」と呼ぶ。ただし、関係詞として that を使う場合は、この使い方はナシ（コンマを入れたらダメ）。

その2：関係詞の前にコンマが入るカタチを和訳する場合、「ひと呼吸お

いて説明をつけ足すようなニュアンス」を表すこと。具体的には次の通り。

●〈関係詞（S＋）V〉の前後にコンマが入る場合：
My apartment, whose rent isn't so expensive, is a long way from the station.（ボクのアパートは、家賃は高くないけど、駅から遠い。）
→〈関係詞（S＋）V〉を「補足説明（挿入）」のようなイメージでとらえて、日本語に訳すのがポイント。

●〈コンマ（,）＋関係詞（S＋）V〉で文が終わっている場合：
She lives in quite a big city, where I wouldn't want to live.
≒ She lives in quite a big city, but I wouldn't want to live there.
（彼女はかなりの大都市に住んでいるけど、ボクだったらそこで暮らしたくはない。）
→コンマの前後で文を2つに分け、関係詞を〈and/but/because ＋先行詞の言い換え〉という意味でとらえて、日本語に訳すのがポイント。

その3：関係詞の which は、前にコンマを入れるカタチで、前にある名詞ではなく、前の内容全体、またはその一部を言い換える感じで使うことも可能。

例：She lives in a big house with a swimming pool, which (＝ and it) means she's rich.
（彼女はプール付きの大きな家に住んでいる。そして、そのことは彼女がお金持ちだということを意味する。）
→この場合、関係詞の which がコンマの前の内容全体を言い換えていることになる。

その4：関係詞節の、関係詞の直後が be 動詞になる場合（〈who/which ＋ be 動詞〉のカタチになる場合）、これらをまとめて省略することもできる。その場合に残るのが次のようなカタチだとも考えられる。

●名詞＋現在・過去分詞（＋その他）：

疑問詞の使い方……その3（関係詞発展編） STEP 6

a girl (who is) singing a song（歌を歌っている女の子）
● 名詞＋形容詞＋前置詞＋名詞
the people (who are) afraid of failure（失敗を恐れている人々）
● 名詞＋前置詞＋名詞
the candy (which is) in my pocket（ポケットに入っているキャンデー）

その5：those who ... で「…（する・した）人々」、those which ... で「…（する・した）もの・こと」という意味を表せる。

例1：those who work at home（家で働く人々⇒在宅勤務者）
例2：those (which are) admitted by many scientists
　　（多くの科学者に認められていること）
例3：to those whom it may concern
　　（関係するかもしれない人々へ⇒関係者各位）

その6：〈関係詞 S＋V〉というカタチの中の補語の位置に「名詞の穴」が開くこともある。その場合、{名詞①＋〈(that) 名詞②＋be 動詞（＋時を表す表現など）〉} というカタチで、「〈名詞② が（過去に）そうであった／（未来に）そうである（だろう）〉＋名詞①」のような意味を表すことが多い。

例：He's {the kind of man ＋〈(that) I'll never be 名詞の穴 in the future〉}.
　　　　　　名①　　　　　　名②　　be　　　　　「時」
⇒彼は{〈私が将来決してそうなることはないであろう〉＋タイプの男}です。
⇒ボクが将来、彼みたいな男になるなんてあり得ないよ。

その7：「(Sが) Vする＋こと・もの」、「SがVする＋方法」という日本語表現については次の2通りの表し方が可能。

● {〈キミたちが話した〉＋こと} を教えてください。
　⇒ Please tell me {the thing ＋〈which/that you talked about〉}.

⇒ Please tell me {what you talked about}.
● {〈彼がこの数学の問題を解いた〉＋方法} を知りたいよ。
⇒ I'd like to know {the way + 〈(that) he solved this math problem〉}.
⇒ I'd like to know {how he solved this math problem}.

解答と解説

1. I like his songs, but some of them are too long.
→ I like his songs, some of which are too long.

「接続詞の前に〈S＋V〉のカタチがあり、かつ接続詞より前にある名詞の言い換え表現が接続詞の後ろにある」場合、コンマの後ろに〈関係詞 S＋V〉を続ける表し方（関係詞の非制限用法）でも表せるのでしたね（p.218も参照）。この場合、**but** の後ろにある **them** が、but の前にある his songs を指すので、この「関係詞の非制限用法」で表せるのですが、them の前には **some of** という余計な言葉もついていることに注意。前の名詞（＝先行詞）を受ける感じで、「…のうちのひとつ／いくつか／大半」と言うような場合は、〈one/some/most of ＋ whom/which〉というカタチにするのでしたね（p.219も参照）。この場合もそんな感じ。

2. I visited Turkey when I was a student, and it is a good memory.
→ I visited Turkey when I was a student, which is a good memory.

こちらも接続詞（and）の前に〈S＋V〉のカタチがありますが、この場合、接続詞の後ろにある **it** が接続詞より前にある名詞（a student）ではなく、前にある内容全体を言い換えたものと考えないと、うまく前後がつながらないところに注意。関係詞の **which** は、前にコンマを入れるカタチで、前にある名詞ではなく、前の内容全体、またはその一部を言い換える感じで使うことも可能でしたよね。だから、この場合も問題なく〈コンマ (,) ＋ 関係詞 (S＋) V (＋その他)〉というカタチで表してしまってOK。

疑問詞の使い方……その3（関係詞発展編） **STEP 6**

Q 次の英文を日本語に訳しましょう。

1. She sometimes has dreams, many of which are weird.
2. The city whose name is Trabzon is one of the beautiful cities in Turkey to which I want to go again.
3. I can't believe that lovely park, in which I often played with my friend, doesn't exist any longer.
4. Velico Turnovo is an artistic city which our guide explained has a long history.

解答と解説

1. She sometimes has dreams, many of which are weird.
→ 彼女はときどき夢を見るが、その多くは奇妙なものだ。

〈コンマ（,）＋ one/some/many of which（S＋）V〉というカタチを見た時点で、できればピーンときてほしいんですが、一応確認。まず、コンマの前までが、「**彼女はときどき夢を見る**」。これは問題ないですよね。コンマの後ろの which を疑問詞とか考えた人は、まさかいませんよね？　この which は関係詞です。関係詞は「**前にある名詞の言い換え**」の役割もするから、この場合、コンマの前にある **dreams** という名詞を which が言い換えていると考えること。その前に many of がくっついて「その夢の多く」みたいな感じ。したがって、**many of which are weird** は「**その夢の多くは奇妙である**」といったところ。文全体では、「**彼女はときどき夢を見る**」という内容で一区切りしてから、接続詞的な表現を挟んで、「**その夢の多くは奇妙である**」をその後ろに続ける感じで日本語に直せばOKです。

2. The city whose name is Trabzon is one of the beautiful cities in Turkey to which I want to go again.

→ トラブゾンという名のその町は、トルコにある美しい町のひとつだが、私は再びそこを訪れたいと思っている。

日本人が苦手な whose という関係詞と、to which という〈前置詞＋関係詞〉の2つを含む文。文全体を次のようなイメージでとらえること。
{The city ＋〈whose name is Trabzon〉} is {one of the beautiful cities in Turkey ＋〈to which I want to go again〉}.
{ } で囲まれた部分を名詞1個分の働きをする1セットとしてとらえるのがポイント。最初の1セットは、whose が先行詞の the city を「その（町の）」と言い換えて、name という名詞を説明しています。つまり、
{その町＋〈その（町の）名前はトラブソンだ〉}
⇒ {〈トラブソンという名前の〉＋町}
という感じ。後半は which が one of the beautiful cities in Turkey（トルコにある美しい町のひとつ）という長い先行詞を言い換えています。関係詞の who、which を使う場合は後ろの「名詞の穴」に要注意なんだけど、to which のような〈前置詞＋ whom/which〉のカタチにするのなら、例外的に後ろに「名詞の穴」が開かないのでしたよね（p.170も参照）。「関係詞の本質」通りに意味をとらえるなら、先行詞の言い換えを兼ねる who/which が前にある前置詞につながる感じで、
{トルコにある美しい町のひとつ＋〈その美しい町のひとつへ私は再び行きたいと思っている〉＋のだが、その町}
と、解釈すればOK。訳すときには、こうした言い換え部分を前置詞ごとカットして、{〈私が再び行きたいと思っている〉＋トルコにある美しい町のひとつ} と表した方が自然（p.211も参照）……なはずなんだけど、日本語には、「名詞の前にあまり長い説明が入ると、それはそれでぎこちなくなる」という特徴もあります。この場合、「トラブゾンという名のその町は、トルコにある美しい町のひとつだが、私は再びそこを訪れたいと思っている」のように、先行詞で一度区切って、その後ろに関係詞節が表す意味をつけ加えるのもひとつの手。

疑問詞の使い方……その3（関係詞発展編）　STEP 6

3. I can't believe that lovely park, in which I often played with my friend, doesn't exist any longer.
→ あの愛すべき公園は、私が友達とよく遊んだ公園なのだが、もはや存在しないなんて、私には信じることができない。

難しかったとは思うけど、次のように文全体をとらえられたでしょうか？
I can't believe {(that) that lovely park, +〈in which I often played with my friend〉, doesn't exist any longer}.
早い話、believe の後ろに〈that S＋V〉が続くカタチなのですが、lovely park には冠詞も -s もないので、lovely の前にある that は従属接続詞の that ではなく、「あの」という意味だと考えないとダメ。つまり、従属接続詞の that が省略されたカタチ。そして、〈(that) S＋V〉の主語である that lovely park（あの愛すべき公園）の後ろには、前後をコンマで囲まれた〈in which I often played with my friend〉が割り込んだ感じ。このようなときには、関係詞表現を「**補足説明（挿入）**」のようなイメージでとらえて、日本語に訳すのでしたよね。「関係詞の本質」通りに解釈すれば、〈**その公園の中で私は友達とよく遊んだ（のだけど）**〉という感じですが、訳すときは、もっとあっさり、「**私が友達とよく遊んだ公園なのだが**」のように「補足説明」らしく訳せば、それで十分です。

4. Velico Turnovo is an artistic city which our guide explained has a long history.
→ ベリコ・タルノボは、私たちのガイドの説明によると、長い歴史をもつ趣のある町です。

最初に断っておきますが、これは大学入試レベル（以上？）の相当に難しい問題。「何が何だかもうサッパリ」という人も多いかと思いますが、順番に考えていきましょう。まず、**Velico Turnovo is an artistic city** までは問題ないですよね。artistic って単語が少し難しいかもしれないけど、これは「**芸術的な**」や「**趣のある、風流な**」といった意味の形容詞。したがって、ここまでは「**ベリコ・タルノボは芸術的な／趣のある町だ**」みたいな感じ。

247

さらに、**(an artistic) city** という名詞の後ろに **which our guide explained ...** が続いているので、which から後ろは an artistic city を説明する**形容詞１個分**の働き、つまり、この **which** は関係詞と気づいてほしいところ。

問題はココから。**which our guide explained has ...** って、explained と has という２つの動詞が連続するあり得ないカタチですよね。このあり得ないカタチを無視して、{**an artistic city** ＋〈**which our guide explained 名詞の穴**〉}みたいに強引に考えた場合、その後ろに **has a long history** がポツンと残ってしまって何か変！ ……というわけで発想を切り替えて、次のように考えます。

{**an artistic city** ＋〈**which our guide explained (that) 名詞の穴 has a long history**〉}

要するに、**a long history** までが１セットで、**explain(ed)** という動詞の後ろには **that** の省略があって、その〈**(that) S＋V**〉の中の主語の位置に「名詞の穴」が開いているイメージ。よって、「趣のある町＋〈私たちのガイドは、その趣のある町は長い歴史をもつと説明した（のだが）〉」⇒「〈私たちのガイドが、長い歴史があると説明した〉＋趣のある町」というふうに読めばOK。

あるいは見方を変えて、{**an artistic city** ＋〈**which has a long history**〉}（意味は、「〈長い歴史をもつ〉＋趣のある町」）というカタチの **which** の後ろに、**our guide explained** が挿入されたカタチと考えた方がわかりやすいかも。

このように、関係詞の後ろには、**I hear**、**we know** のような〈**S＋V**〉を、おまけ的に割り込ませる（挿入する）ことも可能です。ただし、挿入できるのは、**explain、hear、know、think** といった**後ろに〈that S＋V〉**（＝**that** 節）を続けられる動詞を使う〈**S＋V**〉に限られるということ、さらにこうした挿入が行われる場合、**必ず that は省略される**という点に注意してください。ちなみに、このような挿入が行われるカタチを一般には、「**連鎖関係詞節**」と呼びます。

STEP 7

副詞で名詞で形容詞。
〈従属接続詞 S+V〉
その1

まだまだ従属接続詞。

「『関係詞』という名の従属接続詞が終わると、そこはまた従属接続詞だった……」
というわけで、ココでも引き続き従属接続詞についてのあれこれをご紹介。

「もう勘弁してくれぇ……」
という人も多いと思います。〈従属接続詞 S＋V〉というカタチが1セットで名詞1個分とか副詞1個分なんてことになって、結果として、ひとつの文の中に主語とか動詞とかがいっぱい出てきて、延々と複雑な文ができていく……従属接続詞はホントにメンドクサイ！

でも、メンドクサイがゆえに苦手な人が多いのも事実。だから、この際、よく使う従属接続詞関連の知識は、一気に身につけてしまおうではないか、というのがここから先の2つのSTEPでのテーマ。

従属接続詞及び接続詞全般については、すでに、この本の出だしのp.26で詳しく解説しました。でも、その後、1セットで形容詞1個分の働きをするカタチをつくる従属接続詞、つまり、「関係詞」が仲間に加わっていますので、あらためて、従属接続詞のポイントを簡単にまとめましょう。

① 従属接続詞は〈S＋V〉のような主語や動詞を含むカタチを、1セットで名詞や副詞、形容詞など何らかの品詞1個分として使えるようにする語である。逆に言うと、〈S＋V〉のカタチを、1セットで名詞や副詞、形容詞1個分として使おうと思ったら、原則として必ず従属接続詞を頭につけて、〈従属接続詞 S＋V〉というカタチにしないといけない。

② 〈従属接続詞 S＋V〉というカタチを使うのなら、原則として、必ずもう一組〈S＋V〉のカタチが出てくる。ただし、〈従属接続詞 S＋V〉のカタチ自体が、もう一組の〈S＋V〉のSに当たる場合や、もう一組が命令文で〈V（＋その他）〉のみ（Sに当たるものがない）という場合もある。

副詞で名詞で形容詞。〈従属接続詞 S+V〉（その1）　**STEP 7**

以上が従属接続詞を考える上での最も大切なポイント。

「文」の中でも特に、〈S+V〉が2つ以上組み合わさった文の中の、〈S+V〉の1個分を「節」と呼ぶんでしたよね？　従属接続詞を頭にくっつけた〈従属接続詞 (S+) V〉というカタチは、特に「従(属)節」と呼ぶのが決まり。

……と、ここまではほとんどの〈従属接続詞 (S+) V〉のカタチに共通する話なんだけど、こうしたカタチが名詞1個分、副詞1個分、形容詞1個分のうち、どの働きをするかによっていろいろな違いがあります。

1セットで**名詞1個分**の働きをする〈従属接続詞 (S+) V〉のカタチは、「**名詞節**」とも呼ばれ、このカタチをつくれる代表例は、**that** や疑問詞など。

● 〈that S+V〉⇒「SがVすると（いうこと）」
● 〈疑問詞 (S+) V〉⇒「Sが いつ／どこで／何を etc. Vするか」または「SがVするとき／場所・ところ／もの・こと etc.」

1セットで**名詞1個分**の働きをするカタチというのは、言い換えると1セットで、より大きな文の主語や目的語など、名詞を入れられる場所にスッポリと入れて使うためのカタチです。したがって、次の通り。

1. **目的語（O）の位置にスッポリ！**（1セットで目的語として使える）
   He doesn't know 〈that she bought the book〉.
   （彼は〈彼女がその本を買ったということ〉を知らない。）

2. **補語（C）の位置にもスッポリ！**（1セットで補語として使える）
   The question is 〈why you bought the book〉.
   （問題は〈あなたがなぜその本を買ったか〉です。）

3. **主語（S）の位置にだってスッポリ！**（1セットで主語として使える）
   〈When you bought the book〉 is important.
   （〈あなたがいつその本を買ったか〉が重要です。）

4. 前置詞の後ろにだってスッポリ！
We talked about ⟨where we should go⟩.
(ボクたちは⟨どこに行くべきか⟩について話した。)

1セットで**副詞1個分の働き**をする⟨従属接続詞 S+V⟩のカタチは、「副詞節」とも呼ばれ、このカタチをつくれる代表例は、because、if、whenなど。

- ⟨because S+V⟩ ⇒ 「SがVするので」
- ⟨when S+V⟩ ⇒ 「SがVするとき」
- ⟨if S+V⟩ ⇒ 「(もし)SがVするなら」

それぞれを細かく分けて、「**理由**を表す副詞節」、「**時**を表す副詞節」、「**条件・仮定**を表す副詞節」と呼ぶこともありますが、いずれにしてもこれらは、⟨S+V⟩のカタチを、より大きな**文におまけ的に（副詞的に）つけ足せるようにしたカタチ**ということなので……

1. ⟨Because Mr. Nakata praised me a lot⟩, I started writing this book. (⟨中田先生がボクをとてもほめてくれたので⟩、ボクはこの本を書きはじめた。)
2. I started writing this book ⟨when I was 25⟩.
(⟨25歳のとき⟩、ボクはこの本を書きはじめた。)
3. ⟨If you like my idea⟩, I will start writing a new book.
(⟨もしキミがボクのアイデアを気に入ってくれるなら⟩、ボクは新しい本を書きはじめるよ。)

というふうに、文の前後に、**前置詞ナシでおまけ的につけ足す**感じで使います。名詞節の場合は、仮に文から「名詞節を取り除くと、名詞がすっぽり抜けた（文として不完全な）カタチになる」という特徴があるんだけど、副詞節を取り除いても「欠ける要素のない完全な文のカタチが残る」という点に注意。
先の**1**〜**3**の例文から、⟨従属接続詞 S+V⟩を取り除いても、「ボクは本を

副詞で名詞で形容詞。〈従属接続詞 S＋V〉（その１）　**STEP 7**

書きはじめる」みたいな意味の「**ちゃんとした文のカタチ**」が残りますよね。両者を比較して、

「取り除くと、文に『**名詞の穴**』が開くのなら、それは『**名詞節**』。取り除いても、文に『**名詞の穴**』が開かないなら、それは『**副詞節**』」

という見方もアリです（これって英文読解のちょっとしたポイント）。

ただし、副詞節の中でも、〈**because S＋V**〉という１セットは、例外的に、

This/That is 〈because S＋V〉.
（これ／それは〈**S**が**V**だから／**S**が**V**するのが**原因／理由**〉だ。）

のように、**be 動詞の後ろに入れて補語として使う**パターンも可能。「トリセツ」の定義（「じっくり基礎編」p.79〜を参照）では、動詞以外のほとんどの品詞が補語になり得るということで、この場合の〈**because S＋V**〉に関しては、副詞節が補語の位置にスッポリ収まるパターンだって考えればOK。

１セットで**形容詞１個分の働き**をする〈**従属接続詞 S＋V**〉のカタチをつくる従属接続詞は、特に「**関係詞**」と呼ばれ、基本的に疑問詞と同じカタチだけど、以下の点に注意。

★ **関係詞**を使った、〈**関係詞（S＋）V**〉のカタチは、
　{名詞＋〈関係詞（S＋）V〉} ⇔ {〈（Sが）Vする〉＋名詞}
　のように、名詞の後ろに置いて、後ろから前の名詞を説明する感じで使う。
★〈**関係詞 S＋V**〉というカタチについては、普通、「形容詞節」ではなくて、「**関係詞節**」と呼ぶ。
★ **what** と **how** は**名詞節**しかつくることができない（関係詞として使えない）。
★ **who/which** などを **that** で代用したり、場合によっては**省略**したりもアリ。

なお、〈関係詞（S＋）V〉は形容詞1個分の働きだけど、これを名詞の後ろにくっつけた {名詞＋〈関係詞（S＋）V〉} というカタチに関しては、1セットで名詞1個分の扱いになるところにも注意。つまり、実際の文では、{名詞＋〈関係詞（S＋）V〉} という1セットが……

1. **目的語（O）の位置にスッポリ！（1セットで目的語として使える）**
   Akira got {the magazine ＋〈which Shoko read yesterday〉}.
   （アキラは {〈ショーコが昨日読んだ〉＋雑誌} を手に入れた。）

2. **補語（C）の位置にもスッポリ！（1セットで補語として使える）**
   That is {a monkey ＋〈which can speak English〉}.
   （あれが {〈英語を話すことができる〉＋サル} です。）

3. **主語（S）の位置にだってスッポリ！（1セットで主語として使える）**
   {The people ＋〈who came to this concert〉} must be fans of SOLT.
   （{〈このコンサートに来た〉＋人たち} はSOLTのファンに違いない。）

4. **前置詞の後ろにだってスッポリ！**
   I made friends with {the man ＋〈who Nao may know〉} today.
   （ボクは今日、{〈ナオが知っているかもしれない〉＋男の人} と友達になった。）

……従属接続詞のポイント解説は以上でおしまいです。基本的なポイントをしっかり押さえていれば、ココから先もきっと乗り切れるはず。

副詞で名詞で形容詞。〈従属接続詞 S＋V〉（その１）　**STEP 7**

いわゆる「副詞節」をつくる従属接続詞

because、**when**、**if** 以外で、１セットで副詞１個分の働きをする〈従属接続詞 S＋V〉のカタチ（＝副詞節）をつくれる接続詞の代表例は次の通り。

① after と before

after と before と言えば、これまでに **after school**（放課後）や **before lunch**（昼ごはんの前に）のような、前置詞として後ろに名詞を続ける使い方が出てきましたよね？　でも、これらは、従属接続詞として使うこともできるんです。つまり、後ろに〈S＋V〉というカタチを続けて、〈**after** S＋V〉や〈**before** S＋V〉のようなカタチをつくることができるということ。次の通り。

1. 〈**After** she left high school〉, she went to India.
（〈彼女は高校を中退［卒業］したあと〉、インドに行った。）
2. Don't talk to me 〈**before** I finish my work〉.
（〈私が仕事を終わらせる前に〉、私に話しかけるな。）

こんな感じで、**she went to India** や **Don't talk to me** のような、それだけでも独立した文として成り立つカタチにおまけ的につけ足す感じで使える節（＝副詞節）をつくることができるということですね。after や before という語が表す意味自体は、前置詞として使う場合と同じ感じ。

なお、〈**after/before** S＋V〉というカタチを、特に「時を表す副詞節」と呼ぶこともあります。

② since

『攻略編』の現在完了のところで登場した **since** も前置詞としても従属接続詞としても使える単語。前置詞としては **since childhood**（子どもの頃から）のように、「時間や物事の起点（出発点）」を示す感じで使いますが、従

属接続詞としては、次の2通りの意味で使えます。

1. I have loved the band 〈since he lent me the CD〉.
（〈彼が私にCDを貸してくれてから〉、私はずっとそのバンドが大好きだ。）
2. I like him 〈since he lent me the CD〉.
（〈彼は私にCDを貸してくれたから〉、私は彼のことが好きだ。）

1 は、前置詞として使う場合と同じく、「**…して以来**」という「**時間や物事の起点（出発点）**」を表す使い方。since をこの意味で使う際は、since ではじまる〈S+V〉（つまり、いわゆる「**従節**」）の動詞は**過去形**、since がつかない〈S+V〉（つまり、いわゆる「**主節**」）の動詞は**完了形**にするのが普通。そういう意味では since は「**完了形の目印表現**」とも言えますね。

2 は、「**…なので、…だから**」のような because … に近い意味を表す使い方。このように、「**原因**」や「**理由**」を表す〈**従属接続詞 S+V**〉のカタチを、「**理由を表す副詞節**」と呼ぶこともあります。

③ until と till
この2つはどちらも **until/till …** というカタチで「**…まで**」という意味を表し、「**動作や状態がある時点まで続く**」ことを示すときに使います。これまた**前置詞としても従属接続詞としても使える**語です。

1. He kept waiting for her 〈until it got dark〉.
（〈暗くなるまで〉、彼は彼女を待ち続けた）
2. I can't go to bed 〈till I finish this job〉.
（〈この仕事が終わるまで〉、ベッドには行けない。⇒〈この仕事が終わってはじめて〉、寝ることができる。）

until/till を使う場合、**until/till** ではじまらない方の〈S+V〉（つまり、「**主節**」）の動詞には、**継続するニュアンスのある動詞（状態を表す動詞など）**を使

うのが基本です。「その動作や状態が until/till の後ろに示された時点まで続く」という感じ。

ただし、**2** のように、否定文では継続性の感じられない動詞を使うこともできます。また、その場合、直訳すると「…しない［…でない］状態が until/till の後ろに示された時点まで続く」となりますが、これは裏を返すと、「その時点になって、はじめて［ようやく］…する」という意味。

「〜になって、はじめて［ようやく］…した」という日本語の文を **not ... till/until 〜** という表現を使って書かせる英作文の問題、あるいは逆に not ... till/until 〜 という表現を「〜になって、はじめて［ようやく］…した」という意味に和訳させる問題は頻繁に見かけるので、ぜひ覚えておいてください。また、

彼女は深夜になってようやく帰ってきた。
　⇒ She didn't come back home till midnight.
　⇒ She didn't come back home before midnight.

のように、**否定文と until/till を組み合わせたカタチは、否定文と before を組み合わせたカタチでも言い換え可能**です。

④ **unless**
〈unless S+V〉のカタチで「SがVしない限り、SがVする場合を除いては」という意味を表す従属接続詞です。一語で **if ... not**（もし…でなければ）と同じ意味を表す従属接続詞という見方もできます。

I will die 〈unless the doctors operate immediately〉.
　= I will die 〈if the doctors don't operate immediately〉.
　（〈医者たちがすぐに手術をしない限り〉、私は死んでしまうだろう。）

〈unless S+V〉や〈if S+V〉を「条件を表す副詞節」と呼ぶこともあります。

⑤ once

once は「一度、かつて」という意味を表す副詞としても使いますが、「いったん…すれば」という意味を表す従属接続詞としても使えます。

〈Once you make a promise〉, you have to keep it.
(〈いったん約束をしたら〉、それを守らないといけない。)

〈once S＋V〉も「時を表す副詞節」と呼ぶことがあります。

⑥ though と although

〈though/although S＋V〉のカタチで、「SがVするにもかかわらず、SがVだけれども」という意味を表します。意味は同じですが、although はどちらかというと書き言葉でよく使われる表現です。

1. 〈Although I hate you〉, I may need you at heart.
   (〈私はあんたを憎んでるにもかかわらず〉、心の奥で必要としてるのかもね。)
2. He wants to be understood 〈though he says he is OK to be alone〉.
   (彼は自分を理解してほしいんだ。〈独りで大丈夫なんて言ってるけどさ〉。)

このようなニュアンスを表す〈though/although S＋V〉を「譲歩を表す副詞節」と呼ぶこともあります。

「『譲歩』って何？」
と疑問に思う人もいるかもしれないけど、これは読んで字のごとく、「歩み寄って、『しょうがねぇなぁ』と譲ってあげる感じ」だと思ってください。でも、従属接続詞ではじまる〈S＋V〉と、もう一方の〈S＋V〉が対照的な内容になるときに使う「対比」の表現と言った方がわかりやすいかな？

⑦ while

従属接続詞の while には次の2パターンの使い方があります。

1. ⟨While Kogure was talking to the followers⟩, Yuzawa was beating a drum.
(⟨コグレが信者に話している間⟩、ユザワはドラムを叩いていた。)
2. His eyes look sad ⟨while he always laughs merrily⟩.
(⟨彼はいつも陽気に笑っているけど⟩、目は悲しそうに見える。)

1 は、when とニュアンスが似ていますが、⟨**while S＋V**⟩ というカタチで「**SがVする間（に）**」のような「**ある状態や動作が続いている一定の時間や期間**」を表す使い方です。

2 は、同じ ⟨while S＋V⟩ というカタチで「**SがVする一方で・けれど**」という **though/although に近いニュアンス**を表す使い方です。while ではじまる ⟨S＋V⟩ と、もう一方の ⟨S＋V⟩ が対照的な内容のときに使う「**対比」の表現**という感じ。

なお、p.119でも述べた通り、英語では従属接続詞ではじまる ⟨S＋V⟩（**従節**）と、もう一方の ⟨S＋V⟩（**主節**）の**主語が同じ**で、かつ前者で **be 動詞**が使われている場合には、**従属接続詞の後ろの主語と be 動詞をまとめて省略可能**です。

1. ⟨When (I was) a student⟩, I visited several countries.
(⟨学生だったとき⟩、いくつかの国々を訪れた。)
2. He fell asleep and met with an accident ⟨while (he was) driving⟩.
(⟨運転している間に⟩、彼は居眠りして事故を起こした。)

従属接続詞の **when** と **while** を使う文では、特にこうした省略がよく見られます。ただし、たとえ同じ主語が使われていても、

× ⟨When (he) decided to write a book⟩, he was 25 years old.

(〈本を書くことに決めたとき〉、彼は25歳だった。)

のように、〈when/while S+V〉の動詞が be 動詞でない場合に、主語だけを省略することはできないところに注意！　また、

× He fell asleep and met with an accident 〈while he (was) driving〉.
× He fell asleep and met with an accident 〈while (he) was driving〉.

のように、中途半端に、主語または be 動詞のどちらかだけを省くのもナシです。省略は、あくまでも「従節と主節の主語が同じで、さらに従節で be 動詞が使われている場合」に、「従節の主語と be 動詞をまとめて」というところに注意してください。

⑧ whether
whether も従属接続詞として使えますが、使い方に要注意。基本的には、

You have to study English, 〈whether you like it or you don't like it〉.
(〈好きであろうと好きでないとしても〉、英語を勉強しないといけない。)

のように、〈whether A or B〉というカタチで使います。意味は「(たとえ)AであろうがBであろうが」という感じ。ただし、上の例のように、or の後ろに入る内容が or の前にある内容の否定に当たる場合は、

⇒ 〈Whether you like it or not〉, you have to study English.

のように、シンプルに〈whether A or not〉というカタチで表すのが普通です。また、

Nothing can live without water, 〈whether animal or plant〉.
(〈動物であろうと植物であろうと〉、水なしで生きることはできない)

のように、**whether** の後ろの **A or B** の部分は、〈**S＋V**〉のカタチにしないことも結構多かったりします。

先の例では、従属接続詞の **whether** の前にコンマが入っているという点にも注目してください。副詞１個分の働きをする〈**従属接続詞 S＋V**〉を文の前につけ足す場合には、後ろの〈**S＋V**〉（＝主節）との間にコンマを入れるのが決まりなんだけど、文の後ろにつけ足す際には、このように**従属接続詞の前にコンマを入れても入れなくてもどちらでもOK**ってこと。

なお、「(たとえ) **A**であろうが **B**であろうが」という意味を表す、〈**whether A or B**〉のカタチは「譲歩を表す副詞節」と呼ばれることもありますが、この辺の細かい分類は参考程度に見てもらうだけでOK。大事なのは、あくまでもこうした１セットが、副詞１個分の働きをするカタチ（文の要素が揃ったカタチに、１セットでおまけ的につけ足せるカタチ）というところですから。

いわゆる「名詞節」をつくる whether/if

> **Q** I want to know whether you like me or not.
> という英語の文を日本語にするとどうなるでしょう？

「〈whether S＋V or not〉って、さっきやったばっかりのカタチ！　これで、『SがVであろうとなかろうと』って感じだから……『私は〈あなたが私を好きであろうとなかろうと〉を知りたい』！　……って、なんかビミョーかも。。。」

と、思った人も多いはず。
この場合、自然な日本語に直すと、「私は〈あなたが私を好きかどうか〉を知りたい」という感じになります。つまり、〈whether S＋V or not〉というカタチに対応する日本語としては、「SがVであろうとなかろうと」という表現がしっくりくる場合と、「SがVかどうか」という表現がしっくり場合があるのです。

「SがVであろうとなかろうと」という表現が合う場合と、「SがVかどうか」という表現が合う場合では、英文の構造をよく見てみると、実は、ちゃんと違いがあります。今の英文をもう1度よく見てください。

I want to know 〈whether you like me or not〉.

この英文の〈whether you like me or not〉という1セットって、品詞で言うと何に当たるかわかりますか？

後ろに前置詞ナシで名詞を続けられる（＝後ろに目的語を続けられる）know という動詞の直後にこの1セットがスッポリ収まっているということは……、「名詞！」ですよね。つまり、〈whether you like me or not〉は、名詞1個分の働きをする1セットなのです。言ってみれば、名詞節。

副詞で名詞で形容詞。〈従属接続詞 S＋V〉(その１) **STEP 7**

それに対して、「**SがVであろうとなかろうと**」という意味を表す〈whether S＋V or not〉というカタチは**副詞1個分**の働きをするいわゆる副詞節でしたよね。

要するに、従属接続詞の whether を使った〈whether S＋V or not〉というカタチは、1セットで名詞1個分としても、副詞1個分としても使えるってこと。そして、名詞の場合は「**SがVかどうか**」という訳がぴったりで、副詞の場合は、「**SがVであろうとなかろうと**」という表現がぴったりくるってわけ。

また、「名詞1個分として使える」ということは……、この〈whether S＋V or not〉という1セットは、より大きな文の主語としても使えるし、be 動詞の後ろに入れて補語としても使えるし、前置詞の後ろに入れて使うこともできるってことです！ 例えばこんな感じ（↓）。

★ 主語（S）の位置にスッポリ！（1セットで主語として使える）
　〈Whether you like me or not〉isn't important to me.
　（〈あなたが私を好きかどうか〉は私にとって重要ではありません。）
　＊形式主語の it を使って、次のように表すこともできる。
　　⇒ It is not important to me〈whether you like me or not〉.

★ 目的語（O）の位置にスッポリ！（1セットで目的語として使える）
　He doesn't know〈whether you like me or not〉.
　（彼は〈あなたが私を好きかどうか〉を知らない。）

★ 補語（C）の位置にもスッポリ！（1セットで補語として使える）
　The question is〈whether you like me or not〉.
　（問題は〈あなたが私を好きかどうか〉です。）

★ 前置詞の後ろにだってスッポリ！
　My success depends on〈whether you help me or not〉.
　（私の成功は〈あんたが手伝ってくれるかどうか〉にかかっている。）

で、こういう感じで、〈whether S+V〉が文中の名詞を入れられる場所にスッポリ収まっている文（〈whether S+V〉を取り除いてしまったら、「名詞の穴」がポッカリ開く文）に出会ったら、「SがVするか（どうか）」という意味に解釈するなり、訳すなりすればOK。一方、

〈Whether you like it or not〉, you have to study English.
（〈好きであろうとなかろうと〉、英語を勉強しないといけない。）

のように、仮に〈whether S+V〉を取り除いても欠ける要素のないちゃんとした文のカタチが残るのであれば、副詞1個分の働き（副詞節）だと考えて、「（たとえ）AであろうがBであろうが」という意味にとらないとダメ。

> 〈whether ... or not〉は、次の2通りの意味を表す！
> ①「…かどうか」（名詞節の場合）
> ②「（たとえ）…であろうがなかろうか」（副詞節の場合）

なお、whether の代わりに if を使った、〈if S+V or not〉というカタチも、〈whether S+V or not〉と同じ意味を表す名詞1個分として使えます。

He doesn't know 〈if you like me or not〉.
（彼は〈あなたが私を好きかどうか〉を知らない。）

みたいな感じ。ただし、どっちも同じ意味を表すんだけど、

★ whether ⇒どんなときに使ってもOK。
★ if ⇒主に「SがVかどうか」という意味の1セットが目的語になる場合に使う。「SがVかどうか」という意味の1セットが主語なんだけど、位置が文頭ではない場合（形式主語の it を使って後ろに回した場合など）に使うことも可能。

副詞で名詞で形容詞。〈従属接続詞 S+V〉(その1) STEP 7

という違いがあるのでちょっと注意。**if** は使える状況は限られるんだけど、その分、**会話なんかでは whether よりも好んで使われる**傾向があります。早い話、whether はオールマイティー、if は深く狭くみたいな感じ。

また、1セットで名詞1個分の働きをする〈**whether/if S+V or not**〉というカタチの **or not** の部分を省いて、単に、

〈**Whether you like me**〉**is not important to me.**
He doesn't know〈**if you like me**〉**.**

のようにすることも多いです。**副詞1個分の1セットをつくる whether の後ろには基本的に or ... がくっつくので、なかったら名詞1個分の働きだ**って考えて、「**SがVか(どうか)**」って意味に解釈してしまえばOK。つまり、後ろに or ... がくっついていない場合は見分けるのがラク。

さて、1セットで名詞1個分の働きをする〈従属接続詞 (S+) V〉のカタチ(=名詞節)と言えば、ここまでに「**SがVすると(いうこと)**」という意味を表す〈**that S+V**〉。それから、「**Sが いつ／どこで／何を etc. Vするか**」または「**SがVするとき／場所・ところ／もの・こと etc.**」といった意味を表す〈疑問詞 (S+) V〉がありましたよね。

この2つに、「**SがVか(どうか)**」という意味の〈**whether/if S+V (or not)**〉が加わったところで、名詞節の主要メンバーは全員集合と考えてもらってOK。要するに、副詞節とは違って、名詞節をつくることができる従属接続詞はとってもレアだってこと。

で、もうひとつついでに思い出してもらいたいのですが、名詞1個分の働きをする〈疑問詞 (S+) V〉を含む英文を、**STEP 3** では「間接疑問文」とか呼んでいましたよね。疑問詞を使う疑問文もあれば、当然、**疑問詞を使わない疑問文**もあるわけで……実は、**Yes か No で答える**疑問文、いわゆる **Yes/No question** (p.116も参照) もやっぱり**名詞1個分の働き**で文の中に入れて「**間接疑問文**」にすることができたりします。

そのための従属接続詞が whether と if ！　例えば、**Do you like me?**（あんた、私を好きなの？）みたいな疑問詞を使わない疑問文の頭に従属接続詞の whether/if を入れて、その後ろを普通の文の語順にすれば、

I want to know 〈whether/if you like me〉.
（私は〈あなたが私を好きなのか〉知りたい。）

という感じで、名詞１個分の働きで文の中に入れられるっていう見方もできるってわけ。普段、自分で使うときには「SがVか（どうか）」って意味なら、英語では〈whether/if S＋V (or not)〉って表すって考えておけば十分だけど、whether/if は（疑問詞を使わない）疑問文を名詞１個分の働きで文に入れるための従属接続詞ってことを知っておけば、

He asked me, "Do you love me?"
　⇒ **He asked me 〈whether/if I lovеd him (or not)〉.**

みたいな書き換え問題にも対応できるはず。
なお、この手の書き換え問題では、〈whether/if S＋V (or not)〉というカタチの主語や動詞の時制などを、もう一方の〈S＋V〉との関係に合わせて、いろいろと変化させる必要もあるので、

彼は私に「キミはボクを愛してる？」って聞いた。
　⇒ 彼は私に私が彼を愛しているか聞いた。

というふうに一度、しっかり日本語に直して関係を確認するのがオススメ。

副詞で名詞で形容詞。〈従属接続詞 S+V〉（その1） **STEP 7**

未来だけど未来じゃない！

次の文をよーく見てください。気づくことがありませんか？

1. I will go shopping if it's sunny tomorrow.
2. I want to know if she will come to the party tomorrow.

「……どっちも〈if S+V〉ってカタチが使われてて、tomorrow（明日）って単語が入ってる！」

というのは、色もつけてあるし、一目瞭然ですね。でも、ココでもうひとつ、それぞれの文の「**時制**」にも注目してみてください。

「……どっちも『明日』という未来の話なのに、**1**では if の後ろに will が入ってなくて、**2**では if の後ろに will が入ってる！ 何で？」

と、疑問に思ってもらったところで、思い出してほしいのは、〈if S+V〉というカタチは、1セットで、

★「(もし) S が V するなら」という意味の副詞1個分（副詞節）として使える。
★「S が V か（どうか）」という意味の名詞1個分（名詞節）としても使える。

というところ。実は、この1セットで副詞1個分（副詞節）なのか、名詞1個分（名詞節）なのかというところが、〈if S+V〉のカタチに will が入るかどうかの分かれ道なのです！ 『攻略編』では、

「〈if S+V〉を使って、『もしSがVするなら』という意味を表す場合、たとえ未来の話でも、〈if S+V〉というカタチの中の動詞には will を入れちゃダメ」

という話をしましたが、この部分をより正確に言うなら、

「〈if S+V〉が副詞節なら、未来の話でも〈if S+V〉の中に will は入れず、名詞節なら、未来のことにはちゃんと will を入れる」

という感じ。例えば、さっきの、

1. I will go shopping 〈if it's sunny tomorrow〉.

という英文から仮に if it's sunny tomorrow を取り除くと、残るのは、I will go shopping という、ちゃんと文の要素が揃ったカタチですね？
つまり、「**1** の 〈if S+V〉は副詞1個分の働き（副詞節）！」ということ。
だから、will が入らないんです！　意味的にも

⇒ **1.** 〈もし明日晴れたなら〉、買い物へ行くだろう。

という感じでよさそうです。

2. I want to know 〈if she will come to the party tomorrow〉.

の場合はどうでしょうか？　仮に、if she will come to the party tomorrow を取り除くと、残るのは I want to know ですね。know は後ろに前置詞ナシで名詞を続けても（他動詞として使っても）、続けなくても（自動詞として使っても）OKな動詞だから、これだけで、**文の要素がそろったちゃんとしたカタチという可能性もなくはない**。でも、know は後ろに名詞を続ける方が（他動詞としての使い方の方が）一般的だから、とりあえず、〈if S+V〉は、1セットで**名詞1個分の働き（名詞節）**と解釈して、意味を考えると……、

⇒ **2.** ボクは〈明日、彼女がパーティーに来るか〉知りたい。

という感じでバッチリっぽい。
つまり、「**2** の 〈if S+V〉は名詞1個分の働き（名詞節）！」ということ。
だから、will が入るんです。

副詞で名詞で形容詞。〈従属接続詞 S+V〉(その1) STEP 7

問題で確認してみましょう。

> **Q** 次の空所に入る最も適切なものを (a) ～ (c) の中から選びなさい。
>
> If I (   ) the invitation tomorrow, what should I do?
> (a) lose   (b) losing   (c) will lose

「**tomorrow** があるから、そりゃ **(c) will lose** でしょ？」
なーんて、安易に考えたら絶対ダメ！　ちゃんと英文の構造に注目すること。

〈If I (   ) the invitation tomorrow〉が文頭にあって、その後ろにコンマがあるって時点で実は勝負アリなんだけど（副詞節は文頭か文末におまけっぽく入って、文頭の場合は後ろにコンマが入る）、一応、取り除いてみたら、後ろには what should I do っていうちゃんと文の要素が揃ったカタチが残りますよね。つまり、〈**if S+V**〉は1セットで「**副詞節**」ってこと。だから、現在形を使った **(a) lose** が正解。意味は、
「もし明日、招待状をなくしたら、どうすればいいの？」
みたいな感じ。

なお、〈**if S+V**〉が「副詞節」で、内容的に未来のことという場合には、**現在形**に限らず、いわゆる**現在進行形**や、**現在完了**を使うこともアリ。とにかく will は入れずに「現在」と名のつくカタチを使うってこと。

さらに！　「内容的に未来のことであっても、**will** を入れない」というルールは、**if** 以外の「1セットで副詞1個分の働きというカタチをつくる従属接続詞」を使う場合にも当てはまります。特に「条件・仮定・時などを表す副詞節」なんかで、この傾向は顕著。次のような感じで覚えておくといいでしょう。

⚠️ 「条件・仮定・時などを表す副詞節」では、内容的に未来のことでも、will を入れず、現在時制を使う！
（現在進行形や現在完了もアリ）

「条件・仮定・時などを表す副詞節」をつくる従属接続詞の代表は次の通り。

重要 ⬇

★「条件・仮定・時などを表す副詞節」をつくる従属接続詞
if ...（もし…なら）、**unless** ...（…しない限り、…な場合を除いては）、**after** ...（…したあとで）、**before** ...（…する前に、…しないうちに）、**once** ...（いったん…すれば）、**until/till** ...（…するまで）、**when** ...（…するとき）、**while** ...（…する間）、**whether A or B**（AであろうとBであろうと）

と、いきなり問題。

Q 正しいのはどっち？

① Do you remember when we get together next time?
② Do you remember when we will get together next time?

when や whether は、if と同様、副詞節だけでなく名詞節もつくれる従属接続詞。だから、〈when/whether S＋V〉が名詞節だったら、未来のことには、if と同様、〈when/whether S＋V〉の中にちゃんと will を入れないとダメ。

この場合、英文の構造を考えると、〈when S＋V〉という1セットが、

副詞で名詞で形容詞。〈従属接続詞 S+V〉(その1)　STEP 7

remember の後ろに続く名詞（目的語）なので、〈when S+V〉は名詞節。さらに next time（今度）という未来を表す表現もあるのだから、〈when S+V〉の中には will が入るという点に注意。よって、正解は②。

ちなみに、ココまでに何度か述べているように、〈when S+V〉が名詞節の場合、対応する日本語としては「Sがいつvするか」でも「SがVするとき」のどちらもアリだから、この場合も、

A. キミは〈次にボクらがいつ集まるか〉覚えてる？
B. キミは〈次にボクらが集まるとき〉を覚えてる？

という2通りの訳が可能。一般の文法書や問題集では「〈when S+V〉が名詞節＝『SがいつVするか』」、「〈when S+V（その他）〉が副詞節＝『SがVするとき』」と、割り切っているものが多いけど、実際には〈when S+V〉が名詞節でも、「SがVするとき」という日本語の方がピッタリくる場合もあるので、〈when S+V〉が名詞節か副詞節かの判断は、日本語訳ではなく、英文の構造を決め手にする方が確実です。

なお、ちょっとややこしいけど、次のようなケースもあるので、参考までに。

1. 〈いつそのプロジェクトを開始するか〉を決めましょう。
　⇒ Let's decide 〈when we (will) start the project〉.
　＊ Let's decide ...（これから…を決めよう）や Tell me ...（これから…を話してよ）のような、命令形の後ろなど、内容的に未来というのがわかる表現の後ろに続く名詞節には、その中に will を入れても入れなくてもいい。

2. 私は〈いつそのプロジェクトを開始するか〉を決めるつもりだ。
　⇒ I'll decide 〈when I start the project〉.
　＊ 主節に will が入ったりして、「未来」の話であるとはっきりわかるのなら、名詞節の中には will を入れず現在形などで済ませる。

気づけば従属接続詞？〈every time S+V〉ほか

Q Every time I call Shizuka, she is taking a bath.
という英語の文を日本語にするとどうなるでしょう？

「…… every time は『毎回』って意味だよね。ってことは、『私がシズカに電話するときは、毎回、彼女はお風呂に入っている』かな？」

という感じで、何となく読めてしまった人も多いと思います。でも、この文をもう一度よく見てください。

「この文って……接続詞が入ってないクセに、I call と She is (taking) という〈S+V〉のカタチがふたつも入ってる！ こんなカタチってアリなわけ？」

と、不思議に思いましたね？
まあ、結論を言ってしまうと、こんなカタチも「アリ」。ここでは、**every time が従属接続詞に当たる役割をしている**と考えればOK。

「……でも、every time って『毎回』って意味の名詞、もしくは副詞に当たる表現じゃなかったっけ？」

と考えた人はよい目のつけどころをしていて、この英文も元はと言えば、

{Every time +〈(when/that) I call Shizuka〉}, she is taking a bath.

というカタチだと解釈するべきなんです。
つまり、**every time** という語句を〈(when/that) I call Shizuka〉という関係詞節が説明しているカタチ。関係副詞の when は that で言い換え可能で、かつ省略可能でしたよね（p.187も参照）。そんなわけで、ここでも関係詞の

副詞で名詞で形容詞。〈従属接続詞 S＋V〉（その１）　**STEP 7**

when/that が省略されたカタチなんだけど、もちろん省略せずに when/that を入れてしまっても問題ナシ。ココで、

「……確か {名詞＋〈関係詞（S＋）V〉} のカタチって１セットで名詞１個分の働きじゃなかったっけ？　でも、この文から {Every time ＋〈(when/that) I call Shizuka〉} を取り除いても、『名詞の穴』なんてできないよね。**She is taking a bath** って、欠けている要素のない完全な文のカタチが残るでしょ。ということは、この１セットは副詞１個分の働きをしているってことにならない？　何か変じゃない？？」

と、気づけた人は、素晴らしい！
この「変さ」の原因は、**every time** という表現が「時」を表す表現だってところにあります。「時を表す表現」は、基本的に名詞としても副詞としても使えるということで、ここでの every time は

★名詞として、形容詞の働きをする「関係詞」節に説明してもらう
★文全体では副詞の役割で、おまけ的に前置詞ナシでくっつく

という一人二役の離れ業を披露してくれてるわけです。
が、まあ、これは理屈を考えればこういうことになるというだけで、普段、こんなメンドクサイことをいちいち考える必要は、まったくナシ。

〈every time S＋V〉 ⇒ 「SがVするときは毎回・いつでも」

という意味の「時を表す副詞節」をつくる従属接続詞だって覚えておけば、それで十分です。今までに出てきた従属接続詞は全部「単語」だったけど、every time の場合は「複数の語の集まり」が１セットで従属接続詞１個分の働きをするというところがポイント。

なお、〈every time S＋V〉と同じように、**本来は従属接続詞ではないんだけど、いろいろあって、いつの間にか「副詞節をつくる従属接続詞」の感覚でも使われるようになった表現**は割とたくさんあります。ここからはそ

うした表現をズラッと並べていくけど、その前に一言。今から示すリストは、くれぐれも**一気に覚えようとしないこと**。多分、ストレスが溜まるだけですから。とりあえずざっと見て、気が向いたときに少しずつ覚えていけばそれで十分です。

> **重要**
>
> ★「時を表す副詞節」をつくる従属接続詞的な表現　その1
> ● 〈the first time (when/that) S＋V〉⇒「はじめてSがVするとき」
> ● 〈the last time (when/that) S＋V〉⇒「最後に［前回］SがVしたとき」
> ● 〈next time (when/that) S＋V〉⇒「次にSがVするとき」
> ● 〈by the time (when/that) S＋V〉⇒「SがVする（とき）までに」
> 　＊「SがVするまで」を意味する〈until/till S＋V〉との区別に注意！
> ● 〈the moment (when/that) S＋V〉⇒「SがVする瞬間、SがVするやいなや」

上の表現は、〈every time S＋V〉と同じく**「時」を表す表現**の後ろに〈S＋V〉が続くカタチ。いずれも「時を表す表現」とその後ろの〈S＋V〉の間に関係詞の when/that を入れてもいいし、入れなくてもいいというのが共通点。なお、「**時を表す副詞節**」をつくれる表現には、ほかにもこんなのが（↓）。

> **重要**
>
> ★「時を表す副詞節」をつくる従属接続詞的な表現　その2
> ● 〈immediately/instantly S＋V〉⇒「SがVする瞬間、SがVするやいなや」
> ● 〈as soon as S＋V〉⇒「SがVするとすぐに、SがVするやいなや」
> ● 〈as long as S＋V〉⇒「SがVする間、（時間的に）SがVする限り」

副詞で名詞で形容詞。〈従属接続詞 S＋V〉（その1）　STEP 7

いわゆる比較表現を用いた決まり文句的な表現が多いのが特徴です。また、〈as long as S＋V〉によく似た表現として、

〈as far as S＋V〉⇒「（範囲を示して）SがVする限りでは」

という表現もあります。

You can enjoy her dishes as long as you stay here.
（ここにいる限り、彼女の料理が食べられますよ。）
As far as I know, they've never come to Japan.
（ボクが知る限り、彼らは日本には来たことがないはずだ。）

という感じで、この2つが表す意味は何だかそっくり。だけど、前者は「…する間」と言い換え可能な「時間・期間」を表す「…する限り」で、後者は時間と関係ない「範囲」を表す「…する限り」であるという点に注意。
さらに〈as far as S＋V〉と似たような意味を表す表現がこちら（↓）。

〈to the extent (that) S＋V〉⇒「SがVする限り（においては）」

最後は残りの表現を一気に。

重要

★「理由を表す副詞節」をつくる従属接続詞的な表現
● 〈in that S＋V〉⇒「SがVするという理由で」
　＊前置詞の後ろに従属接続詞の that が続く例外的な表現。
● 〈now (that) S＋V〉⇒「今や［もはや］SがVするので」
● 〈seeing (that/as) S＋V〉⇒「SがVするのだから、SがVすることから思うに」

★「条件・譲歩を表す副詞節」をつくる従属接続詞的な表現
● 〈except (that) S＋V〉⇒「SがVという事実を除けば、SがVで

275

なければ」
- ⟨in case (that) S＋V⟩ ⇒「(万一) SがVする場合は、もしSがVだといけないので」
- ⟨in the event (that) S＋V⟩ ⇒「(万一) SがVする場合は、もしSがVだといけないので」
- ⟨given (that) S＋V⟩ ⇒「SがVすると考慮すると、もしSがVするなら」
- ⟨provided/providing (that) S＋V⟩ ⇒「もしSがVするなら」
- ⟨suppose/supposing (that) S＋V⟩ ⇒「SがVすると仮定すると、もしSがVするなら」
- ⟨granting (that) S＋V⟩ ⇒「SがVとは認めるけど、仮にSがVするとしても」

＊どれも that を入れるカタチが普通。

何だか特殊なカタチの表現が多いけど、ここで取り上げたのは、**本来は名詞とか形容詞とか異なる役割**で使われていたんだけど、いつの間にか一種の**決まり文句**として特別に従属接続詞1個分の役割でも使われるようになった表現ばかりです。こうした決まり文句的な表現は**覚えてさえいれば楽勝**なんだけど、**知らなかったらそれで終わり**という怖い一面もあります。

だから、ここで取り上げた表現については、あまりカタチのことは気にせずに、丸暗記してしまう方がオススメ。ムリして一気に覚える必要はありませんが、こうした表現は、**長文読解や選択問題、英作文などのポイントとして出題されることも多い**ので、気長に、でもしっかりと覚えるようにしてください。きっと、そのうち役立ちますよ。

副詞で名詞で形容詞。〈従属接続詞 S+V〉（その1） **STEP 7**

「ふくしゅう」舞踏会……7曲目

なかなか終わらない従属接続詞シリーズですが、ここでは副詞節、名詞節、形容詞節（＝関係詞節）のおさらいをしつつ、今まで取りこぼしていた重要な従属接続詞を一気にフォロー。名詞節としても、副詞節としても使うけど、そのどちらの働きかで、対応する日本語が大きく異なる〈whether/if S+V〉には特に注意。

> **Q** 日本語の内容に合う英文を書きましょう。
>
> **1.** ボクにサトシがこのマンガを知ってるかどうか教えてよ。
> **2.** 彼女は、次の日、仕事がある（have work）としてもそうでないとしても、少なくとも2時（at least two）まで起きている。
> **3.** はじめて彼らを見たとき、あんたは彼らがカッコイイ（cool）って感じたの？

それではこのステップで学んだ「**さまざまな従属接続詞**」をおさらい。ポイントをアタマに叩き込んだ上で、満足のいく解答ができあがったら、p.280の「**解答と解説**」へ。

さまざまな従属接続詞その１

そのゼロ（大前提）：〈従属接続詞 S+V〉というカタチは１セットで副詞・形容詞・名詞１個分のいずれかの働きをする。

● 名詞１個分の働きをする１セット（＝名詞節）の場合：
  We talked about〈what they should do next〉.
  （ボクたちは〈彼らが次に何をすべきか〉について話した。）
→ 名詞節は、文中の名詞が入りそうな位置に収まる（名詞節を取り除くと、

277

文に「名詞の穴」が開くイメージ)。
- ●副詞1個分の働きをする1セット（＝副詞節）の場合：

  〈Because he's always busy〉, he doesn't listen to me.
  (〈彼はいつも忙しいので〉、私の話を聞かない。)
- →副詞節は、文の要素が揃ったカタチにおまけ的に（副詞的に）くっつく（副詞節を取り除いても、文に「名詞の穴」は開かず、欠ける要素のない完全な文のカタチが残る）。
- ●形容詞1個分の働きをする1セット（＝関係詞節）の場合：

  {The man ＋〈who wrote this song〉} must be a genius.
  ({〈この曲を書いた〉＋人} はきっと天才だよ。)
- →関係詞節は {名詞＋〈関係詞（S＋）V〉} というカタチで、前にある名詞を説明する。また、{名詞＋〈関係詞（S＋）V〉} というカタチが、1セットで大きな名詞1個分として、文中の名詞が入りそうな位置に収まる。

その1：副詞節は、使う従属接続詞によって、「時」を表すタイプ、「理由」、「条件・仮定」、「譲歩」を表すタイプのように、細かく分けることもできる。ただし、この区別は厳密なものではなく、複数のニュアンスにとれるものも多い。

- ●「時を表す副詞節」をつくる従属接続詞：

  after ...（…したあとで）、**before** ...（…する前に、…しないうちに）、**once** ...（いったん…すれば）、**since** ...（…して以来）、**until/till** ...（…するまで）、**when** ...（…するとき）、**while** ...（…する間）
- ●「理由を表す副詞節」をつくる従属接続詞：

  because ...（…だから、…なので）、**since** ...（…だから、…なので）
- ●「条件・仮定を表す副詞節」をつくる従属接続詞：

  if ...（もし…なら）、**unless** ...（…しない限り、…な場合を除いては）
- ●「譲歩を表す副詞節」をつくる従属接続詞：

  although/though ...（…にもかかわらず、…だけれども）、**whether A or B**（(たとえ) AであろうがBであろうが）、**while** ...（…する一方で、…だけれど）

副詞で名詞で形容詞。〈従属接続詞 S＋V〉（その1） **STEP 7**

その2：名詞節をつくる従属接続詞は以下の3種類。

- 〈that S＋V〉 ⇒「SがVすると（いうこと）」
- 〈疑問詞 S＋V〉 ⇒「Sが いつ／どこで／何を etc. Vするか」または「SがVする＋とき／場所・ところ／もの・こと etc.」
- 〈whether/if S＋V (or not)〉 ⇒「SがVするか（どうか）」

その3：whether と if は副詞節と名詞節のどちらもつくれる。〈whether/if S＋V（or not）〉というカタチは、副詞節としてはそれぞれ異なった意味を表すが、名詞節としては、どちらも、「SがVするか（どうか）」という意味を表す（Yes/No question を名詞1個分として、より大きな文に入れるための従属接続詞として使う感じ）。

- 〈if S＋V〉が副詞節という場合：
  〈If he comes here again〉, I'll call the police.
  （〈もし彼がまたここに来たら〉、警察に通報するよ。）
- 〈whether S＋V or not〉が副詞節という場合：
  〈Whether she likes me or not〉, I have to teach her.
  （〈たとえ彼女がボクを好きであろうとなかろうと〉、ボクは彼女に教えないといけない。）
- 〈whether/if S＋V（or not）〉が名詞節という場合：
  I want to know 〈whether/if she likes me or not〉.
  （〈彼女がボクを好きなのかどうか〉知りたいんだ。）

→if を名詞節で使えるのは、動詞の後ろで目的語の役割をする場合、主語の役割だけど、形式主語の it を使うという場合のみ。

その4：「時・条件・仮定を表す副詞節」の中では、未来のことでも will を使わず、現在時制で表す（現在進行形、現在完了も使える）。

例1：I'll get mad 〈if he comes late again next time〉.
　　（〈今度また彼が遅刻したら〉、きっと怒るね。）
→主節に対しておまけ的にくっつける、「副詞節」なので、未来の話題でも、

その中に will は使わない。
例2：Who knows ⟨**if he'll come back tomorrow**⟩?
（⟨明日彼が戻ってくるかどうか⟩なんてだれにわかる？）
→名詞節の場合は、未来の話題なら will をつけるのが普通。

その5：本来は名詞や形容詞などの役割だが、いつの間にか、従属接続詞1個分の役割でも使われるようになった表現というのもある。一種の決まり文句として暗記しておくのがおすすめ（p.272以降を参照）。

解答と解説

1. ボクにサトシがこのマンガを知ってるかどうか教えてよ。
→ Please tell me whether/if Satoshi knows this comic (or not). / Would you tell me ...（以下同）?

文全体を「ボクに⟨サトシがこのマンガを知ってる**かどうか**⟩（を）教えてよ」ととらえること。「サトシがこのマンガを知ってる**かどうか**」が**名詞1個分の働き**をする1セット（つまり、**名詞節**）で、「ボクに…（を）教える」を表す tell me ... の後ろに続くイメージ。「教える、伝える、言う」を意味する tell は ⟨tell 人＋もの・こと⟩ という順番であれば、後ろに前置詞ナシで名詞を2つ続けられる（目的語を2つ続けられる）動詞であることに注意……って、この本で何度も言ってるから、さすがにもう余裕？
「**S が V する か（どうか）**」という意味の名詞節をつくるときには、**従属接続詞**の whether か if を使って ⟨**whether/if S＋V (or not)**⟩ とするのでしたね？ 文全体のカタチは日本語の文と同じように、命令文のカタチでもいいし、あるいは **Would you tell me ... ?**（ボクに…を教えてくれませんか？）のような丁寧なお願いのニュアンスを表す疑問文のカタチでもOKです。命令文のカタチにする場合、please の位置は文頭でも文末でも可。

2. 彼女は、次の日、仕事があるとしてもないとしても、少なくとも2時まで

起きている。
→ She stays up until at least two(,) whether she has work the next day or not. / Whether she has work the next day or not, she stays up ...（以下同）

文全体を〈彼女は、〈次の日、仕事があるとしてもないとしても〉、少なくとも２時まで起きている〉ととらえること。「…であろうとなかろうと」というときは、従属接続詞の whether を使って、〈whether S＋V or not〉というカタチで表すのでしたよね。前の問題でも whether は登場しましたが、こちらは「副詞１個分（＝副詞節）」としての使い方というところに注意。日本語の文には、この「…であろうとなかろうと」という、whether を使って表しそうな部分に主語に当たる言葉が見当たりませんが、whether は従属接続詞なのだから後ろには、ちゃんと〈S＋V〉をセットで入れないとダメ。ここでは内容的に「彼女が」という主語を補うのが適切です。よって、この部分は、〈whether she has work the next day or not〉。副詞節なので、文のはじめか終わりにこれをおまけ的につけ足す感じにすればOK。残る「彼女は、…少なくとも２時まで起きている」という部分は、「…時まで起きている」を stay up until ... と表します。

3. はじめて彼らを見たとき、あんたは彼らがカッコイイって感じたの？
→ The first time (when/that) you saw them, did you feel (that) they were cool?

文全体を「〈はじめて彼らを見たとき〉、あんたは彼らがカッコイイって感じたの？」ととらえること。「はじめてSがVするとき」は、決まり文句の感覚で使われる〈the first time S＋V〉という１セットのカタチで表します。the first time の後ろには、関係詞に当たる when/that を入れても入れなくてもOK。よって、この部分は、〈the first time (when/that) you saw them〉となります。これは、１セットで副詞１個分（副詞節）という扱いになる表現なので、これを「あんたは彼らがカッコイイって感じたの？」という意味を表す、もう一方の〈S＋V〉（＝主節）の前か後ろにおまけ的につけ足す

281

ことになります。「あんたは彼らがカッコイイって感じたの？」は、「SがVと感じる」を〈feel (that) S＋V〉というカタチで表せばOK。

> **Q** 次の日本語の文の内容と、それに対する英語の文について、英文が正しければ○をつけ、間違っていれば正しい文に訂正しましょう。
>
> **1.** やるべきことがたくさんあるとき、私はいつも眠くなる。
> When have a lot of things to do, I always get sleepy.
>
> **2.** 私が知る限りでは、いつも彼は自分がよく知らない人と話すことを避けています。
> As long as I know, he always avoids to talk people that he doesn't know them well.
>
> **3.** 明日、中田先生はダマスカスに着いたらすぐ、あの白い服に着替えるんだろうね。
> Mr. Nakata will change into those white clothes as soon as he will arrive in Damascus tomorrow.

解答と解説

1. やるべきことがたくさんあるとき、私はいつも眠くなる。

× When have a lot of things to do, I always get sleepy.

→ ○ When **I** have a lot of things to do, I always get sleepy.

従属接続詞の when や while を使った、〈**when/while S＋V**〉というカタチを用いる場合、もう一方の〈S＋V〉（＝**主節**）と**主語が同じ**で、かつ〈**when/while S＋V**〉の中の動詞が **be 動詞**であれば、**when/while の後ろの主語と be 動詞をまとめて省略可能**でしたよね。でも、元の文では〈**When have a lot of things to do**〉のように、be 動詞ではなく have という一般動詞なので、省略不可。たとえ、主語が同じでも、動詞が be 動詞じゃなかったら、主語だけを省略したりはできないことに注意。

副詞で名詞で形容詞。〈従属接続詞 S＋V〉（その１） **STEP 7**

なお、「やるべきこと」は、関係代名詞を使って、**things (which/that) I should do** のように表すこともできますが、「…する（べき／ための）名詞」のように、「べき」や「ための」というニュアンスを含むものに関しては、シンプルに〈名詞＋ to 不定詞〉というカタチで表す方が普通です。また、「やるべきことがたくさんあるとき」は、**when there are a lot of things to do** とも表せます。

2. 私が知る限りでは、いつも彼は自分がよく知らない人と話すことを避けています。
　　× As long as I know, he always avoids to talk people that he doesn't know them well.
　　　→ ○ **As far as** I know, he always **avoids** talk**ing to** people **that** he doesn't know well.

ポイントは３点。
まず〈**as long as** S＋V〉と〈**as far as** S＋V〉は、どちらも「**S が V する限り**」という同じような意味を表しますが、〈**as long as** S＋V〉は「**…する間**」と言い換え可能な「**時間・期間**」を言うときに使う表現です。この問題の「**知る限り**」のような「**（知識の及ぶ）範囲**」を言う場合には、〈**as far as** I know〉と表します。
次に、「**…することを避ける**」は、〈avoid to 不定詞〉ではなく〈**avoid ...ing**〉という**動名詞**を使うカタチで表すのが決まり。また、「**…に話しかける、…と話す**」と言うときには、**talk to/with ...** のように、talk の後ろに前置詞を入れる方が普通です。なので、「**…と話すことを避ける**」は **avoids talking to ...**。
最後に「〈**自分がよく知らない**〉＋**人**」は {people ＋〈**that** he doesn't know them well〉} ではなく、{people ＋〈**that** he doesn't know 名詞の穴 well〉}と表します。この場合、先行詞が people なので、**that** は **people** の言い換え（＝関係詞の **who** の代わり）。関係詞節の中での**意味的なつながり**を考えると、**that**（＝ **people**）は **know** の後ろに続く**目的語**に当たるんだけど、接続詞としての機能優先で、関係詞節の頭に出る結果、

283

know の後ろに「名詞の穴」が開いた感じになるところに注意。

3. 明日、中田先生はダマスカスに着いたらすぐ、あの白い服に着替えるんだろうね。
　　× Mr. Nakata will change into those white clothes as soon as he will arrive in Damascus tomorrow.
　　→ ○ Mr. Nakata will change into those white clothes as soon as he arrives in Damascus tomorrow.

「**SがVするとすぐ、SがVする瞬間、SがVするやいなや**」を意味する表現は、〈the moment (when/that) S＋V〉、〈immediately/instantly S＋V〉、〈as soon as S＋V〉など、たくさんあるのですが、元の文では as soon as が使われていますね。このカタチそのものは何の問題もありません。ただし、〈as soon as S＋V〉というのは「時を表す副詞節」なので、たとえ「明日」のような未来の話でも、この中では will を使わず現在形（もしくは、現在進行形、現在完了）で表すという点に注意してください。

STEP 8

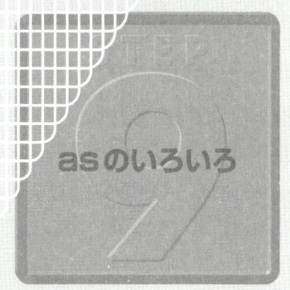

副詞で名詞で形容詞。
〈従属接続詞 S+V〉
その2

おまけ付き副詞節

> He explained the situation simply.
> という英語の文を日本語にするとどうなるでしょう？

「おお、これは〈S+V〉が He explained しかない！」

と、従属接続詞を使って複数の〈S+V〉を文に入れるカタチを散々見てきた今となっては、何だか新鮮な気分すらしたりして。注意点は **simply** が「簡単に、わかりやすく、単に」を意味する**副詞**だってことくらい。よって、

⇒ ◎ 彼は状況をわかりやすく説明した。

みたいな日本語に直せば正解。念のため、確認しておくと、これはp.24 の「**ポイント2**」でも説明した通り、副詞の役割の中でも「**動詞を説明する**」という役割。そんなことを意識しつつ、今度はこんな文をどうぞ。

He explained the situation simply 〈because he wanted to help her〉.

さっきの文の終わりに〈because S+V〉という「**理由を表す副詞節**」がくっついたカタチだから、

⇒ 彼は、〈彼女を助けたかったので〉、状況をわかりやすく説明した。

と、とらえれば正解！ ……なんだけど、実は**正解はそれだけではないんです**。ほかの解釈の仕方もアリ。次の通り。

He explained the situation {simply +〈because he wanted to help her〉}.
⇒ 彼は、{ただ+〈彼女を助けたかったから〉}、状況を説明した。

副詞で名詞で形容詞。〈従属接続詞 S+V〉（その2）　STEP 8

「……(-_-)？」
という人にヒント。**副詞の役割って動詞や文全体を説明するだけじゃなくて、ほかにもありましたよね？** 例えば、「**形容詞またはほかの副詞**」を説明する役割とか。というところで、

「ぴ〜〜〜ん！」

ときた人もいるのではないかと（希望的観測）。こない人は……またまたp.24へ戻った方がいいかも。because を使った、〈**because S+V**〉は「**副詞節**」でしたね。で、副詞節っていうのは、1セットで**副詞1個分**の働きをする〈**従属接続詞 S+V**〉のこと。だったら、副詞を使って、こうした1セットを説明することもできるんじゃないかって話になるわけです。

> **副詞は、副詞1個分の働きをする〈従属接続詞 S+V〉のカタチ（＝副詞節）を説明することもできる！**
> **その場合、副詞を副詞節の前に置く！**

このように、副詞節の前に副詞を置いて、〈**副詞＋副詞節**〉という1セット**感覚**で使う表現というのは、組み合わせがある程度決まっているので、決まり文句として覚えておく方がオススメです。まずは、〈**simply because S+V**〉と同じような〈**副詞＋理由を表す副詞節**〉の組み合わせの代表例から。

★〈副詞＋理由を表す副詞節〉
●〈simply/just/only/merely because S+V〉⇒「**ただ・単にSがVだから・という理由で**」
　例：She decided to go out with Naomichi〈simply/just/only/merely because she was free〉.
　　（彼女は、〈ただフリーだったという理由で〉、ナオミチとつき合うことにした。）

287

- ⟨partly because S＋V⟩ ⇒「ひとつにはSがVだから・という理由で」
  例：{Partly because he is a bit good-looking}, she has kept seeing him.（⟨ひとつには彼がちょっとオトコマエだから⟩、彼女は彼とつき合い続けている。）

- ⟨mainly because S＋V⟩ ⇒ ⟨主にSがVという理由で⟩
  例：Some people eat yogurt ⟨mainly because it may be good for hay fever⟩.（⟨主に花粉症にいいかもしれないという理由で⟩ ヨーグルトを食べる人もいる。）

「ただ・単にSがVだから」という内容は、いろいろな副詞を使って表せることに注意。
今度は⟨副詞＋条件・譲歩を表す副詞節⟩の組み合わせをどうぞ。

★⟨副詞＋条件・譲歩を表す副詞節⟩
- ⟨even if S＋V⟩ ⇒「たとえ、（もし）SがVだとしても」
  例：⟨Even if you can't cry frankly⟩, your tears at heart make you strong.
  （⟨(たとえ) 素直に泣けなくても⟩、心の中の涙は人を強くする。）
- ⟨even though S＋V⟩ ⇒「たとえ、SがVだとしても」
  例：⟨Even though you can't cry frankly⟩, your tears at heart make you strong.
  （⟨(たとえ) 素直に泣けなくても⟩、心の中の涙は人を強くする。）

- ⟨only if S＋V⟩ ⇒「SがVする場合だけ、SがVしさえすれば」
- ⟨only when S＋V⟩ ⇒「SがVする場合だけ、SがVするときだけ」
  例：He feels the joy of living ⟨only when she smiles⟩.
  （⟨彼女が笑うときだけ⟩、彼は生きていることへの喜びを感じる。）

このように if の前に even や only といった副詞をくっつけたカタチも非常によく使われます。even if と even though が表す意味はほぼ同じですが、even if は「はっきりしないこと、不確定なこと」について述べる場合に使

い、**even though** は「すでにはっきりしていること、話し手が知っている事実」について述べる場合に使うというニュアンスの違いがあることにも注意。

例えば、〈**Even if** you can't cry frankly〉であれば、「あなたが素直に泣けないかどうかはわからないけど」、〈**Even though** you can't cry frankly〉であれば、「あなたが素直に泣けないことはわかっているけど」というニュアンスを含むことになります。また、まれに **if** を **even if** と同じ「たとえ…だとしても」という意味で使うこともないわけではないので、長文読解のときなどには注意してください。

★〈副詞＋時を表す副詞節〉
●〈ever since S＋V〉⇒「SがVして以来ずっと」

●〈「時」を表す表現＋ before/after S＋V〉「SがVする…前／後（に）」
　例１：She died 〈two days before he came back home〉.
　　　（彼女は〈彼が家に帰ってくる２日前に〉死んでしまった。）
　例２：He also passed away 〈thirteen months after she died〉.
　　　（〈彼女が死んだ13カ月後〉、彼もまた天に召された。）

〈**ever since** S＋V〉と〈**since** S＋V〉は、どちらもほとんど同じ意味ですが、**ever** という副詞をつけた方が、「(…して以来) **ずーっと**」のように強調されている感じがします。**ever** は、**基本的に「強調」のニュアンスを表す副詞**ですが、なかなかぴったり合う日本語が見当たりません。なので、見かけたら「あ、『強調』のニュアンスを出したいんだな」と考え、訳などはそのつど調整するつもりでいるといいでしょう。

that の試練　その1（so ... that S+V）

まずは次の文の意味を考えてください。

1. The movie was so boring.
2. They write such nice songs.

so は「そのように」は such は「そのような」という意味で、前に出た話題などを受けるときにもよく使われるのですが、それ以外に「**とても、非常に**」という意味で様子や程度などを強調したいときにも使われます。この場合も「強調」のパターン。ということで、答えは、

⇒ ◎ 1. その映画はとても退屈だった。
⇒ ◎ 2. 彼らは非常に素晴らしい曲を書く。

という感じ。ただし、so と such は、表す意味はよく似ているんだけど、**説明する対象が微妙に違うところに注意！**

- **so** ⇒ 〈so 形容詞／副詞〉というカタチで、**単独の形容詞や副詞を強調するとき**に使う。
  例：so nice（とてもよい）、so fast（とても早く）、so well（とても上手に）

- **such** ⇒ 〈such (a(n))（＋形容詞＋）名詞〉というカタチで、**単独の名詞または形容詞がくっついた名詞を強調するとき**に使う（名詞が単数の場合、a(n) の入る位置に注意）
  例：such a coward（すごい意気地なし）、such a cold day（とても寒い日）、such nice songs（とても素晴らしい曲）

以上を踏まえて、今度はこんな英文をどうぞ。

3. The movie was so boring that we stopped watching it.

4. They write such nice songs that she respects them.

どちらも that の前までは問題ないですよね。
3 は The movie was so boring（その映画はとても退屈だった）、**4** は They write such nice songs（彼らは非常に素晴らしい曲を書く）という感じで、さっきの**1**、**2**とまったく同じカタチ。ただし、ここではその後ろに、〈that S+V〉ってカタチ（いわゆる that 節）がくっついているのが困りどころ。
これを見て、

「〈that S+V〉って感じで、that ではじまるからには、『SがVすると（いうこと）』という意味の名詞節？」

と、思った人は、用語も含めて、ココまでの内容がしっかり頭に入ってるってことだから、ボクとしてもうれしい限りなんだけど、残念。
試しに、that 節を文から取り除いてみると……、どちらも、「名詞の穴」なんて開きませんよね。そもそもどちらも前のページの**1**、**2**では、that 節ナシで、ちゃんとした文として使われていたし。
要するに、**この that 節は名詞1個分の働き（＝名詞節）ではない**んです。

「……じゃあ、この〈that S+V〉って1セットで形容詞1個分の働きをする関係詞節？」

と、思った人は that の前に何があるかに注目。関係詞は、名詞の後ろに置いて、{名詞＋〈関係詞 (S+) V〉} というカタチで使うはずですよね。でも、**3**に至っては、そもそも前に名詞（先行詞）がないから問題外。

「じゃあ、前に **(such nice) songs** という名詞がある**4**は関係詞節？」

と思った人は先行詞の種類に注目。
songs（歌）は「人」以外（もの）を表す名詞だから、**that** が関係詞だとしたら、**songs** の言い換えとして、which の代わりに使われているという

ことになりますね。そして、それなら that の後ろを見れば、「名詞の穴」が開いたようなカタチになっている（もしくはそう見える）はずだけど、〈that she respects them〉の中には……she という主語はちゃんとあるし、respects という動詞の後ろにも them という目的語がちゃんと入っています。早い話、「名詞の穴」が開いてないっぽいから、関係詞節ではないってこと。

「〈that S＋V〉が名詞１個分の働き（名詞節）でも形容詞１個分の働き（関係詞節）でもないとしたら、一体何だよ〜？　それ以外の使い方なんて知らないよ〜」

というところでようやく結論を。
この〈that S＋V〉は副詞１個分の働き、つまり副詞節なんです。しかも、「結果を表す副詞節」というニュータイプ。意味は、次の通り。

⇒ ◎ **3.** その映画はとても退屈だったので私たちはそれを最後まで見なかった。
⇒ ◎ **4.** 彼らは非常に素晴らしい曲を書く。それで彼女は彼らを尊敬している。

「そんなの知らねー＆もう副詞節は勘弁してください……」
とガックリ肩を落としている人も、ご安心を。この「結果」を表す〈that S＋V〉というのは、必ず so や such とセットで使われる一種の決まり文句なのです（こういうセットで使う表現のことを、「相関句」と呼ぶこともあります）。だから、次のように丸暗記しておけば、それで十分です。

> ⚠️ 〈so/such ... that S＋V〉というカタチで、
> 「とても・あまりに・そんな…なので、（その結果）ＳがＶだ／とても…だ。それでＳがＶだ」という意味を表す。

副詞で名詞で形容詞。〈従属接続詞 S+V〉（その２）　STEP 8

ちなみに、〈such a(n) ＋形容詞＋名詞 that ...〉は、

彼らがあまりいい曲を書いたので、ホントにびっくりした。
　⇒ They wrote such a nice song that I was really surprised.
　⇒ They wrote so nice a song that I was really surprised.

のように、so を使ったカタチで言い換え可能ですが、この場合、〈so 形容詞＋ a(n) ＋名詞 that ...〉のように、so の後ろには a(n) ではなく必ず形容詞が続くのがポイント。such の場合とは、a(n) と形容詞が入れ替わる感じ（p.65の as の解説も参照）。なお、such の後ろに a(n) がない場合、つまり、〈such 形容詞＋複数名詞 that ...〉というカタチになる場合には、so を使った言い換えは不可です。

それから、大方の予想通り（？）、〈so/such ... that S＋V〉のカタチでも、

The movie was so boring (that) we stopped watching it.

のように、that を省略することは可能。名詞節も関係詞節も副詞節もつくれるってことになってるのに、いっつも省略される that ってちょっと不憫……。

293

that の試練　その2（so that S+V）

まずは、次の英文の意味を考えるところから。

Hiroshi works so hard every day that his family can live comfortably.

って、たった今確認した通り、〈so ... that S+V〉というカタチは「とても…なので、（その結果）SがVだ」という意味を表すので、

⇒ ◎ ヒロシは毎日とても熱心に働いているので、彼の家族は不自由なく暮らせる。

ですね。では、今度はどうでしょうか？

Hiroshi works hard every day so that his family can live comfortably.

またしても so と that の組み合わせですが……、

「so と that の間に形容詞や副詞がない！」

というのが悩みどころ。
でも、こういうふうに so と that を前後に並べて、後ろに〈S+V〉のカタチを続ける、〈so that S+V〉というカタチもアリなんです。意味的には、〈so ... that S+V〉というカタチの場合とは、もちろん違っていて次の通り。

Hiroshi works hard every day 〈so that his family can live comfortably〉.
　⇒ ヒロシは、〈家族が不自由なく暮らせるように〉、毎日熱心に働いている。

ところで、この〈so that S+V〉って、品詞で言うと何の働き？

ポイントは、〈so that his family can live comfortably〉を文から取り除

副詞で名詞で形容詞。〈従属接続詞 S+V〉(その2)　STEP 8

いても、**Hiroshi works hard every day** という欠ける要素のないちゃんとした文のカタチが残る（「名詞の穴」なんて開かない）というところ。……つまり、〈**so that** his family can live comfortably〉は副詞１個分の働きなんです。一般に、この〈**so that** S+V〉というカタチは「目的を表す副詞節」と呼ばれます。

> ⚠️ 〈**so that** S+V〉というカタチで、「SがVするために・ように」という意味を表す副詞１個分の働き。

なお、so that を使うときには、〈**so that** his family **can** live comfortably〉のように、後ろに助動詞の **can** か **will** を入れるのが普通（あらたまった文では may が使われることも）。また、so that が頭につかない方の〈S+V〉(=主節)が過去時制の場合には、いわゆる「時制の一致」で、

will ⇒ would、can ⇒ could、may ⇒ might

というふうに、so that の後ろの助動詞のカタチも変化させる必要アリ。

Hiroshi works hard every day 〈so that his family can live comfortably〉.
(ヒロシは、〈家族が不自由なく暮らせるように〉、毎日熱心に働いている。)
⇒ 主節を過去時制に変更：
Hiroshi worked hard every day 〈so that his family could live comfortably〉.
(ヒロシは、〈家族が不自由なく暮らせるように〉、毎日熱心に働いていた。)

どちらの場合も日本語では「〈家族が不自由なく暮らせるように〉」という同じような表現になるんだけど、英語では主節の動詞が過去形だったら、それに合わせて〈**so that** S+V〉の時制も過去になるところに注意。

では、ココでさらに、こんな英文もどうぞ。

295

I'll keep singing so you won't lose your way.

今度は so の後ろに that ナシ。でも、この場合もやっぱり意味は、

⇒ 私は〈あなたが道に迷わない**ように**〉、歌い続けましょう。

という「**目的**を表す副詞節」っぽい感じになります。要するに、
「so that の後ろの that も省略可能！」
ってことです。特に会話なんかだと that を省くカタチがよく使われます。それにしても、またしても省略される that って……。

上の例では、so の後ろの助動詞が **won't**（= will not）という否定のカタチになっていることにも注意。このように、〈**so (that) S＋V**〉の中を否定のカタチにすると「**SがVしないように**」という意味になります。ちなみに同じような意味を次のようなカタチでも表すことが可能。

私は〈あなたが道に迷わ**ないように**〉、歌い続けましょう。
　　⇒ I'll keep singing 〈**so (that)** you **won't** lose your way〉.
　　= I'll keep singing 〈**in order that** you **won't** lose your way〉.
　　= I'll keep singing 〈**for fear (that)** you **may/will** lose your way〉.
　　= I'll keep singing 〈**lest** you (should) **lose** your way〉.

〈**in order that S＋V**〉は〈**so (that) S＋V**〉とほぼ同じ意味と考えてOK。ただし、〈**in order that S＋V**〉の方が少しあらたまった感じです。

for fear (that)、**lest** を使う場合には、**後ろが否定のカタチにならない**という点に注意。**for fear (that)** を使うなら、助動詞は **may**、**should**、あるいは **will** になります。may を使うのは硬い感じ、will を使うのは会話的な感じ。**lest** を使う場合には、後ろの**動詞が原形**（助動詞の should の省略と考えてもよい）。ただし、〈**for fear (that) S＋V**〉にせよ、〈**lest S＋V**〉にせよ、どちらも古くて硬い印象。最も使用範囲が広くて、いつでもどこでも使ってOKなのは、〈**so (that) S＋V**〉です。試験対策まで考えると、全部覚えてお

く方が安心ですけど。

と、メンドクサイ話が続いたところで、お待ち兼ね（？）の問題へ。

> **Q** He dyed his hair red, so that his friends were surprised.
> という英語の文を日本語にするとどうなるでしょう？

「おっ、〈**so (that) S＋V**〉だから、『**SがVするために・ように**』って『**目的を表す副詞節**』だね！」

と、思った人が多いかもしれませんが、この場合、正解は次の通り。

⇒ ◎ 彼は髪を赤くした。**それで、（その結果）**友達は驚いた。

「……何か思いっきり今までと話が違うんですけど」
と、思った人も思わなかった人も、**so that** の前の**コンマ**に注目！　〈**S1＋V1, so that S2＋V2**〉のように、**so that** の前にコンマを入れたカタチは、
「**S1がV1だ。それで、（その結果）S2がV2だ**」
という感じで、so that 以下がコンマの前の内容（S1＋V1）を受けた「結果」を表すニュアンスになるのです。

ときには、**前にコンマがなくても「結果」のニュアンスということも……まぁ、あり得なくもない**という感じ。なので、英文を読むときなどは、so that の前にコンマがなければ、まず「**SがVするために・ように**」という「**目的**」のニュアンスで解釈してみる。そして、「**何か変かも**」って感じたら、今度は「**結果**」のニュアンスで考えてみる。そういうふうに取り組めば万全です。

that の試練　その3（同格の that）

> **Q** Do you know that they don't have any money?
> という英語の文を日本語にするとどうなるでしょう？

英文を、**Do you know 〈that they don't have any money〉?** というふうにとらえられましたね？　know という動詞の後ろに 〈**that they don't have any money**〉という1セットが目的語の役割で続いている感じだから、これは「**SがVすると（いうこと）**」という名詞1個分の働き（=名詞節）の〈**that S+V**〉というのも問題ないですね？　したがって、正解は、

⇒ ◎ あなたは 〈彼らが一文無しだと〉 知っているのですか？

という感じ。このSTEPでは、「**結果を表す副詞節**」をつくる **that** とか「**目的を表す副詞節**」をつくる **that** とか、いろいろな that が出てきたけど、**名詞節**をつくる **that** だってお忘れなく。とか言いつつ、新しい問題。

> **Q** Do you know the fact that they don't have any money?
> という英語の文を日本語にするとどうなるでしょう？

さっきの英文とよく似ているけど、こちらは、

Do you know {the fact + 〈that they don't have any money〉}?

というふうに、前に **the fact** という名詞が割り込んだカタチです。

「前に名詞があるってことは、今度の 〈**that S+V**〉 は形容詞として、前にある名詞（先行詞）を説明する関係詞節だね。大丈夫、ちゃんとそれも覚

えてるよ！」
ってことで、

Do you know {the fact ＋〈that they don't have any money〉}？
⇒ あなたは {〈彼らがお金をまったくもっていない〉＋事実} を知っていますか？

って日本語に直した人は**残念でした**。これだと、高い確率で減点されると思います。「**彼らがお金をまったくもっていない事実**」という日本語表現が（意味がまったく通じないわけじゃないけど）ちょっとぎこちないっていうのもありますが、それよりもっと大事なのは、

「〈**that** they don't have any money〉ってホントに関係詞節？」

というところ。**that** は主に関係詞の **who/which** などの代わりをするのでしたよね。この場合、先行詞に当たるのが、**the fact**（その事実）という「人」以外を表す名詞。ということは **that** は **which** の代わりって考えるべきなんだけど、関係詞の **who/which** を使うなら、後ろの「名詞の穴」に要注意のはず。でも、〈**that** they don't have any money〉って、

「**which** の代わりをする **that** の後ろに **they** って主語はちゃんとあるし、**have** という動詞の後ろにも **any money** って目的語がちゃんとあるし……」

という感じで、**that** の後ろに欠けている名詞がなさそう！（「名詞の穴」が見当たらない）。ということは、この〈**that** they don't have any money〉というカタチは**関係詞節ではない**ということになってしまうんです。

「関係詞節じゃないのなら何？」
と疑問を感じた人も感じなかった人も、次の２つの英文を見比べてください。

Do you know〈that they don't have any money〉？
Do you know {the fact ＋〈that they don't have any money〉}？

この2つって、that から後ろが、〈that they don't have any money〉というまったく同じカタチになっていますよね。要するに、

「that の後ろに『名詞の穴』がない〈that S+V〉というカタチは、1セットで名詞1個分の働きをすることもあれば、(前にある名詞を説明する)形容詞1個分の働きをすることもある」

ってこと。で、名詞1個分の役割をする場合は、「SがVすると(いうこと)」という意味になるんだけど、形容詞1個分の役割をする場合は、「〈SがVするという〉＋名詞」という意味になるんです。よって、正解は次の通り。

Do you know {the fact ＋〈that they don't have any money〉}？
⇒ ◎ あなたは {〈彼らが一文無しだという〉＋事実} を知っていますか？

この、that の後ろに「名詞の穴」が開いているように見えない〈that S+V〉が、{名詞＋〈that S+V〉} のように前にある名詞を説明する(形容詞1個分の働きをする)使い方のことを、文法用語では「同格の that」と呼びます。

……といっても、that が関係副詞の when などの代わりをするときには、後ろに「名詞の穴」が開かないので、「同格の that」と見分けるのがちょっとメンドクサイし、結局、関係詞と何が違うのか、気になる人もいるでしょう。同格の that についてまとめるとこんな感じです。

① 「同格の that」は、前の名詞を〈S+V〉というカタチ全体で、具体的に言い換えたものである(そういう意味では、形容詞1個分ではなく名詞1個分の働きという見方もできる)。
　⇒「同格の that」であれば、〈that S+V〉とその前にある名詞の間でイコールの関係が成り立つ！
　例：Do you know {the fact ＋〈that they don't have any money〉}？
　⇒ the fact (その事実) ＝ that they don't have any money (彼らは無一文だということ)

②「同格の that」は、「抽象名詞」を具体的に言い換えるときにしか使わない（「同格の that」は「抽象名詞」の後ろでしか出てこない）

「抽象名詞」とは、「考え」とか「意識」とか「気持ち」とか「概念」とか、そういう目には見えないものだと思ってください。次の通り。

重要

> ★後ろに「同格の that 節」が続く抽象名詞
> awareness（自覚）、belief（信念）、chance（見込み）、condition（条件）、conviction（確信）、decision（決心）、demand（要求）、evidence（証拠）、feeling（気持ち）、idea（考え）、information（情報）、knowledge（知識）、news（知らせ）、opinion（意見）、possibility（可能性）、report（報告）、rumor（うわさ）、saying（格言、ことわざ）、statement（声明）、suggestion（提案）、view（見解）

一応、以上の点を踏まえた上で、以下のように覚えておけばそれで十分。

> {抽象名詞 + 〈that S+V〉} というカタチで、
> 〈that S+V〉の中に欠けている名詞がない場合、
> 日本語では {〈SがVするという〉+抽象名詞} という感じになる。
> このような that を「同格の that」と呼ぶ。

さっそく練習問題で確認。

> **Q** 次の英文を日本語で言うとどうなるでしょう？
>
> **1.** Do you agree with the idea that ordinary parents like?
> **2.** Do you agree with the idea that ordinary parents like their kids?

それぞれ、次のように文のカタチをとらえられましたか？

1. Do you agree with {the idea ＋〈that ordinary parents like 名詞の穴 〉}？
2. Do you agree with {the idea ＋〈that ordinary parents like their kids〉}？

どちらも the idea（考え）という（抽象）名詞の後ろに、〈that S＋V〉が続くカタチですね。ただし、**1** は that 節の中の like の後ろに名詞が続いていないカタチ（つまり、目的語の位置に「名詞の穴」が開いたカタチ）、それに対して、**2** は that 節の中に「名詞の穴」が開いていないカタチ。早い話、

1 の that は関係詞（which の代わり）！
2 の that は同格の that！

ということです。このように、「抽象名詞」の後ろなら必ず同格の that というわけではなくて、普通の関係詞節が続くこともあるので、ちょっと注意。ordinary は「普通の、一般的な」、agree with ... は「…に賛成である」という意味なので、正解はそれぞれ次のようになります。

⇒ ◎ **1.** あなたは {〈普通の親が好む〉＋考え} に賛成ですか？
⇒ ◎ **2.** あなたは {〈普通の親は自分の子どもを好きだという〉＋考え} に賛成ですか？

2 は「同格の that」を使う文なので、

the idea ＝ 〈that ordinary parents like their kids〉
　⇒ その考え＝〈普通の親は自分の子どもを好きだということ〉

というイコールの関係が成り立つことにも念のため、注目。
「同格の that」の感覚がつかめてきたでしょうか？

「……ていうか、that はもうウンザリ……」
という人は本当に多いと思うので、お口直しに今度はこんな問題をどうぞ。

> **Q** 次の英文を日本語で言うとどうなるでしょう？
>
> **1.** They are troubled by the question whether they move from the dangerous condo or not.
> ＊ **condo** は「マンション」という意味。
>
> **2.** There's a question how we can live in harmony with them.

1. They are troubled by {the question ＋〈whether they move from the dangerous condo or not〉}.
2. There's {a question ＋〈how we can live in harmony with them〉}.

という感じで、**a question**（問題）という名詞の後ろに、前の名詞を説明する形容詞1個分の働きの〈whether S＋V〉と〈how S＋V〉が続いているようなイメージでとらえた人が多いのではないかと思います。でも、ココまでの内容をあらためて思い出すと、

● 〈whether S＋V or not〉というカタチは、「SがVだろうがそうでなかろうが」という副詞節か、「SがVするかどうか」という名詞節として使う。

● 〈how S+V〉というカタチは、「SがどうやってVするか」あるいは「SがVする様子・方法・仕方」という意味の名詞節。how は関係詞としては使えない（＝〈how S+V〉というカタチは、前の名詞を説明する形容詞1個分の働きはできない）。

って感じでしたよね。要するに、〈whether S+V or not〉も〈how S+V〉も形容詞の働きをすることはできないんです。この場合、それぞれ、

1. They are troubled by the question (of) 〈whether they move from the dangerous condo or not〉.
2. There's a question (of) 〈how we can live in harmony with them〉.

という前置詞の of の省略があると考えるのがポイント。つまり、〈whether they move from the dangerous condo or not〉も、〈how we can live in harmony with them〉も、（前置詞の of の後ろに続く）名詞1個分の働きをするものなんです。それが、of が省略された結果として、形容詞っぽく感じられるというわけ。ちなみに、この前置詞の of は「同格の of」と呼ばれるもので、

the question of unemployment（失業という問題）

みたいな感じで、「同格の that」と同じような意味を表せます。「同格の that」と同じく、of の前後がイコールの関係になる点にも注意。というわけで、この問題の正解は次のようになります。

⇒ ◎ 1. 彼らは〈その危険なマンションから引っ越すかどうか〉という問題に悩まされている。
⇒ ◎ 2. 〈どうやって彼らと仲良くやっていくか〉という問題がある。

このように、the question という名詞の後ろに、whether や how ではじまる名詞節が続く場合には、of が省略される場合もあるのでご注意を（ただし、省略しない方が丁寧）。

疑問詞に ever がくっついたカタチ

次の英文をご覧ください。

1. **Whoever** broke my PC?
2. **Whatever** did you break?
3. **Whenever** did you break my PC?

「何か who とか what とか when とかいった疑問詞の後ろに変なのがくっついてるんですけど……」

と、見た瞬間にイヤ〜な気分になった人もいるかもしれませんが、ご安心ください。これは、「疑問詞の後ろに -ever をくっつけたら、疑問詞の意味を強調することができる」ってそれだけの話。意味はそれぞれ、

⇒ 1. 一体、だれがオレのパソコン壊したんだよ？！
⇒ 2. 一体、お前は何を壊したんだよ？！
⇒ 3. 一体、お前はいつオレのパソコン壊したんだよ？！

という感じ。要するに普通の疑問詞を使う疑問文が表す意味に「一体」という言葉を加えて、疑問詞を強調する感じでとらえればそれでOK。
ついでに言うと、**who ever、what ever、when ever** のように**疑問詞と ever を離して**書くことも多く、**whose** と **which**、**why** に関しては、**ever をくっつけずに必ず離して**書くのが決まりです。

……と、ここまでは簡単な話だったと思いますが、雲行きが怪しくなってくるのはこれから。

疑問詞の後ろに -ever をくっつけたカタチも従属接続詞として使えるんです！

「やっぱり、そうきたか…… orz」

と、うなだれる人を尻目にさらに言ってしまうと、

「疑問詞-ever を従属接続詞として使う〈疑問詞-ever（S＋）V〉というカタチと、疑問詞を従属接続詞として使う〈疑問詞（S＋）V〉というカタチの使い方は、かなり異なる」

のです。具体的には、次の通り。

● 〈疑問詞（S＋）V〉というカタチは、「時」を表す表現である〈when（S＋）V〉（と、まれに〈where S＋V〉）というカタチを除いて、副詞１個分（＝副詞節）としては使うことができない（p.110〜も参照）。

● 〈疑問詞-ever（S＋）V〉のカタチはすべて、「たとえ（Sが）いつ／どこで／何を etc. Vするとしても」といった意味を表す副詞１個分（＝副詞節）として使える。whenever を使う場合は「SがVするときはいつでも」、wherever を使う場合は「SがVする場所ならどこへでも」という意味を表す場合もある。

    例１：〈Whatever you say〉, I won't change my mind.
       （〈たとえあなたが何を言っても〉、私は考えを変えません。）
    例２：He always stays alone 〈whoever talks to him〉.
       （彼はいつもひとりでいるんだ。〈たとえだれが話しかけてもさ〉。）
    例３：Ichiro couldn't play the drums well 〈however hard he practiced〉.
       （〈どんなに一生懸命練習しても〉、イチローはドラムを上手くたたけなかった。）
    例４：〈Wherever you go〉, I'll go with you.
       （〈お前が行く場所ならどこでも〉、オレはついていくよ。）

要するに、〈疑問詞（S＋）V〉のカタチは副詞節としては使わないのが普通、〈疑問詞-ever（S＋）V〉のカタチは副詞節として使うのが普通ってこと。さらに、

副詞で名詞で形容詞。〈従属接続詞 S＋V〉(その２)　**STEP 8**

● 〈疑問詞（S＋) V〉のカタチはすべて、「(Sが) いつ／どこで／何を etc. Vするのか」あるいは「(Sが) Vするとき／場所・ところ／こと・もの etc.」といった意味を表す名詞１個分（＝名詞節）として使える。

● 〈疑問詞-ever（S＋) V〉というカタチのうち、〈whatever/whichever/whoever（S＋) V〉というカタチだけは、「(Sが) Vするどんなものでも／どれであっても／だれであっても etc.」といった意味を表す名詞１個分（＝名詞節）として使える。

　例１：We're going to try 〈whatever you recommend〉.
　　　（〈私たちはあなたがすすめることなら何でも〉試してみるつもりです。）
　例２：I'm sure that 〈whichever story he wrote〉 can impress you.
　　　（私は、〈彼が書いたどの話も〉キミを感動させると確信している。）
　例３：You can invite 〈whoever you're interested in〉.
　　　（〈キミが興味がある人ならだれでも〉招いてよい。）

要するに、〈疑問詞（S＋) V〉のカタチはすべて名詞節として使えるけど、〈疑問詞-ever（S＋) V〉のカタチは whatever/whichever/whoever が頭に入るものしか名詞節として使うことができないってこと。

なお、上の例２は whichever が「どの話であっても」という感じで story という名詞を説明する形容詞の役割なので、〈whichever story〉がセットで前に出ているという点に注意。whatever や whichever も what や which と同様、名詞や形容詞の役割をするということですね。

「疑問詞-ever は疑問詞のもつ意味を強調しただけ」
であり、疑問詞-ever が表す意味や役割そのものは疑問詞と同じなのです。にもかかわらず、〈疑問詞（S＋) V〉と〈疑問詞-ever（S＋) V〉という１セットの扱いはかなり異なるというところがポイント。

さらに、〈疑問詞（S＋) V〉というカタチと〈疑問詞-ever（S＋) V〉とい

うカタチの違いの中でも極めつけとも言えるのがコレ。

● what、how 以外の疑問詞を使う〈疑問詞（S+）V〉というカタチは、前にある名詞を説明する形容詞1個分の働きができるけど、〈疑問詞-ever（S+）V〉というカタチはそうした形容詞1個分の働きができない！。

　例1： ○ They ate {the things +〈which they could eat〉}．
　　　（{〈彼らは食べられる〉+もの} を食べた）
　例2： × They ate {the things +〈whichever they could eat〉}．
　　　＊〈疑問詞-ever（S+）V〉というカタチは、前にある名詞を説明する形容詞1個分として、名詞の後ろに入れることはできない！

要するに、
「what、how 以外の疑問詞はすべて関係詞として使えるけど、疑問詞-ever は関係詞としては使えない！」
ということです。にもかかわらず、なぜか文法用語では疑問詞-ever というカタチを「複合関係詞」と呼びます。関係詞なんて名前を使うと、混乱するだけなので、次のように覚えておくのがオススメ。

> 〈疑問詞-ever（S+）V〉のカタチは、
> 「たとえ（Sが）いつ／どこで／何を etc. Vするとしても」
> という意味の副詞節として使う。
> ただし、whatever/whichever/whoever が頭に入る場合に限っては、
> 「(Sが) Vする どんなもの／どれ／だれ etc. であっても」
> という意味の名詞節として使うことも可能。

この辺からは、ちょっとややこしいので、試験などの書き換え問題の対策をしたい人のみどうぞ。

〈疑問詞-ever（S+）V〉を「たとえ（Sが）いつ／どこで／何を etc. Vするとしても」といった意味の副詞1個分（＝副詞節）として使う場合、〈no matter 疑問詞（S+）V〉というカタチでも言い換え可能です。

● 〈たとえあなたが何を言っても〉、私は考えを変えません。
　⇒ 〈**Whatever** you say〉, I won't change my mind.
　⇒ 〈**No matter what** you say〉, I won't change my mind.
● 彼はいつもひとりでいるんだ。〈たとえだれが話しかけてもさ〉。
　⇒ He always stays alone 〈**whoever** talks to him〉.
　⇒ He always stays alone 〈**no matter who** talks to him〉.

また、〈whenever/wherever S+V〉が、それぞれ「SがVするときはいつでも」、「SがVする場所ならどこへでも」という意味を表す場合には次のような言い換えも可能。

● 〈キミがだれかを必要とするときはいつでも〉、声をかけてくれよ。
　⇒ 〈**Whenever** you need somebody〉, call me.
　⇒ 〈**(At) any time (when)** you need somebody〉, call me.
● 〈お前が行く場所ならどこでも〉、オレはついていくよ。
　⇒ 〈**Wherever** you go〉, I'll go with you.
　⇒ 〈**(To) any place (where)** you go〉, I'll go with you.

また、〈whatever/whoever（S+）V〉を、「SがVするどんなものでも／だれであっても etc.」といった意味の名詞1個分（＝名詞節）として使う場合、次のような言い換えも可能です。

● 〈私たちはあなたがすすめることなら何でも〉試してみるつもりです。
　⇒ We're going to try 〈**whatever** you recommend〉.
　⇒ We're going to try 〈**anything (that)** you recommend〉.
● 〈キミが興味がある人ならだれでも〉招いてよい。)
　⇒ You can invite 〈**whoever** you're interested in〉.
　⇒ You can invite 〈**anyone who** you're interested in〉.

「疑問詞-ever は関係詞としては使えない！」けど、それと同じニュアンスを who や that といった関係詞を使ったカタチで言い換えることはできるということですね。

最後にもうひとつだけ注意点。

〈**Whatever** your dream **(is)**〉**, you should do your best.**
（あんたの夢がどんなものであったとしても、ベストを尽くした方がいい。）

のように、この〈疑問詞-ever（S＋）V〉というカタチの中の、動詞が **be 動詞**の場合、be 動詞が省略されることもあります。また、

〈**However** difficult **(it is)**〉**, you should do your best.**
（〈どんなに困難であっても〉、ベストを尽くした方がいい。）

のように、主語が **it** で動詞が **be 動詞**の場合には、両方まとめて省略するカタチもアリです。とりあえず参考までに。

副詞で名詞で形容詞。〈従属接続詞 S+V〉（その2） **STEP 8**

接続副詞（however ほか）

次の文の意味は？

She likes cats, however she has an allergy to them.

「**however** は **how** を強調したカタチだから……『彼女はネコが好きだ。たとえどのようにネコにアレルギーがあったとしても』って感じ？」

と、思った人もいるかもしれないし、その解釈も決して間違いではないんだけど、この場合、ベストアンサーはこんな（↓）感じ。

⇒ ◎ 彼女はネコが好きだ。しかし、ネコアレルギーだ。

「イママデト・ハナシガ・チガイマセンカ……」

と、頭がフリーズしそうになった人、ゴメンナサイ。こんな感じで、**however** は、等位接続詞の **but** と同じようなニュアンスで使うこともできるんです。この however のように、本来は等位接続詞ではないんだけど、等位接続詞の **and/but/or** などと同じような感覚で使えるものがあって、それらを「**接続副詞**」と呼ぶこともあります。その特徴は次の通り。

① 等位接続詞は同じレベルのものなら何でもつなぐことができる（p.26 も参照）が、接続副詞は「主語（**S**）と動詞（**V**）」のあるカタチと「主語（**S**）と動詞（**V**）」のあるカタチ（つまり、「節と節」）を結ぶ役割でしか普通は使われない。

⇒ ✕ **She likes cats, however has an allergy to them.**
 ＊接続副詞である however の後ろに主語がないからダメ！

② 接続副詞が結ぶ節と節の間には、コンマ（**,**）か、またはセミコロン（**;**）などを入れるのが普通。コンマやセミコロンの代わりに、ピリオドを入

311

れて、別々の文に分けることも多い。接続副詞の後ろにコンマを入れることもある。

⇒ She likes cats; however, she has an allergy to them.
⇒ She likes cats. However, she has an allergy to them.

③ 接続副詞はその前にある内容を受けて、「それで」「それでも」「さもないと」「そのため」「それはつまり」といった内容を表す。意味をとらえるときには、接続副詞の前で話をひと区切りしてから、接続副詞から後ろを続ける感じにするとよい。

接続副詞の代表例は次の通り。

重要

★代表的な接続副詞
● and タイプ（前にある内容に追加する感じ）
also（また、その上）、besides（加えて、それに）、moreover（その上）、then（それから）

● but タイプ（前にある内容とは反対な感じ）
however（しかしながら）、instead（逆に、反対に）、nevertheless（それにもかかわらず）、still（それでも、とはいえ）、yet（それでも、しかし）

● or タイプ（前にある内容と選択の対象になる感じ）
else（さもないと、そうでなければ）、otherwise（そうでなければ）

● その他タイプ（前にある内容の結果を表したり、言い換えたり……）
so（それで）、therefore（それで、故に）、for instance（例えば、つまり）、that is (to say)（つまり）

ただし、これらはあくまでも、もともとは等位接続詞ではない表現ばかりなので、等位接続詞のニュアンスを強く出すために、**こうした表現の前に and や but、or を補う**カタチも非常によく使われます。例えば……、

and also（そして、また）、and so（それで、そんなわけで）、and then（その上、その後で）、and therefore（それゆえ）、and/but yet（それにもかかわらず）、but still（それでも）、or else（さもないと、そうでなければ）、but then（そうは言っても、しかし一方で）

みたいな感じ。or else なんかは特によく使われます。ちなみに、and、but、or のような等位接続詞がくっつくと、「**接続副詞ではなく等位接続詞の機能優先！**」ということで、

I can't believe he likes mathematics and also English.
（彼が数学好きで、その上、英語まで好きだなんて信じられないよ。）

のように、節と節に限らず、単語と単語も結びつけられるようになるし、コンマなどでムリに区切りを入れる必要もなくなるのがうれしい感じ。

なお、接続副詞は、「**主語（S）と動詞（V）**」のあるカタチと「**主語（S）と動詞（V）**」のあるカタチ（つまり、「**節と節**」）を結ぶ役割をしますが、**入る位置が2つの節の間とは限りません。**

彼女はネコが好きだ。しかし、ネコアレルギーだ。
　　⇒ **She likes cats; however, she has an allergy to them.**
　　⇒ **She likes cats; she has, however, an allergy to them.**
　　⇒ **She likes cats; she has an allergy to them, however.**

というふうに、**後ろに続く節の動詞の前後（後ろが多い）や、一番後ろに入る**こともあります。気をつけてないと、長文読解などで意味（前後のつながり）を取り違えてしまう可能性アリです。

「ふくしゅう」舞踏会……8曲目

ここでは数ある従属接続詞の中でも、おそらく最多出場となる **that** のさまざまな使い方を中心に、**副詞節の前に副詞がくっつくケース**、**疑問詞-ever**、そして**接続副詞**などが登場。はっきり言って、**覚えるのがメンドクサイ**ところです。一気に覚えろなんてムチャは言わないので、確認しながら少しずつ感覚を身につけていくこと。

> **Q** 次の英文を日本語に訳しましょう。
>
> 1. English is used in many places; he thinks, therefore, that studying it is useful.
> 2. Is the coffee shop sign so familiar that whoever sees it knows its name?
> 3. Mr. Hama has a strong belief that people who can be strict with themselves can be successful.
>   ＊ **be strict with ...** は「…に厳しい」という意味。

それではこのステップで学んだ「**従属接続詞のあれやこれや**」をおさらい。ちょっと多いので、今回は**流す程度**でどうぞ。何となく感覚がつかめたら、問題に挑戦して、p.318の「**解答と解説**」で確認。

♪さまざまな従属接続詞プラスα

その1：**副詞1個分**の働きをする〈**従属接続詞 S＋V**〉というカタチ（つまり、**副詞節**）の前に、**副詞**を置いて、副詞節の表す意味を強調したり、具体的な意味を追加したりすることもできる。

★〈副詞＋理由を表す副詞節〉

副詞で名詞で形容詞。〈従属接続詞 S＋V〉（その２）　**STEP 8**

- 〈just/only/merely/simply because S＋V〉 ⇒「ただ・単に S が V だから・という理由で」
- 〈partly because S＋V〉 ⇒「ひとつには S が V だから・という理由で」
- 〈mainly because S＋V〉 ⇒〈主に S が V という理由で〉

★〈副詞＋条件・譲歩を表す副詞節〉
- 〈only if S＋V〉 ⇒「S が V する場合だけ、S が V しさえすれば」
- 〈only when S＋V〉 ⇒「S が V する場合だけ、S が V するときだけ」
- 〈even if S＋V〉 ⇒「たとえ、（もし）S が V だとしても」
- 〈even though S＋V〉 ⇒「たとえ、S が V だとしても」

★〈副詞＋時を表す副詞節〉
- 〈ever since S＋V〉 ⇒「S が V して以来ずっと」
- 〈「時」を表す表現＋before/after S＋V〉 ⇒「S が V する…前／後（に）」

その2：従属接続詞の that を使う〈that（S＋）V〉という１セットは、名詞１個分、副詞１個分、形容詞１個分のすべての働きが可能。以下の通り。

- 名詞１個分（＝名詞節）の働きをする〈that S＋V〉は「S が V すると（いうこと）」という意味を表す。

例：**Do you know 〈(that) they don't have any money〉?**
　（あなたは〈彼らが一文無しだと〉知っているのですか？）

- 副詞１個分（＝副詞節）の働きをする〈that S＋V〉は、決まり文句的に、so や such の後ろで使う。具体的には次の２パターン。

①〈so/such ... that S＋V〉というカタチで、「とても・あまりに・そんな…なので、（その結果）S が V だ／とても…だ。それで S が V だ」という意味の「結果を表す副詞節」となる。

例１：**The movie was so boring (that) we stopped watching it.**
　（その映画はとても退屈だったので、私たちは途中で見るのをやめた。）
→ so の後ろには形容詞／副詞が続く。

例2：**They wrote such a nice song (that) I was really surprised.**
⇒ **They wrote so nice a song (that) I was really surprised.**
（彼らがあまりにいい曲を書いたので、ホントにびっくりした。）
→ such の後ろには〈(a(n) +) 形容詞＋名詞〉が続く。a(n) が入る場合のみ、so を使って言い換え可能だが、a(n) の位置に注意。

②〈so that S＋V〉というカタチで、「SがVするために・ように」という意味の「目的を表す副詞節」となる。so that の後ろの部分には、can や will のような助動詞が入ることが多い。次のような言い換えも可能。

例：**I'll keep singing 〈so (that) you won't lose your way〉.**
⇒ **I'll keep singing 〈in order that you won't lose your way〉.**
⇒ **I'll keep singing 〈for fear (that) you may/will lose your way〉.**
⇒ **I'll keep singing 〈lest you (should) lose your way〉.**
（私は〈あなたが道に迷わないように〉、歌い続けましょう。）

● 形容詞 1 個分の働きをする〈that (S＋) V〉は次の2パターン。

① 関係詞の who や which、when の代わりとして、{名詞＋〈that (S＋) V〉}のように、名詞の後ろに続けるカタチで使う。この場合、that の後ろの「名詞の穴」に注意。

例1：**Do you know {the news ＋〈that they told 名詞の穴〉}?**
（あなたは {〈彼らが伝えた〉＋ニュース} を知っていますか？）
→ 後ろに「名詞の穴」があるので、that は関係代名詞の which の代わり。

例2：**Do you know {the day ＋〈that they'll carry out their plan〉}?**
（あなたは {〈彼らが計画を実行する〉＋日} を知っていますか？）
→ 後ろに「名詞の穴」はないが、先行詞が「時」を表す名詞なので、that は関係副詞の when の代わりと考える。

②「抽象名詞（p.301も参照）」の後ろに、前にある抽象名詞を説明する形容詞のような役割で「SがVすると（いうこと）」という意味の〈that

副詞で名詞で形容詞。〈従属接続詞 S+V〉(その2) STEP 8

S+V〉を続けることもできる。この場合の that は「同格の that」と呼ばれ、日本語との対応関係は {名詞＋〈that S+V〉} ⇔ {〈SがVするという〉＋名詞} という感じ。that の後ろに「名詞の穴」の開かないのが特徴。

例：**Do you know {the news ＋〈that the book was published〉}？**
（あなたは {〈その本が出版されたという〉＋ニュース} を知っていますか？）

→「同格の that」は、〈that S+V〉というカタチ全体で前にある抽象名詞を言い換えたものという見方もできる。したがって、the news（そのニュース）= that the book was published（その本が出版されたということ）のように、前にある抽象名詞との間にイコールの関係が成り立つ。

その3：疑問詞の後ろに -ever をくっつけて疑問詞のもつ意味を強調することもできる。疑問詞-ever そのものの意味や役割は疑問詞と大差ないが、疑問詞-ever が従属接続詞の役割を兼ねる〈疑問詞-ever（S＋）V〉というカタチの扱いは、〈疑問詞（S＋）V〉というカタチと大きく異なるので注意が必要。

●〈疑問詞-ever（S＋）V〉のカタチは、主に「たとえ（Sが）いつ／どこで／何を etc. Vするとしても」という意味を表す副詞節として使う。

例：〈たとえあなたが何を言っても〉、私は考えを変えません。
　　⇒〈**Whatever** you say〉, I won't change my mind.
　　⇒〈**No matter what** you say〉, I won't change my mind.
→この場合、〈**no matter** 疑問詞（S＋）V〉というカタチでも言い換え可能。

●〈**whatever/whichever/whoever**（S＋）V〉については、「(Sが) Vする どんなもの／どれ／だれ etc. であっても」という意味を表す名詞節として使うことも可能。

例：〈私たちはあなたがすすめることなら何でも〉試してみるつもりです。
　　⇒ **We're going to try 〈whatever you recommend〉.**
　　⇒ **We're going to try 〈anything (that) you recommend〉.**

→名詞節の場合、whatever ... は anything that ...、whoever は anyone who ... で言い換え可能。

● 〈疑問詞-ever（S＋）V〉のカタチは、前にある名詞を説明する形容詞１個分（つまり、関係詞節）としての使い方はできない。

その4：本来は等位接続詞ではないが、等位接続詞の and/but/or に近い感覚で使える語を「接続副詞」と呼ぶ。接続副詞は等位接続詞と違って、
① 節（主語と動詞を含むカタチ）同士を結ぶことしかできない。
② コンマなどで前後の節に区切りを入れないといけない。
といった特徴がある（代表例はp.312を参照）。

● 接続副詞の使い方の例：
彼女はネコが好きだ。しかし、ネコアレルギーだ。
　　⇒ She likes cats; however, she has an allergy to them.
　　⇒ She likes cats; she has, however, an allergy to them.
　　⇒ She likes cats; she has an allergy to them, however.
→接続副詞の位置は割と自由。

解答と解説

1. English is used in many places; he thinks, therefore, that studying it is useful.
    → 英語はさまざまな場面で使われている。そんなわけで、彼はそれを勉強することは有意義なことだと思っている。

接続副詞の therefore（それで、そのゆえに）が使われています。接続副詞は節（主語と動詞を含むカタチ）と節を結ぶ役割でしたよね。この場合、English is used in many places と、he thinks that studying it is useful という２つの節を結んでいます。ただし、接続副詞の位置は割と自由で、後ろの節の頭でも、中間でも、お尻でもいいというのもポイント。この

副詞で名詞で形容詞。〈従属接続詞 S＋V〉（その２）　STEP 8

場合、therefore が、**thinks** と「それを勉強することは役立つと（いうこと）」という意味の名詞１個分の働きをする〈that S＋V〉の間に割り込んでいます。一度区切ってから、前の節の内容を受ける感じで、後半の he thinks ... 以下を訳すとバッチリです。

2. Is the coffee shop sign so familiar that whoever sees it knows its name?
　　→ そのコーヒーショップの看板はとてもよく知られていて、それを目にする人はだれでもその名前がわかるほどなのですか？

〈**so/such ... that S＋V**〉というカタチで、「とても・あまりに・そんな…なので、（その結果）S が V だ／とても…だ。それで S が V だ」という意味の「結果を表す副詞節」となるのでしたよね。so familiar that ... であれば、「とても有名なので…」という感じ。ただし、ここではその that の後ろが、(so familiar) that 〈whoever sees it〉 knows its name というカタチになっていることに注意。つまり、〈whoever sees it〉という１セットが名詞１個分で、〈that S＋V〉の主語。〈**whatever/whichever/whoever（S＋）V**〉は、「(S が) V する どんなもの／どれ／だれ etc. であっても」という意味の名詞節として使えるのでしたよね。したがって、〈whoever sees it〉という１セットの意味は「それを見る人はだれでも」という感じ。〈〈whoever sees it〉 knows its name〉全体では、「〈それを見る人はだれでも〉その名前を知っている」。なお、〈so/such ... that S＋V〉というカタチが疑問文で使われる場合、「とても…なので S が V するほどなのか？⇒ S が V するほど…なのか？」と訳した方が落ち着きがいいので参考までに。

3. Mr. Hama has a strong belief that people who can be strict with themselves can be successful.
　　→ ハマさんは自分に厳しくできる人は成功する可能性があるという、強い信念をもっている。

319

まず、文全体を **Mr. Hama has {a strong belief ＋〈that people who can be strict with themselves can be successful〉}.** ととらえられましたか？ つまり、**a strong belief**（強い信念）という名詞を、形容詞 1 個分の働きをする **that** 以下が説明するカタチ。さらに、that より後ろは {**people** ＋〈**who can be strict with themselves**〉} **can be successful** ととらえること。つまり、**people** を関係詞の who を使って説明するカタチで、ここは「{〈自分に厳しくできる〉＋人々} は成功する可能性がある」という意味になります。**can** は「できる、可能性がある」という意味でしたよね。

問題はここから。that の前にある **belief**（信念）は目には見えない概念や考え方に当たる抽象名詞ですね？ こんな感じで、抽象名詞の後ろに **that** が続いていたら、「同格の **that** かも」と心の準備をしながら読んでいくこと。実際、that の後ろには {**people** ＋〈**who can be strict with themselves**〉} という主語があって、それに対する文の結論が **can be successful**（成功し得る）で、「名詞の穴」が開いてないカタチですよね。なので予想通り、この **that** は関係詞の which の代わりではなく、「同格の **that**」。したがって、

{**a strong belief** ＋〈**that people who can be strict with themselves can be successful**〉} ⇒ 「〈自分に厳しくできる人々は成功する可能性があるという〉＋強い信念」

という意味になります。**a strong belief**（強い信念）＝ **that people who can be strict with themselves can be successful**（自分に厳しくできる人々は成功する可能性があるということ）というイコールの関係が成り立つことにも注意。ちなみにこれは大学入試レベルの和訳問題なので、読めてしまった人は 2 回くらいガッツポーズをしちゃってください。

副詞で名詞で形容詞。〈従属接続詞 S+V〉(その2) STEP 8

> **Q** 次の日本語の文の内容と、それに対する英語の文について、英文が正しければ○をつけ、間違っていれば正しい文に訂正しましょう。
>
> **1.** アイツの父親は、アイツがやりたがるどんなことにも反対するの？
> Does his father disagree with whatever he wants to do?
>
> **2.** たとえ彼女がいつ助けを求めても、彼はいつも喜んで手を貸した。
> No matter whenever she asked him for help, he was always willing to help her.
>
> **3.** シバムラさん一家（the Shibamuras）はずっと広島に住んでいる。彼らのご先祖さまが江戸時代にそこに住みはじめて以来ずっと。
> The Shibamuras have lived in Hiroshima even since their ancestors began to live there in the Edo era.

解答と解説

1. アイツの父親は、アイツがやりたがるどんなことにも反対するの？
   ○ Does his father disagree with whatever he wants to do?

これはこのままで正解。疑問詞-ever を従属接続詞として使う〈疑問詞-ever (S+) V〉のカタチは、主に「たとえ (Sが) いつ／どこで／何を etc. V するとしても」という意味を表す副詞節として使うんだけど、〈whatever/whichever/whoever (S+) V〉については、「(Sが) Vする どんなもの／どれ／だれ etc. であっても」という意味の名詞節として使うことも可能でしたよね。この場合、with という前置詞の後ろに、〈whatever he wants to do〉が続いているので、名詞節のパターンに当たります。

2. たとえ彼女がいつ助けを求めても、彼はいつも喜んで手を貸した。
　　✕ No matter whenever she asked him for help, he was always willing to help her.
　　　→ ○ No matter when she asked him for help, he was always willing to help her. / Whenever she asked ...（以下同）

元の文はほとんど○（マル）っぽいですが、「たとえ、いつSがVするとしても」「SがVするときはいつでも」は、〈whenever S＋V〉か〈no matter when S＋V〉、もしくは〈(at) any time (when) S＋V〉というカタチであって、no matter whenever はダメ。なお、「AにBを求める」は ask A for B、「喜んで…する」は〈be willing to 不定詞〉というカタチで表します。

3. シバムラさん一家（the Shibamuras）はずっと広島に住んでいる。彼らのご先祖さまが江戸時代にそこに住みはじめて以来ずっと。
　　✕ The Shibamuras have lived in Hiroshima even since their ancestors began to live there in the Edo era.
　　　→ ○ The Shibamuras have lived in Hiroshima ever since their ancestors began to live there in the Edo era.

これもほとんど○（マル）ですが、「…以来ずっと」は、even since ではなく、**ever since** ... と表します。**since は現在完了の目印表現**みたいなもので、ここでも **have lived** という現在完了が使われていることにも注意（ただし、since ではじまる節は現在完了ではなく、単なる過去形を使うという点にも注意）。

STEP 9
asのいろいろ

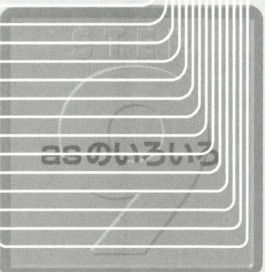

as は何でもアリ？

本書の最後を飾るのは **as** です。

……とか言われると、

「**比較**とか**関係詞**とか**従属接続詞**とか、大変なヤツをいろいろとたくさん見てきた気がするけど、その最後が **as**？」

と、ちょっと物足りない気分になってしまう人もいるかもしれないけど、実は**比較**とか**関係詞**とか**従属接続詞**とかを扱ってきた本書だからこそ、その締めには **as** がふさわしいんです。次の英文をご覧ください。

1. Did you work as a volunteer?（⇒p.326）
2. As a student, he didn't study hard.（⇒p.328）
3. Dean doesn't like bean products such as *natto* and tofu.（⇒p.329）
4. His third volume is as good as the previous two (are).（⇒p.330）
5. Yesterday I had the same dream as you had.（⇒p.333）
6. Does he usually work as he listens to music?（⇒p.335）
7. As I was busy, I couldn't have lunch.（⇒p.335）
8. You'll understand it better as you study.（⇒p.335）
9. Children tend to behave as their parents do.（⇒p.335）
10. As was expected, they broke up after all.（⇒p.340）
11. She likes pasta as he makes it.（⇒p.344）
12. She likes pasta as (it is) made by him.（⇒p.346）

いかがだったでしょうか？　……とか言われても、

「いや、全部の文で **as** という単語が使われていることだけはわかるんだけど…… **as** って、前置詞っぽかったり、接続詞っぽかったり、何がなん

だかワケワカンネ。(-_-;)」

って感じの人もきっといると思います。というのも、

この「何でもアリっぽくて、ワケワカンナイ」ってところこそ、**as** の特徴！

何とも迷惑な特徴ですね〜。
さらに、もっと言えば、もう、一般的な分類ではくくりきれないような、「**as 専用**」みたいな使い方も中にはあったりして。別に3倍速かったり、赤かったりするわけじゃないですけど。

でも、**比較**とか**関係詞**とか**従属接続詞**とかをやってきた今だからこそ、こうしたわけのわからない as だって理解可能なんです！
……というわけで、ここからは、そんな **as** のあれこれを解説していきたいと思います。先の例文の意味もその過程でひとつひとつ紹介していくので、現段階では「？」な人もご安心を！

……と、先へ進むその前に、as を理解する上で重要な手がかりとなる考え方をひとつだけ。本書の **STEP 1** では、「**(Xと比べて、) 同じくらい…だ**」という意味を表す〈**as** ＋**形容詞／副詞**（＋ **as X** ）〉というカタチを紹介しましたよね。この表現が表す通り、**as** には「**同じ**」、そして「**比べる感じ**」を表すニュアンスがあります。そして、この2つのニュアンスは、ほとんどの as の使い方に共通するのです。

では、その辺りを意識してもらいつつ、本格的な「**as のトリセツ**」へ！

前置詞的な as

まずは数ある as の使い方の中でも、比較的わかりやすいものから。

①「…として」
as には「…として」という意味を表す**前置詞**としての使い方があります。例えば、次の通り。

Did you work as a volunteer?
(あんたはボランティアとして働いたの？)

前置詞なので、後ろには当然、名詞が続くわけですが、**as** の後ろに入る名詞が「**官職や役目、性質**」といった抽象的なイメージを表す場合、**a** や **the** といった**冠詞をつけないこともある**という点に注意。

また、「…として」という意味を表す前置詞の as は、**regard A as B**（**A を B とみなす**）のように、一部の動詞とセットで使われることもよくあります。ちなみに、〈**動詞 A as B**〉のようなカタチになる場合、as の前後が**SVOC**の**O**と**C**のような関係、つまり**A≒B**のような関係になり、as の後ろには、名詞だけでなく**形容詞**や**分詞**が入ることもあるという点に注意。

> **Q** 次の日本語の文を英語にするとどうなるでしょう？
>
> **1.** イチローはそのアパートを事務所として使っている。
> **2.** そのバンドはメタルゴッドだとみなされている。

1 は「**事務所として**」とあるので、前置詞の **as** を使うとすぐわかりますよね。

⇒ ◎ **1. Ichiro uses the apartment as an office.**

2 は先ほど紹介した **regard A as B**（**A を B とみなす**）を、「みなされてい

る」という受け身のカタチに変えればOK。つまり、〈regard A as B〉のAの位置に入る名詞を主語にして、regard を〈be ＋過去分詞〉というカタチにすればいいってことです。

⇒ ◎ **2.** The band **is regarded as** Metal God.

なお、〈regard A as B〉タイプの代表例は、ほかにも次の通り。

重 要

★〈regard A as B〉タイプの熟語表現
describe A as B（AをBとみなす、評する、述べる）、**translate A as B**（AをBだと解釈する）、**hail A (as) B**（AをBと認めて歓迎する）

★〈動詞＋前置詞＋A as B〉タイプの熟語表現
think of A as B（AをBだと思う）、**conceive of A as B**（AをBだと思う）、**look on A as B**（AをBとみなす、考える）、**refer to A as B**（AをBと呼ぶ）

② 「…の頃」
as は「…の頃」のような**過去の状態**を表すこともできます。従属接続詞の **when** も「…だったとき」のような意味を表せましたよね。表す意味としては as もかなり近い感じです。ここで問題。

Q　「子どもの頃、あいつはとっても頑固（too stubborn）だった」を as を使って英語で言うとどうなるでしょう？

「えーっと、『…だったとき』を意味する when と同じような感覚で、
As he was a child, he was too stubborn.

ってすればOKでしょ？」

と、思った人は残念でした。正解は、

⇒ ◎ **As a child**, he was too stubborn.

となります。「…の頃」のような**過去の状態**を表す **as** は従属接続詞じゃなくて**前置詞**としてしか使えないのです。だから、後ろに〈S＋V〉が続くカタチではなく、〈**as**（＝前置詞）＋**名詞**〉というカタチにしないとダメ。
「何かハメられた気がする…… orz」
という人もいるかもしれないけど、これも as の使い方を身をもって知るための修行の一環ということで。ちなみに、

As he was a child, he was too stubborn.

のように as の後ろに〈S＋V〉が続くカタチで表した場合（つまり、as を従属接続詞として使った場合）、「**SがVだった頃**」とは異なる別の意味を表すことになります。それについてまたあとで（p.335〜）解説するのでお楽しみに。なお、when と as の違いは次のように覚えておきましょう。

学生の頃、彼は一生懸命、勉強しなかった。
 ⇒ **As a student**, he didn't study hard.
  ＊「…の頃」という意味を表す **as** は**前置詞**としての使い方しかできない。
 ⇒ **When he was a student**, he didn't study hard.
  ＊後ろに〈S＋V〉を続けて「…だった頃」という意味を表すなら、as ではなく when を使う。「…したとき」のように動作について述べる場合は、〈**when S＋V**〉を使わないといけない。

③「…のような」と「…と同じ」
such は前の話題などを受ける感じで、「そのように」とか「そのような」といったニュアンスで使われる表現です。その **such** と **as** を組み合わせて、

〈名詞 ① such as 名詞 ②〉のようなカタチにすれば、「(例えば) 名詞 ② のような名詞 ①」という意味を表せます。例えば、

a great player such as Jordan（ジョーダンのような偉大な選手）

みたいな感じ。これはかなりよく見かける使い方です。

> Q 「ディーンは納豆や豆腐のような豆製品が好きじゃない」
> を as を使って英語で言うとどうなるでしょう？

⇒ ◎ Dean doesn't like bean products such as *natto* and tofu.

とすれば正解。これって実はp.324の**3**とまったく同じ英文だったり。
ちなみに、この組み合わせに関しては、such bean products as *natto* and tofu のように、such と as の間に名詞を割り込ませた〈such 名詞 ① as 名詞 ②〉というカタチでも同じ意味を表すことができます。

〈such 名詞 ① as 名詞 ②〉に近い感覚で使えるのが、〈the same 名詞 ① as 名詞 ②〉です。意味は「名詞 ② と同じ名詞 ①」となります。例えば、

the same guitar as this（これと同じギター）

みたいな感じ。なお、same は名詞を説明する形容詞としても使えるし、それだけで「同じ（もの）」という意味を表す名詞としても使えるんだけど、いずれにしても、普通は the と一緒に使うという点に注意。

〈名詞 ① such as 名詞 ②〉の場合は「名詞 ② と比べて、そのような名詞 ①」、〈the same 名詞 ① as 名詞 ②〉の場合は「名詞 ② と比べて、同じ名詞 ①」という感じで、どちらも as が「…と比べて」というニュアンスの「比較を表す前置詞」の役割をしていると考えればいいでしょう。

比べて「同じくらい」と言う場合の as

> **Q** 「あいつの第3弾 (third volume) は、その前の2冊 (previous two) と（比べて）同じくらいイイよ」
> を as を使って英語で言うとどうなるでしょう？

「同じくらい…（＝形容詞／副詞）」と言いたければ、**as** を形容詞や副詞の前に置き、さらに「〜と比べて」のように「比べる対象」も示したければ、やっぱりまた as を使って、〈**as** ＋比べる対象〉という1セットにして後ろにつけ足すのでしたよね。これって全部 **STEP 1** のp.54で紹介済みの知識。というわけで、できれば速攻、

⇒ **His third volume is as good 〈as the previous two (are)〉.**

と、わかってほしいところ。さらに、これって実はp.324の**4**ともまったく同じ英文だったり。

さて、「同じくらい…」という意味を表す、前の **as** は形容詞や副詞を説明する要素ってことで**副詞の役割**、「〜と比べて」という意味を表す後ろの **as** はp.55でも説明した通り、本来なら「比較を表す副詞節」をつくる**従属接続詞**の役割ってことになるんだけど、前にある部分と重複する要素が省略される結果、名詞だけがポツンと残るカタチになるのが普通なので、そういう意味では「比較を表す前置詞」の役割だって考えてもOK。

要するに、〈**as** ＋形／副（＋ **as** X)〉というカタチは、ひとつの表現の中に**副詞**だったり、**従属接続詞（または前置詞）**だったり、異なる働きをする2つの **as** が入っている表現、言ってみれば、as の多様さの象徴みたいな表現だってことです。

関係詞の as ?

> **Q** 次の英語表現を日本語にすると、どうなるでしょう？
>
> 1. the same dream that they had
> 2. such songs that make me relaxed

1. the same dream ＋〈that they had 名詞の穴 〉
2. such songs ＋〈that make me relaxed〉

というふうに全体のカタチをとらえるのがポイント。つまり、どちらも最初に **the same dream**（同じ夢）、**such songs**（そのような曲）のような名詞がまずあって、その後ろにそれが具体的に「**どういう点で**同じなのか」、「『**そのような**』とはどのような感じなのか」を説明する that ではじまるカタチが続くイメージ。

1 の場合は、**had** という動詞の後ろの名詞が入っていないカタチ、つまり目的語の位置に「**名詞の穴**」が開いているカタチだから、**that** は関係代名詞の **which** の代わりだと考えて、

⇒ ◎ **1.**〈彼らが見た（のと）〉＋同じ夢

というふうに訳せばOK。

2 の場合は、that の後ろに名詞がなくて、**make** という動詞がいきなり続いているカタチ。つまり that の後ろの主語の位置に「**名詞の穴**」が開いているカタチに見えなくもないから、やっぱり **that** は関係代名詞の **which** の代わりだと考えて、

⇒ **2.**〈私をリラックスさせてくれる〉＋そのような歌
⇒ ◎〈私をリラックスさせてくれる〉＋ような歌

と訳すといい感じ。このように、{such 名詞＋〈関係詞（S＋）V〉} は、日本語にすると「(Sが) Vする＋ような名詞」という意味になります。〈such＋名詞〉の後ろに関係詞ではじまるカタチを続けて、名詞を具体的に説明するパターンはよく使われるので、ぜひ頭に入れておいてください。

さて、本題はココから。実はこのカタチ、以下のように言うことも可能だったりします。

1. the same dream ＋〈that they had 名詞の穴 〉
　 ⇒ the same dream ＋〈as they had 名詞の穴 〉
2. such songs ＋〈that make me relaxed〉
　 ⇒ such songs ＋〈as make me relaxed〉

つまり、**the same** や **such** を使うカタチの後ろに〈関係詞（S＋）V〉というカタチ（＝関係詞節）が続く場合には、**who** や **which**、**that** といった**関係詞の代わりに as** を使うことも可能だってこと！

ただし、このように関係詞の代わりに as を使うことができるのは、あくまでも前にある名詞（＝先行詞）に **the same** や **such** がついている場合のみなので注意してください。本来なら主語や動詞なんかを含むカタチで名詞を説明するときには、**who** や **which**、**that** といった**関係詞**を使うのが正しい表し方なのです。

でも、p.328でも述べた通り、**the same** や **such** を使って、「**Bと比べて、同じA**」、「**Bと比べて、そのようなA**」のような何かと比べるニュアンスを表すときには、〈**the same A as B**〉や〈**such A as B**〉といったカタチを非常によく使います。そこから、何となく **the same** や **such** と **as** が1セットで使われる組み合わせのようなイメージが生まれて、

「**名詞を主語や動詞を含むカタチで説明するのなら、本来なら、who** や **which**、**that** といった**関係詞を使うべきなんだろうけど、その名詞の前に the same** や **such** があるのなら、何となく**関係詞の代わりにそのまま as**

を使ってもいいんじゃない？」

ということになってしまうってわけ。慣れってコワイ！

> {the same/such 名詞＋〈関係詞 (S+) V〉} のように、先行詞となる名詞の前に the same や such がつく場合には、関係詞の位置に who/which/that の代わりに as を入れてもよい。

それでは、この辺で練習。

> Q 次の日本語を英語にすると、どうなるでしょう？
>
> **1.** 昨日、私はあなたが見たのと同じ夢を見た。
> **2.** ディーンは日本人が食べるような豆製品が好きではない。

1. 昨日、私は {〈あなたが見たのと〉＋同じ夢} を見た。
2. ディーンは {〈日本人が食べる〉＋ような豆製品} が好きではない。

と考えるのがポイント。**1** は **the same**、**2** は **such** が先行詞につくので、

⇒ ◎ **1.** Yesterday I had {the same dream ＋〈(which/that/as) you had〉}.
⇒ ◎ **2.** Dean doesn't like {such bean products ＋〈(which/that/as) the Japanese eat〉}.

と表せば正解。ちなみに**1**はp.324の**5**とまったく同じ英文だったり。なお、**2**に関しては **as** を使う場合には、

⇒ ◎ **2.** Dean doesn't like 〈bean products such as the Japanese eat〉.

なんてカタチで表すパターンもアリ。**such** と **as** は離れがたいほど仲良しってことで。

> **Q** It is such a nice proposal that we can't refuse it.
> という英語の文を日本語にするとどうなるでしょう？

最初に言っておきますが、これはいわゆる引っ掛け問題。くれぐれも、

It is {such a nice proposal ＋ 〈that we can't refuse it〉}.

というふうに文をとらえて、「それは {〈私たちがそれを拒否できない〉＋ ような素晴らしい提案} だ」とか訳さないこと。この **that** の後ろには、we って主語はあるし、refuse って動詞の後ろには it って目的語があるし、早い話、「名詞の穴」が開いていないという点に注意してください。要するに、この **that** は関係詞じゃないんです。

「じゃあ、この **that** って何なの？」
と思ってしまった人は、p.290 から読み直し。「〈so/such ... that S＋V〉というカタチで、『とても・あまりに・そんな…なので、(その結果) SがVだ』という意味」を表す決まり文句でしたよね。よって、正解は次の通り。

⇒ ◎ それはあまりに素晴らしい提案なので、拒否できない。

こんなふうに、**such** と **that** の組み合わせの場合は、that の後ろに「名詞の穴」があるかないかで意味が変わってくるので注意してください。

接続詞としての as

as は従属接続詞としても使えます。意味はいろいろなんだけど、〈**as S＋V**〉という 1 セットが副詞 1 個分の働きをする、つまり、完全なカタチの文に対しておまけ的にくっつく節＝副詞節になるというのが共通点。次の通りです。

1. **Does he usually work 〈as he listens to music〉?**
   (彼はたいてい〈音楽を聴きながら〉仕事をするの？)
2. **〈As I was busy〉, I couldn't have lunch.**
   (ボクは〈忙しかったから〉お昼を食べられなかった。)
3. **You'll understand it better 〈as you study〉.**
   (〈勉強するにつれて〉、もっとよくそれがわかるようになるよ。)
4. **Children tend to behave 〈as their parents do〉.**
   (子どもは〈親がするのと同じように〉行動する傾向がある。)

これって全部、p.324の **6 〜 9** と同じ英文だったり。上の例からわかる通り、従属接続詞の **as** は

① 「…しながら」のような「同時進行」を表すニュアンス
② 「…だから、…なので」のような「原因・理由」を表すニュアンス
③ 「…にあわせて、…につれて」のような「比例」を表すニュアンス
④ 「…と同じように」のような「同様」というニュアンス

という 4 つもの意味を表せるってことです。

「ひとつでこんなにもたくさん意味があって、もう泣きそう (ToT)」

という人も多いと思いますが、ココで思い出してほしいのは、

as ＝「同じ」＋「比べる感じ」

という as がもつ本質的な意味。

「…しながら」は「同時進行」。
「…にあわせて、…につれて」は「比例」。
「…と同じように」は「同様」。

というわけで、**as** が本質的にもつ「同じ」とか「比べる感じ」というニュアンスを文の流れに合わせて、自然な日本語で表そうと思ったら、こういう４通りの訳ができると考えておけばOK。

……えっ、② の『…なので』みたいな『原因・理由』の場合が苦しそう？

それについては、

〈As I was busy〉, I couldn't have lunch.
　⇒ボクはお昼を食べられない〈のと同じくらいの忙しさだった〉」
　⇒ボクは〈忙しかったから〉お昼を食べられなかった。

というプロセスで、「…だから、…なので」という「原因・理由」を表すニュアンスにたどり着いたと考えること。まあ、そんなこんなで、**as** は「原因・理由」のニュアンスでも使えるんだけど、あくまでも本質は「同じ＋比べる感じる」なので、はっきりと「原因・理由」の意味を示したいのなら、**since** や **because** を使う方がベターです。

ちなみに従属接続詞の as には、ほかにも特殊な使い方や意味があるんだけど、少なくともこの４つは試験などに出る可能性が非常に高いので、ぜひ覚えておくようにしてください。

従属接続詞の as の発展表現

「…と同じように」というニュアンスは、**as** 以外にも、次のような表現を使って表すことができます。

子どもは〈親がするのと同じように〉行動する傾向がある。
- ⇒ Children tend to behave 〈as their parents do〉.
- ⇒ Children tend to behave 〈like their parents do〉.
- ⇒ Children tend to behave 〈the way their parents do〉.
- ⇒ Children tend to behave 〈how their parents do〉.

要するに、**as** と同様、**like**、**the way**、**how** などでも「同じように」というニュアンスは表せるということです。as 以外はどれもくだけた表現ですが、会話などでは特に like がよく使われる感じ。そんな豆知識を覚えてもらいつつ、紹介したい従属接続詞の as の「**発展表現その１**」がこれ。

Love your kids 〈as/like/the way/how they are〉.
- ⇒ 子どもを愛しなさい。〈彼らが存在するのと同じように〉。
- ⇒〈子どもをあるがままに〉愛しなさい。

普通だったら、be 動詞の後ろには補語に当たる表現が続くはずなんだけど、このように補語に当たる表現がない場合には、be 動詞を「**存在する**」という意味でとらえればOK。

特に as/like/the way/how の後ろが**主語と be 動詞だけの**〈as/like/the way/how **S＋ be 動詞**〉というカタチに関しては、「**Sがあるがままに、存在するままに**」という意味を表すと丸暗記しておくのがおすすめです。一種の決まり文句として割とよく使われる表現ですので。

さらに、従属接続詞の as の「**発展表現その２**」がこれ。

Young as he was, he started his own business.

出だしの **Young as he was** というカタチに違和感を覚えた人も多いかもしれないのでヒント。

young as he was ← **as he was young**

早い話、as he was young の young が従属接続詞の as の前に移動したカタチってわけです。もしもこれが、

As he was young, he started his own business.

というカタチだったら、「彼は若かったので、自分の商売を始めた」という感じで、**as** が「原因・理由」を表すと解釈するのが自然です。でも、

As he was young, he started his own business.
⇒ **Young as he was, he started his own business.**

のように、本来なら be 動詞（was）の後ろに入るはずの young という形容詞を語順を変えて、わざわざ as の前に移動させるようなメンドクサイ真似をしているということは……何か特別な意図があると考えた方がよさそうですよね。実は、この場合には、

Young as he was, he started his own business.
⇒ 彼は若かったけれども、自分の商売を始めた。

という感じで、as が **though/although** と同じような「…だけれども、…にもかかわらず」という意味を表すことになるのです。

> ⚠ be 動詞の後ろに入るべき形容詞を as の前に動かして、
> 〈形容詞＋ as ＋S＋ be 動詞〉というカタチにすると、
> 「Sは…（＝形容詞）だけれども」という意味になる！

これは **as** が本質的にもつ「同じ」とか「比べる感じ」というニュアンスとはかけ離れた使い方ですが、**あえて語順を変える**ことで、そうした as の本来の意味とは**反対の意味を表す**高度な技だと思ってください。で、高度な技なんだけど、レベルが高めの大学受験の入試問題なんかでは、割とよく出題される知識だったりします。というわけで、**覚えておいて損はナシ**。

なお、〈形容詞＋ **though** ＋S＋ be 動詞〉というカタチでも、「**Sは…（＝形容詞）だけれども**」という同じような意味を表せます。このカタチを使うのは、特に形容詞を強調したい気持ちがある場合など。ちなみに、このカタチでは **although** はあまり使いません。

ほかにも、こうしたカタチと似たようなパターンとして、

- 〈動詞の原形＋ **as/though** ＋S＋ **may/might** など〉
  ⇒「**Sがどんなに…しても**」
- 〈現在分詞＋ **as** ＋S＋ **do/does/did**〉
  ⇒「**（実際、本当に）このようにSが…なので**」
- 〈過去分詞＋ **as** ＋S＋ be 動詞〉
  ⇒「**（実際、本当に）このようにSが…されるので**」

みたいなカタチもあるのですが、どれも使用頻度はかなり低いので、特に覚える必要はありません。参考までに出しただけです。

as と it のハーモニー

レベルが高めの試験や英文などで出合う可能性がそこそこある、さらなる **as の発展表現**を紹介。

1. **As it** was expected, they broke up after all.
   (予想された通り、結局、彼らは別れた。)
2. **As** I understood **it**, their viewpoints were too shallow.
   (私が理解したところでは、彼らのものの見方というのはとても浅はかだ。)

ここでは、

1. 予想されたこと ≒ 彼らが結局、別れるということ
2. 私が理解したこと ≒ 彼らの理解がとても浅はかということ

という感じで、it を含む〈as S+V〉ともう一方の〈S+V〉(=主節)の内容がほぼ「同じ」ような関係になる点に注目してください。こうした関係が成り立つ場合には、it をムリに日本語には直さずに、「**SがVする通り**」とか「**SがVするところ（では）**」と表した方が日本語としては自然な感じになります。このように、**as と it の組み合わせは特殊な意味を表すことが多い**ので要注意！

ちなみに、こうした表現は、「オレはそうじゃないかと予想してたんだけどさぁ」と「オレの理解ではさぁ」いう感じで、もう一方の〈S+V〉に、あくまでも「**おまけ、補足説明**」っぽい感じで付け足される程度のものなので、

⇒ 1. They broke up after all, **as it** was expected.
⇒ 2. Their viewpoints were too shallow, **as** I understood **it**.

というふうに、後ろにつけ足すときも前にコンマを入れて一区切りするのが普通です。内容的には割とどうでもいいおまけ程度なんだけど、特殊な表現

なので、覚えてないと「何だコレ？？」となってしまうのが困りもの。

さて、as と it の組み合わせが話題になったところで、今度はこんな表現を紹介。

● it appears 〈that S+V〉 ⇒「SがVする**ようだ**」
● it seems 〈that S+V〉 ⇒「SがVする**ようだ**」
● it happens 〈that S+V〉 ⇒「Sが**偶然・たまたま**Vする」
● it chances 〈that S+V〉 ⇒「Sが**偶然・たまたま**Vする」

『攻略編』のp.194辺りでも説明したのですが、これらの **it** は、いわゆる「**非人称の it**」と呼ばれるもので、別に具体的な何かを指しているわけではありません。言ってみれば、「**カタチだけ主語**」みたいなもので、上の例の場合、「後ろの〈S+V〉に『…のようだ、…っぽい』あるいは『偶然・たまたま』ってニュアンスをつけ加えますよ〜」と示す**記号のような役割**で使われているのです。

〈S+V〉に「…のようだ、…っぽい」みたいなニュアンスをつけ足そうと思ったら、前に **it appears/seems that** を置けばいいし、「偶然・たまたま」みたいなニュアンスをつけ足そうと思ったら、前に **it happens/chances that** を置けばいい、そう考えてもらってもOK。で、さらにこれらの関連表現として、

● SがVする**ようだ**
　⇒ it appears/seems 〈that S+V〉
　⇒ S appears/seems to 動詞の原形
● SがCな**ようだ**
　⇒ it appears/seems 〈that S+ be 動詞+C〉
　⇒ S appears/seems (to be) C
● Sが**偶然・たまたま**Vする
　⇒ it happens/chances 〈that S+V〉
　⇒ S happens/chances to 動詞の原形

みたいな言い換えもできるんですが、これらは試験の書き換え問題なんかでよく出されるので、この機会に覚えておいてください。

そんなこんなを覚えてもらいつつ今度はこんな英文。

As it seems, their viewpoints were too shallow.

この英文で **it** が指すのは何かわかりますか？

「いや、これも **it seems** なんだから、さっきと同じヒニンショーの it っていうか、カタチだけ主語の it で**別に何も指してないんじゃないの？**」

と、思った人は大正解で、こういう **it (seems)** と従属接続詞の **as** が組み合わさると、さっきの **as it was expected** や **as I understood it** と同じように、やっぱり「見た**ところ**」とか「見ての**通り**」みたいな意味になるんです。文全体では、「見た**ところ**、彼らのものの見方というのはとても浅はかだ」みたいな感じ。

この as it seems は、**it seems** 〈**that S＋V**〉というカタチの「…のようだ、…っぽい」という部分を、より「**おまけ、補足説明**」っぽくつけ足したものだと考えてくれればOKです。ちなみに、**as it happens**（たまたま、あいにく、偶然にも）という表現もアリ。

さて、ここまでに出た as と it の組み合わせの例文を並べてみると、

1. **As it** was expected, they broke up after all.
2. **As** I understood **it**, their viewpoints were too shallow.
3. **As it** seems, their viewpoints were too shallow.

となるんですが、実はこうした文は、

1. **As** (was) expected, they broke up after all.

2. As I understood, their viewpoints were too shallow.
3. As seems, their viewpoints were too shallow.

というふうに、**it を省くことも可能**だったりします。こうした表現は、言ってみれば、**as** と **it** を組み合わせる決まり文句みたいなものだから、「いちいち it を入れたりしないけど、as があるんだから it の省略だって察してよ」みたいな感じ。

ちなみに、**as it was expected** と **as was expected** だったら、どちらかと言うと、**it を省いたカタチ**がよく使われて、**as it seems** と **as seems** だったら、**it が入るカタチ**の方がよく使われる傾向があります。特に、

● **as might be expected**（当然、予想されることだが）
● **as is often the case (with ...)**（(…には)よくあることだが）
● **as is usual/customary (with ...)**（(…には)いつものことだが）
● **as was agreed**（ご了承いただきましたように）

などについては、決まり文句的に **it を入れずに使うのが普通**なので注意！

なお、as の後ろの it が省略されるカタチについては、「〈**as (S+) V**〉がもう一方の〈S+V〉を説明する役割で、**as は非制限用法の関係詞**」というふうに説明されることもあるのですが、あまり難しいことは考えずに、「**as と it をセットで使う決まり文句なんだけど、it の省略もアリ**」と覚えておく方がきっとラクだと思います。

直前の名詞を詳しく説明する〈as S＋V〉のカタチ

最後に紹介するのは、**かなり難しめの as の使い方**。ここまできたら、as の使い方は全部見てしまおうってことで、とりあえず**参考程度**にどうぞ。

as を使った〈**as S＋V**〉というカタチを、名詞の後ろに置いて、その名詞を説明する**形容詞１個分**のような働きで使うこともできます。ニュアンスとしては「〈**(いろいろある中でも) 特にSがVする**〉＋**名詞**」といった感じ。例を出すと、

She likes {pasta ＋〈as he makes it〉}.
（彼女は、{〈(特に) 彼がつくる〉＋パスタ｝が好きだ。）

というふうになります。

「これって、**as** を関係詞としても使えるってこと？ p.332では、先行詞の前に **such** や **the same** がくっつく場合に限って、**who/which/that** のような関係詞の代わりに **as** も使えるって言ってなかったっけ？」

と、思った人もいるかもしれないけど、ここであらためて、

She likes {pasta ＋〈as he makes it〉}.

という例文に注目。この例文の **as** の後ろに「**名詞の穴**」は開いてますか？

「**as** の後ろの**主語**の位置には **he** って主語がちゃんとあるし、**makes** の後ろの**目的語**の位置にも **it** という名詞はちゃんとあるし……。そういう意味では、『**名詞の穴**』は開いていない気もするけど、**make** って確か、**SVOO** とか**SVOC** とかいうカタチで、後ろに名詞を２個続けることもできるはずだから、そういう意味では『**名詞の穴**』は開いているのかもしれないし……」

という感じで何だかわけがわからなくなった人もいるかもしれませんが、こ

こでは as の後ろに **it** が入っていることに注目してください。実はこの **it** は**前にある名詞（pasta）を指している**んです。このように、〈**as S＋V**〉のカタチを名詞の後ろに直接（コンマを挟まずに）置いて、その名詞を詳しく説明する感じで使う場合は、〈**as S＋V**〉というカタチの中に**前の名詞を指す代名詞**を入れるのが決まり。

で、申し訳ないけど、ここでページをぐ〜んとさかのぼってほしいんですけど、p.163では「関係詞は前にある名詞を言い換える」って言ってましたよね。

〈**as S＋V**〉というカタチの中に前の名詞を言い換える代名詞を入れなければいけないということは？

それって要するに、「**as** そのものは前の名詞を言い換えていない」、つまり「**as** は関係詞じゃない」ってことなんです。で、as が関係詞でない以上、後ろに「名詞の穴」も開いていないって考えてしまってOK。

ここで、あらためて次の英文をご覧ください。

Yesterday I had {the same dream ＋〈as you had 名詞の穴 〉}．
(昨日、私は {〈あなたが見たのと〉＋同じ夢} を見た。)

この場合は、あくまで **as** は普通の関係詞（**which** や **who**、**that** など）の代用で、**as** 自体が、**the same dream** という前にある名詞の言い換えに当たるイメージ。このように、前の名詞に **such** や **the same** のような語がくっついて、**as** が関係詞の代わりをする場合には、**as** の後ろに名詞を言い換えた代名詞は入らないカタチ、そして「名詞の穴」が開くカタチになるのが普通なのです。

> **Q** 「彼女は、（特に）彼によってつくられるパスタが好きだ」
> を as を使って英語で言うとどうなるでしょう？

She likes {such pasta ＋《(as is) made by him》} .

のように、such を使って、which/that の代わりに as を関係詞として使うカタチもアリですが、日本語の文に「**特に**」というニュアンスがあるので、

She likes {pasta ＋〈as it is made by him〉} .

というふうに、as の後ろに前にある pasta という名詞を言い換える代名詞の it を入れて表すのがベター。……なんだけど、実際にはこのカタチを以下のようにすることが多かったりします。

She likes {pasta ＋〈as (it is) made by him〉} .

つまり、名詞の後ろにくっつく as の後ろが前の名詞を言い換える**代名詞**（＝前の名詞の繰り返し）と **be 動詞**（＝カタチだけ動詞）になる場合は、これらを**まとめて省略してしまってOK**ってこと。この省略の仕方は、本書でも p.119 や p.259 なんかで何度となく登場しているおなじみのパターンですよね。特に次のようなカタチになる場合に、この省略がよく見られます。

{名詞＋〈as（代名詞＋ be 動詞）＋過去分詞〉}
{名詞＋〈as（代名詞＋ be 動詞）＋形容詞〉}
{名詞＋〈as（代名詞＋ be 動詞）＋前置詞＋名詞〉}

この最後のヤツとかはかなり難しかったと思いますが、**as の使い方はホントに多様**なので、一気に覚えようとするより、**実際の例に出くわすたびに、このトリセツを参照して、徐々に慣れていく**ようにしてもらえば十分です。

STEP 9 as のいろいろ

「ふくしゅう」舞踏会……ラストソング

トリセツシリーズ第3弾となる本書の文字通りトリを飾るのは **as**。**前置詞**にはじまって、**副詞、比較、従属接続詞、関係詞の代わり**、そしてほかでは見られない as オリジナルの不思議な使い方に至るまで、as の使い方はホントに多様。本書で扱ったさまざまな知識とリンクするところなので、必要に応じて、今までの内容を振り返りながら、たっぷりご堪能ください。

> **Q** 日本語の内容に合う英文を書きましょう。ただし、すべての英文で as を使うこと。
>
> 1. ケンタローは、そのテキサス出身のドラマーの演奏が素晴らしかったと評した (described)。
> 2. キミの友達は、この眠くなるような (drowsy) 映画がボクらが先週見たやつと同じくらいイイって言ったの？
> 3. 宗教は、例えば死や病気といった人々の恐怖を和らげる (relieve) ために存在しているのかもしれない。
> 4. カラオケボックス (karaoke room) で、ボクたちの先生はチョコレートパフェを食べながら、その生意気な (arrogant) 生徒に説教 (a lecture) をした。
> 5. 去年使われた教科書は、私たちが今使っているものと同じです。
> 6. ボクにはよくあることだけど、今日はマジでやる気が出ない (feel dull)。

それではこのステップで学んだ「**いろいろな as の使い方**」をおさらい。ホントにいろいろたくさんありすぎるので、**流す程度で**。何となく感覚がつかめたら、問題に挑戦して、p.351の「**解答と解説**」で確認。

いろいろな as の使い方

その1：as はさまざまな意味の前置詞として使える。以下の通り。

● 「…として」という意味の前置詞
例：**They use this book as a text.**
（彼らはこの本を教科書として使っている。）

重要

★〈他動詞 A as B〉タイプの熟語表現
describe A as B（AをBとみなす、評する、述べる）、regard A as B（AをBとみなす）、translate A as B（AをBだと解釈する）、hail A (as) B（AをBと認めて歓迎する）

★〈動詞＋前置詞＋A as B〉タイプの熟語表現
think of A as B（AをBだと思う）、conceive of A as B（AをBだと思う）、look on A as B（AをBとみなす、考える）、refer to A as B（AをBと呼ぶ）

● 「…の頃」という意味の前置詞
例：子どもの頃、彼は一生懸命、勉強しなかった。
⇒ **As a child**, he didn't study hard.
⇒ **When he was a child**, he didn't study hard.
→ as の後ろに〈S＋V〉を続けた場合、「…の頃」という意味にはならない。「その**4**」を参照。

● such とセットで「(例えば)〜のような…」という意味の前置詞
例：big animals such as elephants / such big animals as elephants
（(例えば)象のような大きな動物）

● the same とセットで「～と同じ…」という意味の前置詞
例：the same mistake as his（彼がしたのと同じ間違い）
→この his は「彼のもの＝彼の間違い」という意味。

その2：〈as ＋形容詞／副詞（＋ as X)〉というカタチで、「(Xと比べて，)同じくらい…だ」という意味を表せる。この場合、「同じくらい…」という意味を表す最初の as が副詞、「Xと比べて」という意味を表す後ろの as が比較の意味を表す従属接続詞、または前置詞の役割と考えればよい（p.64も参照）。

その3：{the same/such 名詞 ＋〈関係詞 (S＋) V〉} のように、先行詞となる名詞の前に the same や such がつく場合には、関係詞の位置に who/which/that の代わりに as を入れてもよい。

例：I want you to play {such songs ＋〈which/that/as make me relaxed〉}．
　⇒ I want you to play songs such as make me relaxed.
　（ボクはあなたに {〈ボクをリラックスさせる〉＋ような曲} を演奏してほしい。）

その4：as は次のような意味を表す従属接続詞としても使える。

例1：Does he usually work 〈as he listens to music〉?
　　（彼はたいてい〈音楽を聴きながら〉仕事をするの？）
→ as が「…しながら」のような「同時進行」のニュアンスを表す。
例2：〈As I was busy〉, I couldn't have lunch.
　　（ボクは〈忙しかったから〉お昼を食べられなかった。）
→ as が「…だから」のような「原因・理由」のニュアンスを表す。
例3：You'll understand it better 〈as you study〉.
　　（〈勉強するにつれて〉、もっとよくそれがわかるようになるよ。）
→ as が「…につれて」のような「比例」のニュアンスを表す。
例4：Children tend to behave 〈as their parents do〉.

（子どもは〈親がするのと同じように〉行動する傾向がある。）
→ as が「…と同じように」のような「同様」というニュアンスを表す。

例5：**Love your kids 〈as they are〉.**
（〈子どもをあるがままに〉愛しなさい。）
→ as の後ろが主語と be 動詞だけの〈as S＋ be 動詞〉というカタチに関しては、「Sがあるがままに、存在するままに」という意味を表すと丸暗記しておくのがおすすめ。

例6：**〈Young as he was〉, he started his own business.**
（〈彼は若かったけれど〉、自分の商売を始めた。）
→〈as he was young〉というカタチの young を前に出したカタチ。このように、be 動詞の後ろに入るべき形容詞が as の前に出て、〈形容詞＋ as ＋S＋ be 動詞〉というカタチになっている場合には、「Sは…（＝形容詞）だけれども」という意味に解釈すべき。

その5：従属接続詞の as と it を組み合わせることで、「(Sが) Vする通り」「(Sが) Vするところ」といった特殊な意味を表せる場合もある。こうした表現の多くは、as の後ろの it を省略可能。一種の決まり文句として丸暗記しておくとよい。

★特殊な意味を表す as と it の組み合わせ表現
- as (it) (was) expected（予想された通り）
- as you know (it)（ご存知の通り）
- as I understood (it)（私が理解したところでは）
- as (it) seems（見たところ、見ての通り）
- as (it) happens（たまたま、あいにく、偶然にも）

★ as の後ろの it を省略する特殊表現
- as might be expected（当然、予想されることだが）
- as is often the case (with ...)（(…には) よくあることだが）
- as is usual/customary (with ...)（(…には) いつものことだが）
- as was agreed（ご了承いただきましたように）

その6：名詞の後ろに〈as S+V〉というカタチを続けて、なおかつ〈as S+V〉という1セットの中に前の名詞の言い換えに当たる代名詞を入れて、「名詞の穴」が開いていないカタチにすると、「〈(いろいろある中でも) 特にSがVする〉＋名詞」という意味を表せる。

例1：I can't understand {French ＋ 〈as they speak it〉}．
（フランス語はサッパリだよ。特に彼らが話すやつはね。）
例2：I can't understand {French ＋ 〈as (it is) spoken by them〉}．
（フランス語はサッパリだよ。特に彼らに話されているやつはね。）
→ as の後ろで前にある名詞を指す it が主語になり、かつ動詞が be動詞である場合には、まとめて省略可能。

解答と解説

1. ケンタローは、そのテキサス出身のドラマーの演奏が素晴らしかったと評した。
　→ Kentaro described the performance of the drummer (who is) from Texas as awesome.

describe A as B で「AをBだと評する、言う」で、その**A**に当たる部分に、「テキサス出身のドラマーの演奏」という意味の1セットが入る感じですね。「テキサス出身のドラマー」は、前置詞を使ってシンプルに、**the drummer from Texas** だけで済ませるのが普通ですが、drummer と from の間に **who is** という〈関係代名詞＋ be 動詞〉のカタチを入れることもできます。「素晴らしい」に当たる形容詞としては、このほかに、**wonderful**、**amazing**、**excellent** などなど。

2. キミの友達は、この眠くなるような映画がボクらが先週見たやつと同じくらいイイって言ったの？
　→ Did your friends say (that) this drowsy movie was as good as

351

the one (which/that) we saw last week?

文全体の主語は「キミの友達は」で、結論は「…って言ったの？」。したがって、**Did your friend say ...（キミの友達は…って言ったの？）**という〈S+V〉のカタチの後ろに、「この眠くなるような映画が、ボクらが先週見たやつと同じくらいイイ」という〈S+V〉を含む内容が続く感じ。「〈SがVだと〉言う」という意味は、**say**〈**(that) S+V**〉というカタチで表せばOK。さらに、「この眠くなるような映画が、ボクらが先週見たやつと同じくらいイイ」という内容を「この眠くなるような映画は、同じくらいイイ、〈ボクたちが先週見た映画と比べて〉」と読み換えると英語の発想に近づきます。つまり、まず「同じくらい」という意味で **as** を使った、**this drowsy movie was as good**。その後ろに「比べる対象」を示す **as** を使った〈**as** 比べる対象〉が続くカタチ。

「〈ボクらが先週見た〉＋映画」は、直訳すると {**the movie** ＋〈**(which/that) we saw last week**〉} という関係詞を使ったカタチになりますが、**movie** という名詞はすでに出てきているので、「同種類の別のもの」を指す **one** を使って、{**the one** ＋〈**(which/that) we saw last week**〉} と表した方が英語的です。

3. 宗教は、例えば死や病気といった人々の恐怖を和らげるために存在しているのかもしれない。
　→ **Religions may exist to relieve people's fear such as death or disease.**

ポイントは、〈**A such as B**〉、あるいは〈**such A as B**〉で「例えばBのようなA」という意味を表せるというところ。この問題では、「例えば死や病気といった人々の恐怖」という部分を、**people's fear such as death or disease**、または **such people's fear as death or disease** というふうに表します。

文全体の主語は「宗教は」、結論は「存在しているのかもしれない」なので、出だしは、**Religions may exist ...**（宗教は…存在しているのかもしれな

い）となります。「人々の恐怖を和らげる**ために**」は、to 不定詞を使って、**to** relieve people's fear と表せばOK。その後ろに最初に紹介した such as … が続くカタチ。なお、「…するために」という意味の to 不定詞は、副詞扱いなので、〈**to relieve people's fear such as death or disease**〉という長い1セットは、文頭（主語より前）に入れても、exist の後ろに置いてもどちらでもOKです。詳しくは、『攻略編』のp.52～を参照。

4. カラオケボックスで、ボクたちの先生はチョコレートパフェを食べながら、その生意気な生徒に説教をした。
→ In the karaoke room, our teacher gave the arrogant student a lecture as he was eating a chocolate parfait.

文全体では、メインになるのが「**（カラオケボックスで、ボクたちの先生は）その生意気な生徒に説教をした**」で、それに「**ボクたちの先生はチョコレートパフェを食べながら**」という部分がおまけ的にくっつく感じですね。
「…しながら」のような「**同時進行**」のニュアンスは、**as** を従属接続詞として使う〈**as S＋V**〉というカタチで表せます。「**人に説教をする**」は〈**give 人 a lecture**〉という (S) VOOのカタチで表せばOK。**in the karaoke room**（カラオケボックスで）は、lecture と as の間に入れることもできるし、文末も可能です。なお、「そんなシチュエーションで説教しても説得力ないだろうなぁ」っ思った人もいるだろうけど、なぜか、不思議と説得力がありました。……そう、これって、実話だったり。

5. 去年使われた教科書は、私たちが今使っているものと同じです。
→ The textbooks that were used last year are the same as the ones we are using now. / The textbooks that were used last year are the same (ones) (which/that/as) we are using now.

文全体の主語は「**去年使われた教科書**」で、これは **the textbooks (which/that were) used last year** となります。

「同じくらい大きい」とか、「程度」について述べるときは、〈as ＋形容詞／副詞〉というカタチが基本。でも、「同じ本」のように名詞について述べるときは、〈the same 名詞〉のように表します。あるいは単に「同じ」と述べるときには the same だけでOK。「Xと（比べて）同じ（くらい…）」という感じで、「比べる対象」も入れたければ、これらの後ろに〈as X（＝比べる対象）〉を続けるカタチにします。発想はどれも同じ。

この場合、「{〈私たちが今使っている〉＋もの} と（比べて）同じ」という日本語の文に忠実に訳すなら、the same as {the ones ＋〈(which/that) we are using now〉} というカタチになります。ここでの「もの」は前にある「教科書（the textbooks）」のことなんだけど、同じ名詞の繰り返しを避けるために、ones と言い換えた方が英語的。また、文を「〈使っているのと〉＋同じ（もの）」と読み換えた場合は、the same (ones) ＋〈(which/that/as) we are using now〉という表し方もできます（p.332も参照）。

6. ボクにはよくあることだけど、今日はマジでやる気が出ない。
　→ As is often the case with me, I feel pretty dull today.

これはもう「…にはよくあることだが」という意味の as を使った決まり文句、as is often the case with ... を覚えているかどうかですね。
today（今日）、now（今）などは、一般動詞の現在形とは一緒に使わないのが基本だけど、feel（感じる）のような「一時的な状態」を表す一般動詞などとは一緒に使っても問題ナシです。それともうひとつ、会話などでは「とても、ホント、マジで」といった意味で、pretty を使うことが非常に多いので、こちらも参考までに。

文法事項の索引

あ行

一般動詞・・・・・・・・・・・・・・・・・ ***13、14***
一般動詞 (be 動詞タイプ)・・・・・・ ***16***
一般動詞 (SVOOタイプ)・・・・・・・ ***18***
一般動詞 (SVOCタイプ)・・・・・・・ ***19***
S、V、O、C・・・・・・・・・・・・・・・ ***17***

か行

関係詞・・・・・・・・・・・・・・・ ***132、160***
関係詞 (that)・・・・・・・・・・・・・・ ***186***
関係詞 (省略)・・・・・・・・・・・・・・ ***188***
関係詞 (制限用法と非制限用法)
　・・・・・・・・・・・・・・・・・・・ ***204、215***
関係詞 (〈who/which + be 動詞〉
　の省略)・・・・・・・・・・・・・・・・ ***221***
関係詞 (補語)・・・・・・・・・・ ***230、243***
関係代名詞・・・・・・・・・・・・・・・・ ***172***
関係詞節・・・・・・・・・・・・・・・・・ ***166***
関係副詞・・・・・・・・・・・・・・・・・ ***174***
冠詞・・・・・・・・・・・・・・・・・・・・ ***12***
間接疑問文・・・・・・・・・・・ ***100、265***
疑問詞・・・・・・・・・・・・・・・・・・ ***70***
疑問詞 (名詞節)・・・・・・・・・・・・ ***96***
疑問詞+ to 不定詞・・・・・・・・・・ ***118***
疑問詞-ever・・・・・・・・・・・・・・ ***305***
疑問詞節・・・・・・・・・・・・・・・・ ***100***
形容詞・・・・・・・・・・・・・・ ***12、22***
原級・・・・・・・・・・・・・・・・・・・ ***39***
原級比較・・・・・・・・・・・・・・・・・ ***64***
原形・・・・・・・・・・・・・・・・・・・ ***39***

さ行

最上級・・・・・・・・・・・・・・・・・・ ***43***
自動詞・・・・・・・・・・・・・・・・・・ ***14***
従 (属) 節・・・・・・・・・・・・・・・・ ***32***
従属接続詞・・・・・・・・・・・・・・・ ***27***
主語・・・・・・・・・・・・・・・・・・・ ***13***
主節・・・・・・・・・・・・・・・・・・・ ***33***
譲歩・・・・・・・・・・・・・・・・・・ ***258***
省略 (主語と be 動詞)・・・ ***119、259***
節・・・・・・・・・・・・・・・・・・・・ ***31***
接続詞・・・・・・・・・・・・・・・・・・ ***26***
接続副詞・・・・・・・・・・・・・・・・ ***311***
先行詞・・・・・・・・・・・・・・・・・ ***134***
前置詞・・・・・・・・・・・・・・ ***14、21***
前置詞+関係詞・・・・・・・ ***167、208***
相関句・・・・・・・・・・・・・・・・・ ***292***

た行

他動詞・・・・・・・・・・・・・・・・・・ ***14***
等位接続詞・・・・・・・・・・・・・・・ ***26***
抽象名詞・・・・・・・・・・・・・・・・ ***301***
同格の that・・・・・・・・・・・・・・ ***298***
動詞・・・・・・・・・・・・・・・・・・・ ***12***
「時」を表す表現・・・・・・・・・・・・ ***112***

は行

倍数表現・・・・・・・・・・・・・・・・ ***56***
比較級・・・・・・・・・・・・・・・・・・ ***39***
品詞・・・・・・・・・・・・・・・・・・・ ***12***
be 動詞・・・・・・・・・・・・・・ ***13、15***
複合関係詞・・・・・・・・・・・・・・ ***308***
副詞・・・・・・・・・・・・・・・・・・・ ***23***

副詞節 ············ *32、252、255*
副詞節（未来のこと）········ *267*
副詞＋副詞節 ············· *286*
文 ····················· *30*
文の結諭 ················ *13*
補語 ··················· *15*

ま行
名詞 ················ *12、21*
名詞節 ············· *32、251*
名詞の穴 ················ *76*
目的語 ·················· *14*

ら行
ラテン比較級 ·············· *59*
連鎖関係詞節 ·· *247*（4の解説参照）

要注意英語表現の索引

abc
after/before ·········· *255、289*
although/though ············ *258*
as（比較）············· *54、330*
as（前置詞）··············· *326*
as（関係詞？）·············· *332*
as（従属接続詞）········· *335、337*
as（特殊表現）··········· *340、344*
as far as S+V ············· *275*
as long as S+V ············ *274*
as soon as S+V ············ *274*
avoid ···················· *283*
be to 不定詞 ·············· *119*
because ·············· *27、253*
besides ·················· *312*
better/best ··············· *48*
by the time S+V ··········· *274*

def
deal ···················· *127*
else ···················· *312*
even if/though ············· *288*
ever since ················ *289*
few ····················· *50*
for instance ·············· *312*

ghi
happen/chance ············ *341*
how ················· *82、303*
how（関係詞？）············ *237*

however ············ **306、311**
if（副詞節）················ **27**
if（名詞節）··············· **264**
in that S+V ······· **99、275**
instead ················· **312**

jkl

less/least ··············· **50**
little ······················ **50**

mno

many/much ············· **49**
more/most ····· **49、51、64**
moreover ··············· **312**
nevertheless ··········· **312**
no matter 疑問詞 ········ **309**
not ... till/until ～ ······· **257**
now (that) S+V ········ **275**
once ···················· **258**
one ····················· **153**
only if/when ············ **288**
otherwise ·············· **312**

pqr

prefer ···················· **60**
regard A as B ·········· **326**

stu

same/such as ····· **328、331**
seem ··················· **341**
since ··················· **255**
so/such ... that ········ **290**

so that ·················· **294**
than ····················· **39**
that（従属接続詞）··· **27、290、294**
that（関係詞）··············· **186**
that（同格）··············· **298**
the way ··········· **237、337**
therefore ··············· **312**
those who/which ······· **226**
unless ·················· **257**
until/till ················· **256**

vwxyz

well ····················· **48**
what/which/who ········ **74**
what/which/whose ······ **79**
what（関係詞？）········· **236**
what（that との違い）····· **238**
What do you think ...? ····· **114**
whatever/whenever/whoever etc.
························ **305**
when/where/why ······· **82**
when（名詞節と副詞節の区別）· **110**
when（関係詞）···· **138、178、186**
where（関係詞）···· **138、173、186**
whether ········ **260、262、303**
which（関係詞）········ **137、186**
while ··················· **259**
who（関係詞）·········· **137、186**
whom（関係詞）············ **171**
whose（関係詞）··· **181、186、208**
why（関係詞）············· **232**
worse/worst ············· **49**

あとがき

最後まで読んでいただき**ありがとうございます**。
本書は密度が濃いので、前2作以上に最後までたどり着くのが大変だったと思います。だから、最後まで読んでないけど、**とりあえず「あとがき」を読もう**というみなさんも中にはいるかもしれないけど、そんなみなさんも、やっぱり**ありがとうございます**。

おかげさまで「英文法のトリセツ」シリーズも、この「**中学レベル完結編**」で3冊目となりますが……、いやはや**今回は大変**でした。

原稿を書きはじめた時点では、もう3冊目だし前の2冊のときよりもサクサク進むだろうと思っていたのですが……扱う内容が込み入っていることもあって、実際はじめてみると、これがもう**泣けてくるほどで**……。

当初は、「これぞ**受験英語対策の決定版**みたいな感じにしよう」というノリで、「**過去完了**」や「**仮定法**」、さらに「**分詞構文**」や「**倒置**」なんかも収録予定だったのです。

でも、重要な部分をできるだけわかりやすく噛み砕いて解説して、なおかつ自分でしっかり使いこなせるようになってもらうというのがトリセツシリーズの肝の部分です。**やるからには中途半端な取り上げ方はしたくない**し、せっかく試験によく出るところなんだから、そういう面でも**本当の意味で役立つものにしたいし**……、そう思って悪戦苦闘するうち、テーマと項目数を絞り込んで、その分、扱う項目の中身を充実させるという方向に落ち着きました。

さらに、時間ばかりが勝手にすぎていって、結局、2作目が刊行されてから、丸1年も経ってしまって……、
お待たせしてしまったみなさん、ゴメンナサイ。

でも、時間をかけた甲斐あって、内容的には見違えるものに仕上がったと自負しています。掲載を泣く泣くあきらめた項目もいくつかあったのは本

当に残念ですが、取り上げた項目については**中学レベルの基礎知識**からはじまり、**大学受験レベルの高度な知識**まで、自分がベストだと思う流れで、余すところなく盛り込むことができました。

勢い余って、「**中学レベル**」を大幅に逸脱する**大学受験レベル**の知識を大量に盛り込みすぎてしまった部分も多いのですが……、そういう意味では、1回読んだだけで何もかも完全に身につけるのは大変な本だと思います。

関連項目で迷ったとき、疑問に思ったときには**辞書的に参照**するなど、フル活用していただくことを願ってやみません。現役の**中学生**の読者のみなさんには、ぜひ**高校生**、**大学生**、**社会人**になっても、本書と末永くお付き合いいただければと思います。そういう使い方ができる本としてつくったつもりです。

……なお、聞いたところでは、**同一シリーズとして3冊もの本を出すというのは、かなり難しい**ことだとか。……さらに聞いたところでは、2冊目の『とことん攻略編』の発売後、
「続編は出るのか？ 出るとしたらいつなんだ？？」
というハガキ、メール、電話 etc. がアルク編集部に山のように寄せられて、**この第3弾も奇跡的に実現の運びになった**んだとか。

自分がこのような光栄に預かることができましたのも、ひとえに読者のみなさんからの熱烈なご支持と、アルクのみなさんのご理解・ご協力あったればこそ。心より感謝しております。

特に、最初から最後まで、本当に根気強くおつき合いくださった担当編集のRさんには、大感謝。

みなさん本当にありがとうございます。
そして、**今後とも何卒よろしくお願い致します。**

著者:阿川イチロヲ

1976年生まれ。帰国子女でもなければ、これといった海外留学の経験もないが(というより、そもそも大の英語ギライ)、何の因果か大学時代にはじめた家庭教師で、英語ギライの生徒たちの心をつかみ、いつの間にか売れっ子家庭教師→塾講師→アメリカ英会話学院講師(英文法主任)へとステップアップ。『英文法のトリセツ―じっくり基礎編』『同―とことん攻略編』(いずれも小社刊)で一躍、全国の英語ギライたちの喝采を浴びたニュータイプ英語講師。

英文法のトリセツ
英語勝ち組を生む納得の取扱説明書──中学レベル完結編

2006年5月27日初版発行

装丁:森敏明(ロコ・モーリス組)
本文デザイン:園辺智代
カバーイラスト:大寺聡
英文校正:Peter Branscombe
発行人　平本照麿
発行所　株式会社アルク
　　　〒168-8611　東京都杉並区永福2-54-12
電話　03-3327-1101(カスタマーサービス部)
　　　03-3323-2444(英語出版編集部)
アルクの出版情報:http://www.alc.co.jp/publication/
編集部 e-mail:shuppan@alc.co.jp
DTP:達博之(アトム・ビット)
印刷・製本:凸版印刷株式会社

©Ichirowo Agawa 2006
Printed in Japan
ISBN4-7574-1019-0
PC　7006055

乱丁・落丁本は、送料小社負担でカスタマーサービス部にてお取り替えします。
定価はカバーに表示してあります。

アルクのキャラクターです

WOWI (ウォーウィ)
WOWIは、WORLDWIDEから生まれた名前。「地球上の人々と手をつなぎコミュニケーションしていく能力とマインドを持つ、ワールドワイドに生きる人」を表します。

http://wowi.jp/
ワールドワイドに活躍する人のコミュニティ・サイト

本物の英語を素材に学ぶ！
アルクの
ヒアリング力養成講座

資料を無料でさしあげます！

ヒアリングは、英語でコミュニケーションを取るための大事なスキルです。「でも、いまひとつ自信がなくて…」という方に、ヒアリングの基礎力がつく2講座をおすすめします。学習法は、科学的に効果が実証されている「3ラウンド・システム」。ヒアリング素材はナチュラルスピードの英語です。自分のレベルと興味に合った講座を選んでスタートしましょう。

英語聞き取りの回路をOPEN!
ヒアリングマラソン・ベーシック キクゾー！
kikuzo!

受講開始レベル 英検4～3級、TOEICテスト300点以上

基礎力養成講座とはいえ、聞き取る素材はニューヨークのオフィスや街角で録音した本物の英語。手ごたえは十分です。30語程度の英文の聞き取りから始めて、6カ月目にはハリウッドスターのインタビューにも挑戦します。学習時間は1日30分、週4日なので、忙しくて学習時間が取れない方にもおすすめ。

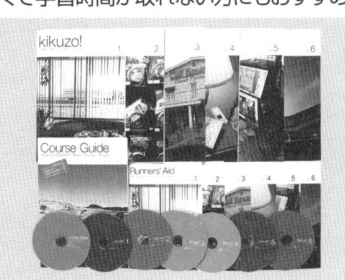

受講期間	6カ月
受講料	37,800円（本体36,000円+税）
教材内容	コースガイド1冊（CD付き）／テキスト6冊／別冊ランナーズ・エイド6冊／マンスリーテスト6回／CD6枚／修了証（修了時に発行）…ほか

ニュース英語もOK!
ヒアリングマラソン 中級コース

受講開始レベル 英検準2級、TOEICテスト450点程度

相手が伝えようと努力してくれる"旅行英会話"のレベルを卒業し、CMやニュースのような1～2分程度の長い英文を聞き取る力をつけます。TOEICテスト頻出の18分野をカバーしているので、TOEICテストのスコアアップを目指す人にもおすすめ。学習時間は、1日40分、週4日です。

受講期間	6カ月
受講料	37,800円（本体36,000円+税）
教材内容	コースガイド1冊／テキスト6冊／別冊ランナーズ・エイド6冊／マンスリーテスト6回／CD6枚／修了証（修了時に発行）…ほか

資料請求は無料です

電話でのご請求は、資料請求フリーダイヤル
0120-120-800
携帯・PHS OK ※携帯・PHSからもご利用になれます。

FAXは24時間受付中
以下の項目を明記の上、送信してください。
①2-06-055係／資料を希望する講座名 ②氏名（フリガナ）③郵便番号・住所 ④電話番号 ⑤年齢・職業 ⑥クラブアルク会員（会員の方のみ）
FAX:03-3327-1300

※2006年5月末日現在の情報です。

アルク www.alc.co.jp

coedas 英会話 コエダス
「持ち歩ける英会話スクール」

コ コーパスを利用した
データ分析で英会話に自信!

エ エイゴが自然に出る
スピーキング特訓法で
自分を自由に語れる

ダ ダイジな「128のKey表現」を
効率的にインプット!
積極的にアウトプット!

ス スベテの日本人に不可欠な
「場面」と「表現」をカバー

ツアーガイドを体験!
外国の友人を日本の観光スポットに案内。
見所を押さえておけば、後は簡単な表現でガイドできます。
せっかくのチャンス、英語できちんと説明できますか?

Vol.3 Unit18より一部をご紹介

1日目 インプット
「丸覚え表現」と「置き換え表現」を頭で覚える

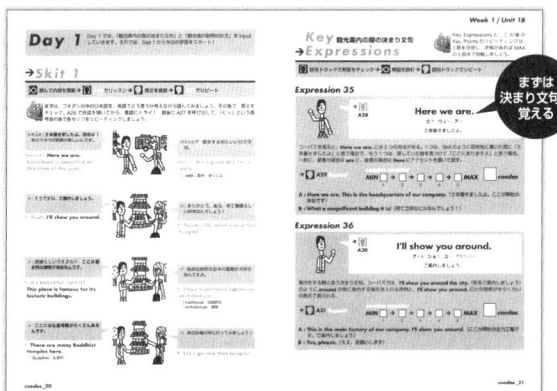

まずは決まり文句を覚える

1ユニットは2日で構成。4つのフレーズを覚え、声に出して体に染み込ませる。週4日で2ユニット8フレーズ、4カ月で128のフレーズを完全マスター!

英会話は日本人が遭遇する可能性が高い場面から覚えるのが効果的。英語学習者1,000人のアンケートから、日本人にとって英語が必要な場面をセレクト。集中学習で最大効果を上げる!

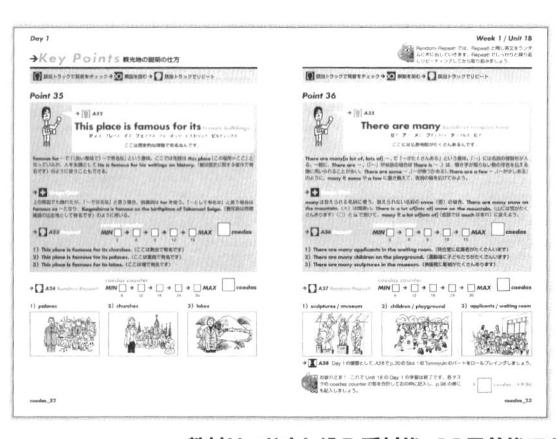

Key Expressions 丸覚え表現
すぐに使える丸覚え表現64をマスター。スポークン・コーパスを基に選び出したネイティブ・スピーカーがよく使う表現を、繰り返し声に出して、頭にインプット。決まり文句を覚えれば、スムーズに会話できるようになる。

たとえばこんな表現
Here we are.　　　　さあ着きましたよ。
I'll show you around.　ご案内しましょう。

Key Points 置き換え表現
「ここは○○で有名です。」「ここには○○がたくさんあります。」など、○○を入れ替えてさまざまなことを伝える「置き換え表現」をマスター。解説で日本人が犯しやすい間違いなどを押さえ、イラストを使ったリピーティングで実際の会話に役立つ応用力を鍛えていく。

たとえばこんな表現
This place is famous for its historic buildings.
　　　　　　　　　　　ここは歴史的な建物で有名んです。
There are many Buddhist temples here.
　　　　　　　　ここには仏教寺院がたくさんあるんです。

教材は、お申し込み受付後、10日前後でお届けいたします。

教材	コースガイド／テキスト4冊／CD8枚／マンスリーテスト4回／別冊フレーズ集「KEY128」(CD付き)／特製CDケース／修了証(修了時に発行)　※教材は一括でお届けいたします。
受講料	29,589円(本体28,180円+税)
お支払い方法	コンビニ・郵便払込(一括払い、手数料無料)　代金引換(一括払い、手数料630円)　※クレジットカード払い(一括・分割)をご希望の方は、フリーダイヤル 0120-120-800(24時間受付)で承ります。
受講期間	4カ月

英会話 コエダス

2日目 1日目に覚えた表現を「コエダス」して体で覚える

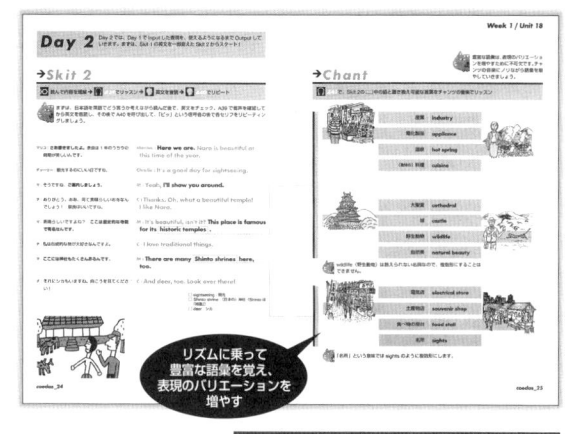

Brushup
チャンツで覚えた単語を置き換え表現に当てはめる練習を繰り返し、表現のバリエーションを増やしていく。○○にあたる部分の単語を入れ替えるだけで、驚くほどさまざまなことが言えるようになる。

Chant
豊富な語彙は会話に不可欠。置き換え表現の○○に入る単語を身につける。それには音楽に乗せて楽しく単語を覚えるチャンツ学習が最適。CDに合わせて一緒に口ずさみ、単語の発音、イントネーション、意味を同時に覚える。

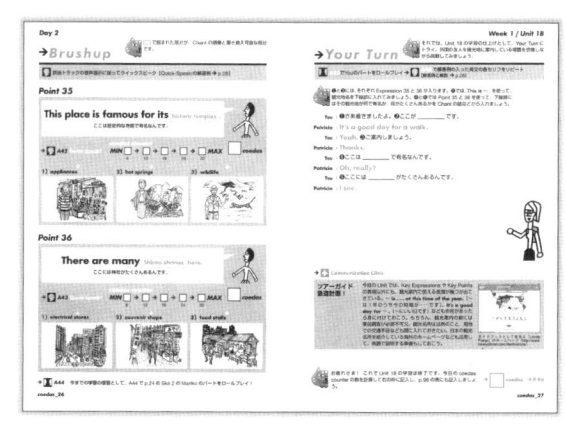

リズムに乗って豊富な語彙を覚え、表現のバリエーションを増やす

Your Turn
ユニットの仕上げとして、Your Turn に挑戦。外国からの友人を案内する場面を想像しながら、自分の言葉で話してみる。

コエダスカウンター
「コエダス」した回数を記録。頭で覚えるだけでなく、しっかり「コエダス」して、体でも英語を覚える。「コエダス」を繰り返せば、実際に英語を話す場面でも、動じることなく自然に英語が出てくるようになる。

英語の反射神経を鍛える
日本語で考え、英語に訳してから話すのでは会話のスピードについていけない。
コエダスでは日本語を英訳するのではなく、イラストを見ながら状況をイメージし、CDの問いかけに瞬時に英語で答えるクイック・スピークのトレーニングを繰り返し、英語を聞いて→英語で考え→英語で答える回路を養う。

curriculum
4カ月で128のkey表現をマスター

学習時間の目安
1日40分×週4日

1カ月目 出会いを楽しもう!
1 ● 道案内できますか?
2 ● えっ! 何駅って言ったの?
3 ● 友達の友達はみな友達だ!
4 ● パーティーで自己紹介
5 ● 褒め上手は会話上手
6 ● おいしいものが食べたい!
7 ● 豆腐料理はいかが?
8 ● お久しぶりですね

2カ月目 いざ海外旅行へ!
9 ● どのツアーがお勧めですか?
10 ● エアコンが壊れてる!?
11 ● やっぱりショッピング!
12 ● 違うサイズがいいんだけど
13 ● ニューヨークを歩こう!
14 ● どの料理にしようかな
15 ● 体の具合が悪いんです
16 ● カフェでおしゃべり

3カ月目 外国人の友を観光案内!
17 ● 空港でお出迎え
18 ● ツアーガイドを体験!
19 ● 困ってるから助けてあげたい!
20 ● 日本食、説明できる?
21 ● まいった渋滞! 間に合わない!
22 ● おごる? 割り勘? どうしよう
23 ● お土産探しをお手伝い
24 ● また会う日まで

4カ月目 仕事でコエダス!
25 ● おうわさは伺っております
26 ● コンピューターの調子が…
27 ● お見積もりをお願いします
28 ● しっかりクレーム
29 ● 電話で応対できますか?
30 ● ご伝言を承ります
31 ● その日は都合が悪いんです
32 ● くよくよしないで前向きに!

お申し込みはフリーダイヤルで! FAXでも承ります。

電話 申込専用フリーダイヤル。24時間受付 **0120-120-800**
FAX 24時間受付 必要事項をご記入の上、送信してください。 **FAX: 03-3327-1300**
※携帯電話、PHSからでもかけられます。

①2-06-055係/コエダス申込 ②お支払い方法 ③氏名(フリガナ) ④住所(〒から) ⑤電話番号 ⑥年齢・職業 ⑦クラブアルク会員番号(会員の方のみ)

※2006年5月末日現在の情報です。

英語力をブラッシュアップ！
アルクのおすすめ書籍

www.alc.co.jp

※表示価格は税込です。

もう「英語負け組」なんて呼ばせない！
英文法のトリセツ
じっくり基礎編
とことん攻略編

阿川イチロヲ　著　本のみ　各1,575円

元「英語負け組み」の著者による分かりやすい解説で、英文法が基礎から分かると評判の『英文法のトリセツ』シリーズ。『じっくり基礎編』では、日本人が抱きがちな英文法の「何で？」を、難しい文法用語を一切使わず、じっくり丁寧に解説します。続編となる『とことん攻略編』では、『基礎編』で培った知識をベースに、「時制の一致」「現在完了」など英文法界の名だたる強敵の取り扱い方を完全指南します。

もっと「楽」に話してみませんか？
あなたのエイゴを「楽」にする 英会話5つの法則

石原真弓　著　本+CD　1,785円

言いたいことはあるのに、英語が口から出てこない！――誰もが経験するこのもどかしさ。原因のひとつは、日本語の一言一句を英語にしようとする（直訳する）ことです。この本では、「簡単な単語と文で、正しくメッセージを伝える方法」を5つ紹介。分かりやすい「法則」として取り上げます。「楽」に「楽しく」英語でおしゃべりしましょう！

語彙を増やして、会話力アップ
出る順マスター 英会話コーパスドリル ［日常会話編］

投野由紀夫　著　本のみ　1,680円

Dr.コーパスこと投野由紀夫先生が、日常会話に必須の名詞50語を分析し、その結果判明したネイティブ・スピーカーの「言い回し（＝コロケーション）」を指南してくれます。先生特製の「夢の英単語帳」で、あなたの英会話力はパワーアップします。

書店にない場合は、小社に直接お申し込みください。フリーダイヤルが便利です。

（株）アルク　0120-120-800　申込専用フリーダイヤル（24時間受付）

アルク・オンラインショップ ▶ http://shop.alc.co.jp/

※1回あたりのご購入金額が3,150円（税込）未満のご注文には、発送手数料150円が加算されます。ご了承ください。
※2006年5月末現在の情報です。